ÉTUDES MONTAIGNISTES
sous la direction de Claude Blum
42

« J'ayme ces mots… » : expressions linguistiques de doute dans les *Essais* de Montaigne

Cet ouvrage a été publié pour la première fois en 2004
dans la collection *Études montaignistes* dirigée par Claude Blum.

Kirsti Sellevold

« J'ayme ces mots… » :

expressions linguistiques de doute dans les *Essais* de Montaigne

PARIS
CLASSIQUES GARNIER

Kirsti Sellevold est docteur de l'université de Poitiers. Elle a rédigé une thèse intitulée *L'expression linguistique du doute dans les* Essais *de Montaigne : une approche polyphonique.* Son travail porte sur les théories d'orientation pragmatique de la traduction et de l'interprétation. Elle participe par ailleurs à la traduction des *Essais* de Montaigne en norvégien.

Réimpression de l'édition de Paris, 2004.

ISBN 978-2-406-12928-8 (livre broché)
ISBN 978-2-8124-5655-8 (livre relié)
ISSN 0986-492X

À la mémoire de mon père

AVANT-PROPOS

Une première version de ce travail a vu le jour sous la forme d'une thèse soutenue à Poitiers en novembre 2001. Cette thèse, qui fut le fruit de six ans de recherches, n'aurait pas pu s'achever sans le soutien financier, pendant plus de quatre ans, du Conseil norvégien de la recherche scientifique ; les excellentes conditions de travail offertes par le Département des études classiques et romanes de l'Université d'Oslo m'ont également permis de mener ces recherches à bonne fin.

Je tiens à exprimer ici ma profonde reconnaissance envers mes deux directrices de thèse. Marie-Luce Demonet m'a proposé le sujet de ce travail et m'a offert ses précieux conseils pendant toute la période de rédaction, de même qu'elle m'a accueillie dans ses différents groupes de recherche avec une générosité et une amitié qui dépassaient largement ses obligations professionnelles ; Karin Gundersen, pour sa part, a lu mes ébauches et brouillons avec patience et perspicacité, et a tout fait pour me procurer un environnement propice à mes recherches à l'Université d'Oslo. Pendant ces années, j'ai pu bénéficier aussi d'échanges fructueux avec Kjersti Bale, Jon Arild Olsen, Vibeke Roggen et Claire Thévenin.

La version révisée et augmentée que je présente ici est en grande partie le résultat de l'intérêt que mon jury de thèse a pris à mon travail. Leurs remarques critiques sur mon usage du concept de locuteur m'ont en effet conduite à situer mes analyses par rapport à la pragmatique de la pertinence plutôt que par rapport à la pragmatique sémantique à laquelle s'associe normalement le concept linguistique de polyphonie. J'ai ainsi pu mieux harmoniser la partie théorique de mon étude avec la partie analytique et pratique. Quant à cette seconde partie, je l'ai révisée à partir des gloses – impitoyablement pertinentes – d'André Tournon, à qui j'adresse mes remerciements les plus sincères. Je tiens également à remercier Jean-Yves Pouilloux, qui m'a offert des conseils efficaces concernant la publication de mon travail.

Ce travail a bénéficié des encouragements sans cesse renouvelés de Terence Cave ; le toilettage assidu qu'il a fait de mon manuscrit m'a en outre évité bien des erreurs et des maladresses. Qu'il soit remercié de son aide inappréciable ainsi que de toute sa prévenance à mon égard.

Toute ma reconnaissance va enfin à ma famille qui m'a soutenue tout au long de ce travail.

Oslo, Septembre 2003

ABRÉVIATIONS

BHR	*Bibliothèque d'Humanisme et Renaissance*
BSAM	*Bulletin de la Société des Amis de Montaigne*
LF	*Langue française*
PLL	*Polyphonie – linguistique et littéraire. Lingvistisk og litterær polyfoni*
RHLF	*Revue d'Histoire Littéraire de la France*
RHR	*Réforme, Humanisme, Réforme*

Avertissement

Toutes les références aux *Essais* de Montaigne, sauf indication contraire, renvoient à l'édition dite Villey-Saulnier, toujours courante. L'édition récente de A. Tournon, qui présente le texte avec une précision exemplaire, est pourtant moins accessible ; elle comporte en outre des signes typographiques qui en rendent la citation quelque peu difficile. Quant à celle de J. Céard et collaborateurs, également importante puisqu'elle reste fidèle à un état authentique du texte, elle ne présente pourtant que ce texte, n'indiquant pas la chronologie intérieure qui était souvent essentielle à notre argument. Il va sans dire que nous avons consulté ces deux éditions, dont le lecteur trouvera les détails dans notre bibliographie, et nous nous y référons chaque fois que l'information qu'elles fournissent complète ou corrige le texte de l'édition Villey-Saulnier.

J'ayme ces mots qui moderent et amolissent la temerité de nos propositions : A l'avanture, Aucunement, On dict, Quelque, Je pense et semblables

(Montaigne, « Des Boyteux »)

INTRODUCTION

Ce travail propose une analyse linguistique d'une sélection d'expressions modalisantes dans les *Essais* de Montaigne : l'adverbe d'énoncé *peut-être* (en particulier sa forme variante *à l'avanture*) et les expressions lexicalisées *il semble que, il me semble que, je trouve que* et *je pense que*. L'analyse se situera au niveau de la fonction de ces expressions, et offrira une description linguistique précise de la manière dont elles introduisent une nuance de doute dans les énoncés. L'objectif du travail est en effet de démontrer que le doute est un composant de l'écriture même des *Essais*. Dans notre perspective, le doute sera en conséquence considéré comme un phénomène ressortissant à la structuration des énoncés, plutôt qu'au contenu. Ce phénomène surgit plus précisément dans la distance qui existe entre le locuteur et le(s) point(s) de vue qu'il présente. Le cadre de nos analyses est constitué par le concept linguistique de polyphonie[1] et également, pour ce qui est des expressions lexicalisées (que nous appellerons par la suite des marqueurs évidentiels), par le concept d'évidentialité. Ces concepts, au moyen desquels nous préciserons les rapports entre le locuteur et le(s) point(s) de vue d'un énoncé, servent à cerner les réserves et les mises en doute inhérentes à la parole du locuteur des *Essais*. Ils révéleront les mécanismes d'une argumentation orientée vers une suspension du jugement qui ne réduit pas au silence, mais qui libère la parole, et qui, dans ses formes les plus complexes, apparaît comme autocritique. Nous proposerons donc, à partir d'un point de vue linguistique, une description sur micro-plan du fonctionnement du jugement qui est à l'œuvre dans les *Essais*.

1. Ce concept qui renvoie à la présence de différents points de vue ou de « voix » dans un seul énoncé est à distinguer du concept littéraire de polyphonie. Ce dernier ne ressortit pas à des énoncés singuliers, mais à une suite d'énoncés ou de textes ; pour plus de détails, voir notre chapitre théorique.

On se demandera sans doute pourquoi on devrait s'intéresser à ces expressions modalisantes, et surtout dans un texte comme le nôtre. Les *Essais* offrent, en langue vulgaire, un réservoir quasi inépuisable de connaissances diverses, et comptent parmi les œuvres les plus importantes de la littérature européenne. Dans cette perspective, on pourrait penser que nous avons choisi pour l'analyse l'aspect du texte le plus insignifiant. Cette impression est encore renforcée par la linguistique, qui traditionnellement ne s'est guère intéressée à ces expressions. Considérées comme dépourvues de contenu référentiel, elles ne sont devenues un objet d'analyse pour cette science qu'avec l'avènement de la pragmatique[2], discipline linguistique qui s'occupe de l'usage du langage. Dans le cadre de la théorie pragmatique dont il est question ici, c'est-à-dire de la pragmatique sémantique (ou intégrée)[3], les expressions que nous soumettons à l'analyse sont des traces langagières du locuteur dans l'énoncé, traces qui informent sur ses activités ou ses visées discursives. On aura là une première indication de l'intérêt que présente une étude comme la nôtre pour les *Essais.* Puisque les expressions qui nous intéressent sont des marqueurs de la présence du locuteur dans l'énoncé, elles sont en fait susceptibles de donner accès au cœur même du projet des *Essais*, tel qu'il se définit dans l'avis *Au lecteur* : « je suis moy mesme la matiere de mon livre ».

Il ne s'agit pourtant pas ici de compléter les études déjà existantes sur le « moi » ou sur son statut dans les *Essais* en tant que préfiguration de la notion moderne d'identité personnelle. Nos analyses rentrent plutôt dans un cadre d'analyse défini par le

2. Le point de départ de cette branche de la linguistique remonte aux travaux de J. Austin (1955, 1979) et de P. Grice (1967). La notion de polyphonie se situe plus précisément à l'intérieur de la pragmatique sémantique (ou intégrée), qui a été dévéloppée par J. C. Anscombre et O. Ducrot dans les années 1980.

3. Il sera en fait question également de la pragmatique de la pertinence ; voir p. 20 sqq. et le chapitre théorique pour une discussion du rapport entre ces deux pragmatiques.

concept d'essai réflexif. Ce concept, que nous empruntons aux travaux de A. Tournon[4], concerne précisément la présence du locuteur dans l'énoncé (ou le discours). On déchiffrera, au moyen de ce concept, l'attitude du locuteur ou le reflet de cette attitude dans le discours, c'est-à-dire les conditions d'énonciation d'une parole qui s'y essaie (comme dirait Tournon[5]). Ce concept fournit donc une définition non linguistique de la démarche de nos analyses et pourra à cet égard servir à situer leur apport à la critique montaignienne : elles décriraient l'articulation ou la mise en forme linguistique du phénomène auquel renvoie le concept d'essai réflexif. On peut en effet définir cet apport de manière encore plus précise, toujours en se référant au même critique : il s'agira ici des « expressions dubitatives ou réservées », expressions qui justement sont parmi « les types d'énonciation qui inscrivent le doute dans l'armature du texte »[6]. Le commentaire propre de Montaigne sur les expressions dont il sera question dans ce travail (voir l'exergue « J'ayme ces mots... ») – expressions qui « moderent et amolissent la temerité de nos propositions » – offre à cet égard un modèle parfait de ce que signifie inscrire le doute dans l'armature même du texte.

Ce commentaire, étant énoncé par Montaigne lui-même, fournit l'une des meilleures raisons pour s'intéresser aux expressions que nous avons choisi d'analyser dans les *Essais*. Il démontre que Montaigne les affectionnait particulièrement, et, partant, suggère qu'elles constituent un élément du texte qui, à ses yeux, n'était pas insignifiant. Tout porte à croire en fait qu'elles créent des effets

4. Voir par exemple, *Montaigne : la glose et l'*essai. *Edition revue et corrigée, précédée d'un* Réexamen, Paris, Champion, 2000, chapitre VI ; « Images du pyrrhonisme selon quelques écrivains de la Renaissance », in *Les humanistes et l'antiquité grecque*, éd. M. Ishigami-Iagolnitzer, Paris, CNRS, 1991, pp. 34-35 ; « La plasticité des *Essais* », *BSAM*, 13-14 (janvier-juin 1999), p. 51.

5. « Images du pyrrhonisme », p. 34.

6. A. Tournon, *La glose et l'essai*, p. 260.

qui, s'ils ne sont pas immédiatement évidents, peuvent être déduits par une lecture attentive ou, comme c'est le cas ici, par une méthode d'analyse précise. Nous rappelons au lecteur que cette méthode est mise en œuvre par le concept linguistique de polyphonie qui, précisons-le, constitue une des modalités de la pragmatique sémantique. Il convient pourtant de souligner que nous n'avons pas choisi un cadre linguistique pour faire des analyses exclusivement formelles. Si telle est l'approche de la pragmatique sémantique, qui effectivement ne s'intéresse qu'aux aspects du sens qui peuvent être ramenés à la forme de la langue, nous ne considérerons les aspects formels, en revanche, que comme un point de départ. Nous chercherons plus précisément à combiner une considération des aspects du sens qui sont marqués (ou encodés) linguistiquement avec ceux qui sont inférés pragmatiquement. Notre approche s'avère à cet égard proche d'une pragmatique plutôt cognitive que sémantique. C'est le cas surtout en ce qui concerne le concept de contexte, duquel nous proposerons une définition beaucoup plus large que celle, plutôt restreinte, qu'en offre la pragmatique sémantique. Dans nos analyses, ce concept aura en effet un statut proche de celui qu'on lui accorde dans la pragmatique de la pertinence[7]. Soulignons pourtant que ce sont les aspects du sens marqués linguistiquement, notamment par nos expressions, qui constituent la base de nos analyses. Comme l'a très bien montré la pragmatique sémantique, les expressions soumises à l'analyse constituent des instructions d'interprétation, inscrites au niveau de la langue, dans la mesure où elles servent de base à l'interprétation des énoncés dont elles font partie. Comme le fait la pragmatique sémantique, nous vérifierons également l'information véhiculée par ces instructions en examinant les enchaînements discursifs, ce

7. La question du statut du contexte dans les deux types de pragmatique, d'orientation sémantique et cognitive, sera traitée en détail dans notre chapitre théorique.

qui confère une importance particulière au *cotexte* (c'est-à-dire au contexte textuel) dans nos analyses[8]. À partir de ce cadre théorique « mixte », nous chercherons donc à réaliser un type d'interprétation qui, tout en étant fondé dans le matériel linguistique, permet de passer sans solution de continuité aux analyses contextuelles.

Le concept de locuteur fournit un autre exemple des affinités de notre approche avec une pragmatique d'orientation cognitive plutôt que proprement linguistique. Dans la perspective de cette dernière, le locuteur constitue un concept entièrement théorique, sans rapport avec une réalité éventuelle. Autrement dit, le locuteur est le produit d'une conception structuraliste de la langue qui fait abstraction de tout ce qui se passe cognitivement, socialement etc., lors de l'interprétation d'un énoncé. Plutôt que de s'intéresser aux interprétations réelles d'un énoncé, il s'agit donc pour les polyphonistes de donner de la genèse du sens d'un énoncé une description qui (idéalement) rend compte, sinon de toutes ses interprétations virtuelles, du moins d'un échantillon représentatif[9]. Pour nous, en revanche, qui cherchons à faire des interprétations d'un discours réel, attribué à Montaigne, auteur des *Essais*, il convient d'opérer avec le concept d'un locuteur qui est psychologiquement réaliste. Nous croyons en fait qu'une partie importante de l'interprétation d'un énoncé réel consiste à se faire une idée du locuteur réel, c'est-à-dire de l'auteur de l'énonciation, plus précisément de ses intentions informatives et communicatives. Nous touchons ici au phénomène de l'intention de l'auteur, dont il ne sera pas question de manière détaillée dans ce travail, mais qui à notre avis se laisse mieux traiter par une théorie pragmatique cognitive, notamment

8. Voir également *infra*, p. 89.

9. Voir H. Nølke, *Linguistique modulaire : de la forme au sens*, Paris, Peeters, 1994, chapitre II.

celle de la pertinence[10], que par des théories littéraires[11]. La pragmatique de la pertinence se propose justement de rendre compte de l'interprétation des énoncés réels. En ce qui concerne le concept de locuteur, nous situerons donc nos analyses plutôt dans le cadre de cette théorie que dans celui de la théorie de la polyphonie.

Vu ces remarques, il aurait peut-être mieux valu limiter notre cadre théorique à la théorie de la pertinence. Pourtant, les expressions qui nous intéressent comptent parmi les aspects (pragmatiques) du sens qui sont encodés ou marqués linguistiquement. C'est précisément pour cette raison que la théorie de la polyphonie demeure une source théorique importante pour notre travail ; nulle autre théorie en effet n'offre de meilleures descriptions du fonctionnement de nos expressions sur le plan proprement linguistique. À cela s'ajoute le fait que, bien qu'elle reste dans le paradigme structuraliste, la théorie de la polyphonie n'est nullement incompatible avec une perspective cognitive, soit une perspective qui tient compte des aspects de sens extralinguistiques[12].

Ces précisions faites, nous sommes en mesure de suggérer qu'un projet comme le nôtre pourrait porter, par exemple, à considérer les affinités éventuelles entre les expressions que nous soumettons à l'analyse et une classe d'expressions très spécialisées, les *phônai skeptikai*, qui appartiennent au courant philosophique sceptique. Le rapport entre nos expressions et le vocabulaire sceptique est en fait peu contesté par la critique[13]. Tout rapprochement

10. Voir à cet égard, J. A. Olsen, *Œuvre, fiction, récit. Pour une nouvelle théorie du roman*, Oslo, Unipub AS, 2001, chapitre 1.

11. Voir pourtant les articles de A. J. Close, d'E. Hirsh et de Q. Skinner in *On literary intention*, éd. D. Newton-De Molina, Edinburgh, Edinburgh, University Press, 1976.

12. Voir encore notre chapitre théorique pour des arguments en faveur d'un tel rapprochement.

13. Voir E. Naya, « "Ne sceptique ne dogmatique, et tous les deux ensemble" : "Rabelais on phrontistere et escholle des pyrrhoniens" », *Etudes Rabelaisiennes* – Tomes XXXV, 1995, pp. 81-129.

entre ces deux classes d'expressions exige pourtant, en préliminaire, une distinction nette entre elles, qui les répartit respectivement en une classe d'expressions ordinaires et une classe d'expressions spécialisées[14]. Qu'il existe des affinités entre ces deux classes est en revanche manifesté tout au long de nos analyses, en particulier par celles de la locution adverbiale *à l'avanture*. Notre cadre théorique permet en fait de dégager dans certains des exemples contenant cette locution les principes d'une stratégie argumentative qui serait proche de l'argumentation pyrrhonienne. Elle permet au locuteur de structurer un argument de telle manière qu'il occupe une position qui n'est pas seulement la sienne propre, mais encore celle (présumée) de son adversaire. L'effet de cette argumentation, au cours de laquelle le locuteur se transforme donc en son propre opposant, serait précisément l'effet autocritique de l'argumentation pyrrhonienne. À cet égard on peut dire que nos analyses décrivent sur micro-plan les effets d'une argumentation qui ne réduit pas au silence, mais qui libère la parole en enlevant à son contenu toute garantie définitive.

Pour préciser sous un autre aspect la perspective de nos analyses, évoquons ici les travaux de M.-L. Demonet sur les notions de vérité et de signe au XVIe siècle[15]. Portant sur les expressions hypothétiques, donc sur des expressions analogues aux nôtres, ces travaux présentent un grand intérêt pour nous, car à bien des égards nos analyses représentent une élaboration de l'approche d'analyse linguistique qui y est ébauchée. Il convient pourtant de constater

14. Voir à cet égard notre article : « *Phônai skeptikai* et expressions modalisantes. Ressemblances et différences », in *L'écriture du scepticisme chez Montaigne*, éd. M.-L. Demonet et A. Legros, Genève, Droz, à paraître.

15. Voir en particulier « "Si mon mulet transalpin volait", ou de la vérité en matière de langues », in *Langage et vérité : études offertes à Jean Claude Margolin*, Genève, Droz, 1993, pp. 223-235 et « "Si les signes vous fâchent" : inférence naturelle et sciences des signes à la Renaissance », *Renaissance, Humanisme, Réforme*, 38 (juin 1994), pp. 7-44.

une différence importante : comme notre adoption d'un cadre linguistique ne porte que sur le texte des *Essais*, nous nous limitons forcément à la seule description des effets produits par ce texte[16]. En revanche, une approche comme la nôtre permettra de relever tout une gamme de nuances inhérentes au discours montaignien.

Tout en offrant une description des effets d'une argumentation qui serait analogue à celle du pyrrhonisme, notre approche permet de décrire linguistiquement l'espèce de *gradatio* qui est également un trait caractéristique des *Essais*. Décrit par A. Compagnon comme une ébauche de la gradation pascalienne[17], ce phénomène présente une image très complexe du rédacteur des *Essais*. Notre approche offre, pour sa part, une description linguistique de différents types d'argumentation par gradation dans les *Essais*. Elle est en mesure également de compléter la description que fait Compagnon du fonctionnement de la citation dans les *Essais*[18]. Cas infiniment complexe, ce fonctionnement consiste à combiner plusieurs valeurs, dont la valeur iconique, qui renvoie au locuteur, est la plus intéressante pour notre perspective. Nos analyses permettent de situer la valeur iconique formellement à l'intérieur de la citation.

En relevant des effets qui s'apparentent à l'argumentation pyrrhonienne, des effets qui créent une forme particulière de gradation ou, enfin, des effets qui brouillent l'autorité de la citation, nos analyses n'en présentent sans doute qu'une image partielle, dans la mesure où elles ne tracent cette forme de doute qui s'inscrit dans l'armature du texte que dans treize exemples en tout. Cette restric-

16. À cet égard l'article du même auteur, « La logique de la métaphore (*Essais*, III, 1) », *BSAM*, 1-2 (juillet-décembre 1985), pp. 141-155, s'avère encore plus proche de notre perspective, car il explique le fonctionnement de la métaphore chez Montaigne précisément à partir des études linguistiques.

17. Voir A. Compagnon, *Chat en poche. Montaigne et l'allégorie*, Paris, Seuil, 1993.

18. Voir A. Compagnon, *La seconde main, ou le travail de la citation*, Paris, Seuil, 1979, pp. 235-327.

tion admise, le type d'analyse linguistique mis en œuvre ici est pourtant en mesure de nous aider à mieux comprendre les mécanismes qui sous-tendent l'écriture de Montaigne. Le système explicatif dont nous nous prévalons est destiné à dégager, en principe, tous les liens qui existent entre le locuteur et les points de vue qu'il présente. Ainsi, si la méthode d'analyse adoptée ne permet pas la présentation d'une vue d'ensemble sur les *Essais*, elle offre en revanche – toujours en principe – une démarche d'interprétation possible pour tous les énoncés de ce texte. Cette démarche interprétative focalise plus précisément sur les aspects du texte qui établissent les rapports entre le locuteur et les opinions ou matériaux qu'il présente, aspects qui déterminent s'il les fait siens, s'il les accepte seulement, ou s'il les réfute. Ayant donc comme champ d'analyse la distance entre le locuteur et les matériaux de son texte – distance créatrice du jugement –, cette démarche ne propose pas une meilleure manière d'interpréter les *Essais*, mais simplement une *autre* manière de les lire[19]. Elle propose, en d'autres termes, d'appliquer un système d'explication cohérent à un texte dont la complexité est telle qu'il est souvent difficile d'en faire une interprétation cohérente et complète. Il s'agit donc d'une manière de lire (ou d'interpréter) qui permettrait en fait de capter la pluralité des perspectives dont est constitué le texte des *Essais* et offrirait, partant, une chance de ne pas réduire la complexité de ce texte qui ne cesse, aujourd'hui encore, d'intriguer.

Permettons-nous de faire une dernière remarque à l'égard de la perspective de nos analyses, qui portera plus précisément sur la

19. Un mode de lecture, peut-être, à l'instar du « protocole de lecture » dont parle J.-Y. Pouilloux dans *Montaigne. L'éveil de la pensée*, Paris, Champion, 1995 (voir en particulier le chapitre 4). Cet auteur a aussi dégagé à plusieurs reprises l'importance dans les *Essais* des expressions que nous analysons ici. Il n'est d'ailleurs pas le seul ; déjà Virginia Woolf a remarqué la présence de l'adverbe *perhaps* dans les *Essais* ; voir son essai « Montaigne », Harmondsworth, Penguin Books, 1992, [1924].

locution adverbiale *à l'avanture*. Le lecteur s'étonnera sans doute que nous nous servions d'une théorie développée à l'origine sur l'adverbe d'énoncé *peut-être*[20], alors qu'il s'agira ici avant tout d'une forme différente de cet adverbe, notamment de la locution adverbiale *à l'avanture*. Ces deux variantes d'une même expression modale revêtent en effet un certain nombre de traits différents, auxquels nous avons consacré une partie du premier chapitre. Il faut pourtant souligner que ces différences sont toutes d'ordre sémantique ; en ce qui concerne la fonction modale, elle est identique dans les deux cas[21]. En d'autres termes, tous deux apportent au point de vue que présente le locuteur un commentaire de la part de celui-ci, qui porte sur la vérité ou la fiabilité de ce point de vue. Puisqu'il s'agit ici d'une analyse de la fonction modale de *à l'avanture*, non de son contenu sémantique, il ne nous paraît pas problématique d'appliquer une théorie développée sur *peut-être* à *à l'avanture*. Or cette manœuvre a un avantage particulier pour notre étude. En effet, comme nous le verrons bientôt, Montaigne utilise l'expression *à l'avanture* avec une fréquence peu commune, la préférant de toute évidence à *peut-être*. Il fallait donc bien justifier le transfert à *à l'avanture* d'un cadre d'analyse établi en principe pour *peut-être*.

Ce travail comporte donc un premier chapitre qui présente les expressions que nous soumettons à l'analyse dans une perspective générale sur les *Essais*, pour offrir ensuite, à partir d'un schéma statistique qui établit la fréquence relative de ces expressions, un

20. Normalement *peut-être* est classé comme un adverbe de phrase, c'est-à-dire qu'il porte sur toute la phrase. Pourtant, comme le montre les analyses polyphoniques de cet adverbe, ce n'est là qu'une des fonctions qu'il peut assumer. Pour le distinguer d'autres adverbes de phrase ainsi que d'adverbes d'énonciation (*franchement, heureusement* etc.), nous utiliserons donc le terme adverbe d'énoncé, proposé par H. Nølke.

21. *À l'avanture* peut pourtant revêtir également une forme non modale ; voir notre chapitre 1.

commentaire sur leur distribution dans les *Essais* et dans un corpus de textes contemporains. Nous les rapprocherons d'abord des pratiques de l'imitation et de l'exemple chez Montaigne, avant de passer au commentaire du schéma statistique. Nous précisons qu'il ne s'agira pas d'une étude comparative du fonctionnement de ces expressions dans tous les textes du schéma, mais simplement d'une comparaison de leur taux de fréquence. Cette comparaison aura cet avantage, entre autres, qu'elle permettra de distinguer la locution adverbiale *à l'avanture* comme un cas particulièrement intéressant dans les *Essais*. Puisqu'on peut constater à partir du schéma que Montaigne est le seul de tous les auteurs qui utilise cette locution fréquemment – au dépens d'ailleurs de *peut-être*, forme plus courante à l'époque[22] – le schéma semble en fait venir à l'appui du passage dans *Des Boyteux* où Montaigne professe une affection particulière envers ces expressions. Cet intérêt de la part de Montaigne s'expliquerait éventuellement par le fait qu'elles se rapprochent à plusieurs égards du vocabulaire sceptique : une partie du chapitre sera donc consacrée à un recensement des ressemblances et différences entre la classe d'expressions qui nous concerne et les expressions sceptiques.

Dans le deuxième chapitre, nous donnerons une présentation de la théorie, fondée sur le concept linguistique de polyphonie, qui sert d'outil aux analyses. Cette présentation est précédée par une discussion, à laquelle nous avons déjà fait référence, du rapport entre la pragmatique sémantique – qui, rappelons-le, sous-tend le concept linguistique de polyphonie – et la pragmatique de la pertinence. Précisons que ces deux sections se limitent aux éléments strictement nécessaires pour comprendre la démarche de nos analyses. Nous établirons en revanche une typologie polyphonique,

22. À cela s'ajoute également la forme adverbiale de *possible*. Mais puisqu'il n'existe qu'une occurrence de cet adverbe dans les *Essais*, nous ne le considérerons pas ici.

fondée sur nos expressions, qui sera complète dans la mesure où elle donnera une vue d'ensemble sur toutes les relations qui peuvent exister entre locuteur et points de vue. Le chapitre se termine par une présentation du concept d'évidentialité qui, dans le cas des marqueurs évidentiels, spécifie de plus près le lien qui existe entre le locuteur et le(s) point(s) de vue qu'il met en scène.

Avec les troisième et quatrième chapitres nous en venons aux analyses proprement dites, qui constituent la partie centrale du travail. Le troisième chapitre se compose de trois sections et présente l'analyse de cinq exemples, dont deux sont tirés du chapitre *Des prières* (I, 56), deux de l'*Apologie de Raimond Sebond* (II, 12) et un de *Du repentir* (III, 2) respectivement. Pris donc dans des contextes très différents, ces exemples se définissent en revanche tous, d'une manière ou d'une autre, par rapport au champ de la croyance. Dans la première section, qui fait l'analyse de deux exemples dans *Des prières*, dont l'un contenant *il semble que* et l'autre *à l'avanture*, nous chercherons à démontrer comment ces expressions signalent, chacune de leur propre manière, une notion de réserve par rapport à ce champ. Dans le premier cas, le type de réserve qui s'inscrit dans l'énoncé grâce à l'expression *il semble que* permet au locuteur de formuler une critique contre les prières. Celui dont il s'agit dans le second cas, instauré par *à l'avanture*, est de forme bien plus complexe : l'analyse de ce type démontre comment le locuteur (« moy ») s'acquiert le droit de s'exprimer « bien reserveement » au sujet de la religion. Le premier cas est donc une illustration de ce que peut signifier une expression réservée dans le champ de la croyance, alors que le second met en scène l'acquisition même du droit de parler sur ce champ.

La deuxième section consiste également en l'analyse d'un *il semble que* et d'un *à l'avanture*, mais cette fois dans l'*Apologie*. Nous proposerons plus précisément de mettre ces expressions en rapport avec deux sources de savoir exprimées par le contenu de nos exemples, celles de l'inspiration divine et du hasard. Nous démontrerons dans le premier exemple une parenté entre les fonctions de *il semble que*, marqueur de source de savoir linguistique, et l'inspiration, marqueur de source de savoir divine. Selon nos analyses l'inspiration fonctionne comme un principe structurant le chapitre, plutôt que comme une source de savoir divine, ce qui implique une critique implicite de son statut en tant que telle. Dans le deuxième exemple, on ne peut pas dégager un rapport analogue entre notre expression (*à l'avanture*) et la source de savoir (du contenu) qui est représentée ici par la notion de hasard. Celle-ci a en revanche plusieurs sens en commun avec *à l'avanture*, tels que *accident*, *danger*, *risque*. Dans cet exemple, ainsi que dans le suivant, qui constituera la troisième section du chapitre et qui porte sur *Du repentir*, nous nous intéresserons pourtant avant tout à explorer les effets polyphoniques de *à l'avanture* lorsque cette locution adverbiale fait partie d'une structure concessive. Nous dégagerons plus précisément à partir des effets de la locution une structure argumentative, pyrrhonienne si l'on veut, qui consiste à mettre en doute non pas le contenu des arguments mais leur valeur même. À cela s'ajoute l'aspect autocritique de cette forme d'argumentation : dans les deux cas, en effet, le doute ne porte pas seulement sur l'argument de l'interlocuteur (ou de l'adversaire), mais encore sur celui du locuteur. Dans l'exemple de l'*Apologie* donc, les effets de *à l'avanture* permettent au locuteur de nier implicitement à la notion de hasard un statut de source de savoir fiable, alors que dans l'exemple de *Du repentir*, qui porte sur le rapport entre les notions de contradiction et de vérité, ils lui permettent d'établir une sorte d'équilibre entre ces deux notions (d'apparence) incompatibles.

Le quatrième chapitre est composé de trois sections et fait l'analyse de huit exemples. Les trois premiers sont pris dans le chapitre *De l'utile et de l'honneste* (III, 1), le quatrième dans l'*Apologie* (II, 12), les trois suivants dans *Sur des vers de Virgile*

(III, 5), et le dernier dans *De l'institution des enfans* (I, 26). Nous n'avons pas cherché, comme c'était le cas dans le troisième chapitre, à définir tous les exemples par rapport à un champ commun. Cela n'est vrai que pour les trois premiers qui, puisqu'ils portent sur la relation complexe entre l'utile et l'honnête, se rapportent au champ de la morale. Le quatrième exemple est intéressant surtout d'un point de vue structural ; il exploite la relation entre trois marqueurs différents dans un passage. Les trois suivants témoignent d'une duplicité qui est déjà là, au niveau thématique, dans le chapitre dont ils font partie. Quant au dernier exemple, il porte sur le statut d'un marqueur dans une citation. On notera également que certaines des analyses de ce chapitre – la troisième, la quatrième et la septième – se distinguent des précédentes du fait qu'elles considèrent non seulement une expression, mais un groupe d'expressions.

La première section de ce chapitre consiste donc en une analyse des deux occurrences de la locution adverbiale *à l'avanture* dans *De l'utile et de l'honneste*. Le premier exemple présente une critique implicite de la double perfidie, c'est-à-dire d'un cas où une trahison est commandée et punie par la même personne, alors que le deuxième exemple met en scène un prince « geiné » entre le choix d'une action utile et d'une action honnête. La présence de *à l'avanture* dans ce cas signale d'une part que le choix utile sera accepté par le locuteur, à condition que ce choix soit accompagné de regret, d'autre part que le locuteur pourra changer d'avis à une époque ultérieure, c'est-à-dire opter pour une solution différente. Celle-ci (le choix honnête) se trouve en fait représentée dans le passage même, sous la forme d'une addition tardive.

Ce thème de la relation complexe entre l'utile et l'honnête est repris à nouveau dans notre troisième exemple, qui introduit la seconde section. Ici il ne s'agit pourtant pas du choix d'un prince, homme public, mais de celui d'un homme privé, en l'occurrence le locuteur lui-même. Ce fait est bien souligné par la présence de trois occurrences de *je trouve que*, marqueurs qui introduisent des points de vue fondés sur l'expérience propre du locuteur. Dans l'exemple, la relation complexe entre l'utile et l'honnête est mise en évidence par une sorte d'oscillation entre options et règles[23], que nos analyses chercheront à décrire en mettant à nu les mécanismes d'interaction entre structure polyphonique, structure argumentative et structure de gradation. Nous chercherons également dans cet exemple à lier nos analyses linguistiques de la gradation à des analyses rhétoriques de ce phénomène dans les *Essais*. L'analyse du quatrième exemple – composé de trois points de vue (introduits par *je trouve que, je pense que, je crois que*) et portant sur l'évaluation du livre de Sebond défendu par Montaigne – est analogue aux analyses du troisième exemple dans la mesure où il s'agit ici aussi du rapport entre structure polyphonique et structure de gradation. Nous distinguerons plus précisément à partir de la relation entre ces structures un double mouvement : celui de la gradation qui range le livre de Sebond comme le meilleur de son genre, et celui de la polyphonie, qui montre progressivement que le fondement des points de vue est plutôt précaire. Il en résulte une sorte de neutralisation de l'orientation positive de l'évaluation.

Les exemples de la troisième et dernière section sont tirés de chapitres qui mettent au jour le caractère des *Essais* comme un cas particulièrement complexe de l'imitation. *Sur des vers de Virgile* est un chapitre particulièrement riche en citations, alors que l'exemple pris dans *De l'institution des enfans*, constitue en lui-même une citation. Cette section permet ainsi d'établir un certain rapport entre les concepts linguistique et littéraire de la polyphonie. Ce rapport est évident dans le premier exemple : ici la fonction de l'adverbe d'énoncé *peut-être* fait écho à celle d'une citation latine

23. Pour reprendre les termes de A. Tournon, *La glose et l'essai*, p. 271.

qui fait également partie de l'énoncé, dans la mesure où l'adverbe, comme la citation, permet de suspendre les responsabilités morales du locuteur. Le marqueur modal et la citation constituent ainsi, tous les deux, des moyens de mettre en place le double langage de dissimulation et de dévoilement qui caractérise *Sur des vers de Virgile*. Les deux exemples suivants, qui portent sur la locution adverbiale *à l'avanture*, fournissent d'autres exemples de ce double discours. Le premier, tout en soulignant combien il est difficile de contrôler le désir féminin, évoque en même temps la possibilité de le contrôler, alors que le second envisage une entente éventuelle entre les sexes à travers le respect pour leurs différences. Dans le dernier exemple, enfin, nous proposons une analyse du marqueur *il me semble que* dans un énoncé qui consiste en une citation. Cette analyse démontre comment le sujet citant prend la responsabilité, au même titre que la source de la citation, du texte cité. L'analyse est donc une illustration de la manière dont on peut, au moyen du concept linguistique de polyphonie, dégager la coexistence de plusieurs valeurs d'énonciation dans la pratique montaignienne de la citation.

Ce plan nous a ainsi permis, d'une part, d'étudier quelques-unes des positions les plus intéressantes de la locution adverbiale *à l'avanture* – sa présence dans une ellipse ou dans une construction concessive par exemple – et, d'autre part, de considérer, en ce qui concerne les marqueurs évidentiels, des passages où apparaissent plusieurs occurrences du même marqueur, ou de marqueurs différents. Et cela pour ne mentionner que les cas les plus saillants. En analysant ces expressions, traces de la présence du locuteur dans l'énoncé, nous avons donc mis en lumière des aspects des *Essais* qui jusqu'ici ont été peu étudiés, et dont certains sont en fait difficiles à découvrir sans une méthode comme la nôtre. Toujours est-il que nos analyses évoqueront des champs familiers, tels que l'argumentation pyrrhonienne, la pratique montaignienne de la citation et, avant tout le mode d'écriture extrêmement indirect qui caractérise les *Essais*. Puisqu'elles visent justement les aspects du texte qui déterminent la distance entre le locuteur et les points de vue qu'il présente, elles font ressortir, à notre avis, la singularité du texte des *Essais* comme l'expression d'un jugement extrêmement critique, certes, mais aussi et surtout libérateur de points de vue infiniment variés : autrement dit d'un « jugement polyphonique ».

CHAPITRE 1

LES EXPRESSIONS MODALISANTES À L'ÉPOQUE DES *ESSAIS* : ANALYSE STATISTIQUE

1. Introduction

Dans ce premier chapitre nous mettrons au point un schéma statistique de la distribution, dans un corpus de 26 textes écrits au cours de la période 1560-95 (y compris les *Essais*), des expressions que nous soumettons à l'analyse dans la présente étude. Nous comparerons à partir de ce schéma le taux de fréquence de ces expressions, dans les *Essais* et dans les autres textes du corpus. Cette comparaison est précédée par une section qui argumentera en faveur de la sélection d'un corpus de textes relevant de genres extrêmement variés. Nous chercherons également dans cette section à situer dans un contexte plus général les expressions que nous allons analyser. Ces expressions organisent les contenus des *Essais* – texte qui contient d'ailleurs en lui-même autant de diversité que notre liste toute entière – à partir d'un point de vue subjectif ; elles contribuent ainsi à créer cette perspective personnelle si caractéristique pour les *Essais*, perspective qui fera de cette œuvre l'un des points de repère pour le développement de la notion d'identité moderne. Il s'agira donc de l'apport de nos expressions dans l'établissement d'un trait spécifique des *Essais*, générique même, lié à la pratique particulière de l'imitation qui s'y dessine : en imitant les autres, le texte exprime en même temps le « moi »[1]. Nous terminerons la

1. Si nous employons la forme substantivée du pronom disjonctif, le moi, plutôt que la forme impersonnelle, concept de sujet, c'est que c'est sous cette forme que la notion d'identité a été premièrement exprimée (et interrogée) à partir de l'époque de Montaigne (entre 1550 et 1650 plus précisément). Voir T. Cave, *Pré-histoires : textes troublés au seuil de la modernité*, Genève, Droz, 1999, pp.

section avec un rapprochement, qui s'inscrira également dans cette description générale de nos expressions, entre elles et le domaine rhétorique, notamment les figures de l'exemple et de l'enthymème. Il n'est pas question de mettre ces deux phénomènes, techniques rhétoriques et simples traits de langue, sur le même plan, mais simplement de démontrer comment ils font, chacun à leur manière propre, émerger les particularités de ce sujet qui est le « moi » des *Essais*. La seconde section enfin consiste en l'analyse des conséquences que l'on peut tirer des statistiques à proprement parler. Nous préciserons que cette recherche ne prétend offrir que des résultats statistiques, à savoir établir le taux de fréquence relatif des occurrences à partir du nombre total des occurrences dans chaque texte. Avant de juger des résultats de ces statistiques, signalons d'abord les choix et les restrictions qui ont été imposés à l'établissement du corpus, après quoi nous donnerons un bref aperçu de la place de nos expressions dans une perspective générale sur les *Essais*, et nous signalerons enfin les critères qui ont été adoptés pour la sélection des occurrences.

2. Choix et limites du corpus

Les textes qui constituent le corpus de notre analyse furent composés dans la période de 1560 à 1595, qui correspond approximativement à la vie adulte de Montaigne. La sélection des textes se limite à cette période à cause des changements de l'état de langue qui se sont effectués au cours du siècle[2]. Montaigne lui-même en est très conscient : « Selon la variation continuelle qui a suivy le nostre [le français] jusques à cette heure, qui peut esperer que sa forme presente soit en usage, d'icy à cinquante ans? » (III, 9, p.

111-127. Remarquons pourtant que la forme substantivée du pronom disjonctif ne se trouve pas dans les *Essais*.

2. Le changement de sens du verbe *sembler*, de *ressembler* au sens actuel, n'en est qu'un exemple.

982, b). La codification du français qui s'achèvera vers la fin du siècle[3] conduira pourtant à une certaine « stabilité »[4], permettant de considérer les textes examinés comme ressortissant (plus ou moins) à un même état de langue.

La restriction du corpus à une période relativement brève met en relief un aspect que nous avons déjà mentionné : la nature hétérogène des textes. Les textes appartiennent à des genres ou catégories de textes en fait très différents : discours théologique, médical, juridique et politique, dialogue philosophique, drame et poésie, et cette diversité constituera peut-être une objection à l'analyse. Elle se laissera pourtant facilement justifier dans la perspective du texte et des expressions auxquels nous avons affaire. Nous mentionnerons d'abord des raisons pratiques. Le nombre des textes du XVIe siècle informatisés est toujours relativement restreint, ce qui impose des restrictions de choix[5]. Ensuite, dans la mesure où les *Essais* constituent justement le premier exemple d'un nouveau genre, l'essai[6], nous voyons mal comment établir un corpus qui respecte la notion de genre ; une classification générique préliminaire réduirait en fait à zéro la base de comparaison. Mais l'argument le plus convaincant pour la sélection des textes sur notre liste est constitué

3. M. Huchon, *Le Français de la Renaissance*, Paris, PUF, 1988, p. 3.

4. Selon la remarque pertinente de C. Marchello-Nizia (*Histoire de la langue française aux XIVe et XVe siècles*, Paris, Dunod, 1992, p. 3), toute description d'un état de langue doit comprendre les termes de « transition » et de « stabilité ». D'où les guillemets.

5. Je tiens à exprimer ma très grande reconnaissance au laboratoire EQUIL XVI (Equipe informatique et littéraire pour le XVIe siècle) de l'Université Blaise Pascal (Clermont-Ferrand II), qui a rendu cette analyse statistique possible en me donnant l'accès à sa base de textes électroniques « Base XVIe s. ». Fondée en 1978 par G. Demerson et M. Huchon, la base a été développée sous la direction de M.-L. Demonet (1991-97), et contient 88 textes informatisés (état en juillet 1995), couvrant la période de 1511 à 1614.

6. Rappelons que la notion d'*essai* ne sert de terme générique qu'après Montaigne (et sur son exemple) ; voir A. Tournon, *Montaigne en toutes lettres*, Paris, Bordas, 1989, p. 74, note 1.

par le caractère quotidien des expressions analysées. Le fait qu'elles sont des traits de langue généraux qui se trouvent dans toutes sortes de textes justifie – impose même – la composition d'un répertoire d'exemples relevés dans des textes dont le contenu et le caractère formel sont aussi divers que possible. Nous croyons ainsi qu'une base de textes hétérogènes informera mieux sur les intentions qui sont à l'origine de l'emploi de ces expressions, qu'une base constituée de textes homogènes. Tels sont enfin les arguments qui justifient la sélection des textes sur notre liste.

2.1 Les expressions analysées et le concept de « moi »

Ces arguments pour l'établissement d'une base de comparaison hétérogène partent donc à la fois des expressions elles-mêmes et de la nature de notre texte-cible. Dans la mesure où il représente une pratique particulière de l'imitation, celui-ci servira également de point de départ pour une description générale des expressions. Montaigne nous en offre un très bon résumé dans la conception du texte qu'il présente dans son avant-dernier chapitre pour prévenir les critiques qu'on risquait de porter sur son ouvrage : « Comme quelqu'un pourroit dire de moy que j'ay seulement faict icy un amas de fleurs estrangeres, n'y ayant fourni du mien que le filet à les lier » (III, 12, p. 1033, b). Cette conception du texte, dont il ne s'agit pas ici d'évaluer la portée, présente une image du rapport étroit qu'on peut établir, au moyen des expressions que nous analysons, entre la pratique de l'imitation dans les *Essais* et l'émergence du portrait de soi. Ce rapport tient du fait que le concept de « moi », ou d'identité, est représenté au niveau formel par le point de vue subjectif, marqué grammaticalement (pronoms personnels, déictiques), à partir duquel les matériaux imités sont présentés[7].

7. T. Cave, *Cornucopia, Figures de l'abondance au XVIe siècle*, Paris, Macula, 1997, chapitre 2.

Nous allons en offrir deux exemples. Le premier consiste en un énoncé dans *De l'institution des enfans* (I, 26), où Montaigne emprunte chez Sénèque une sentence que celui-ci avait attribuée à son tour à Cléanthe ; le second est un fragment du poème de Ronsard, *Remontrance au peuple de France*, cité dans l'*Apologie* (II, 12). Il ne s'agit pas ici d'analyser ces exemples en détail[8], mais simplement de comparer la forme du texte original avec l'emprunt[9]. Commençons avec le premier, qui traduit assez fidèlement le contenu du texte latin[10] :

> "Nam", ut dicebat Cleanthes, "quemadmodum spiritus noster clariorem sonum reddit cum illum tuba per longi canalis angustias tractum patentiore nouissime exitu effudit, sic sensus nostros clariores carminis arta necessitas efficit"[11].

> Car, comme disoit Cleantes, tout ainsi que la voix, contrainte dans l'étroit canal d'une trompette, sort plus aiguë et plus forte, ainsi *me semble il que* la sentence, pressée aux pieds nombreux de la poësie, s'eslance bien plus brusquement et *me* fiert d'une plus vive secousse[12]. (I, 26, p. 146, a)

8. Pour une analyse détaillée du premier exemple, voir chapitre 4, troisième section, pp. 284-293.

9. La forme de l'emprunt est ici, plus précisément, celle d'une « allégation » ; voir encore chapitre 4, section deux, p. 287.

10. Pour une comparaison avec une autre traduction en français, voir la note 11.

11. « "Car", comme disait Cléanthe, "de même que notre souffle rend un son plus éclatant, lorsqu'il circule tout du long de l'étroit canal d'une trompette d'où il jaillit enfin par un plus large orifice, ainsi la rigoureuse contrainte du vers confère à la pensée plus d'éclat." » (L. Annaeus Seneca, *Lettres à Lucilius*, Tome IV, Livres XIV-XVIII, Epist. 108, 10 ; texte établi par F. Préchac et traduit par H. Noblot, Paris, 1962).

12. Les expressions modalisantes destinées à l'analyse seront toujours mises en italique dans nos citations.

Ainsi qu'on peut le constater, la différence la plus marquée entre ces deux fragments de textes, l'imité et l'imitation, est précisément l'insertion, dans celui de Montaigne, de l'expression lexicalisée *me semble il que* et le pronom *me*. S'ajoute ainsi à l'emprunt une explicitation des instances énonciatives et réceptives qui est totalement absente chez Sénèque. L'énoncé en devient un modèle d'échange de caractère réflexif, car les deux instances se résument en une seule (les deux se référant au locuteur). L'exemple est ainsi une très bonne illustration de cet aspect caractéristique des *Essais* qui consiste dans l'association explicite de la matière empruntée à un point de vue subjectif, qu'il soit énonciatif ou réceptif ou, comme ici, tous les deux. On notera également que cette double référence au locuteur dans la citation elle-même, qui véhicule son jugement du contenu ainsi que sa réaction à ce contenu, n'efface pas pour autant la voix de l'auteur cité ou, plus précisément, la source du contenu (Cléanthe)[13]. Les deux voix, la source du contenu (Cléanthe) et la source du point de vue (Montaigne), sont en fait marquées explicitement, l'une par l'incipit « Ut dicebat Cleanthes », l'autre par l'expression *me semble il que*[14].

13. Qu'il dissimule la source de Sénèque et ne garde que la référence à Cléanthe, est un aspect intéressant de la pratique montaignienne de l'imitation, mais qui tombe en dehors du cadre de ce travail.

14. La fortune ultérieure de cette sentence est également très intéressante. On notera par exemple que chez Chassignet (*Le mespris de la vie,* 1594), toute référence à l'auteur cité est effacée. On notera également que, comme Montaigne (et sans doute sur son exemple), Chassignet insère le marqueur *me semble il que* ; en revanche, à la place de l'objet direct *me* dans la dernière partie de l'énoncé, il maintient le *nous* de la version de Sénèque : « Car, ny plus ny moins que la vois contrainte dans l'estroit canal d'une trompette sort plus ague et s'esclatte plus fort, ainsi me semble il que la sentence pressee aus pliés [sic] nombreus de la poësie s'elance bien plus brusquement et nous fiert d'une vive secousse », p. 20. Chassignet est connu, d'ailleurs, pour avoir fait de nombreux emprunts à Montaigne non seulement dans sa « Préface au lecteur », où se trouve le passage que nous venons de citer, mais aussi dans certains de ses poèmes ; voir R. E. Leake, Jr., « Jean-Baptiste Chassignet and Montaigne », *BHR*, 23 (1961), pp. 282-295.

Dans le deuxième exemple en revanche, on n'assiste pas à une simple juxtaposition de la voix citée avec la voix citant, mais à un véritable effacement de la voix de l'auteur cité. Cet effacement, qui est effectué en premier lieu par l'hypothétique *je me fusse*, et qui se trouve ensuite confirmé par l'incise *ce me semble*, s'opère donc par des expressions apparentées à celle du premier exemple. On notera également que ce double effacement de la voix de l'auteur cité – non seulement par une mais par deux références à la voix citante – se fait de manière discrète ; celles-ci ne s'insèrent en fait pas dans la citation proprement dite, mais dans le texte qui la prépare :

> ... parmy cette cecité universelle, je me fusse, *ce me semble*, plus volontiers attaché à ceux qui adoroient le Soleil :
> *la lumiere commune*... (p. 514)

Pour illustrer notre propos dans ce cas, il n'est pas nécessaire de comparer la citation avec le texte original ; il suffit en fait de se référer à l'analyse qu'a faite T. Cave de cette citation[15]. Selon Cave, Montaigne se sert du conditionnel *je me fusse*, de l'incise *ce me semble* etc. dans le texte précédant la citation pour compenser l'absence de références à la première personne dans les vers que Montaigne choisit de citer[16] (références dont il y a pourtant plusieurs chez Ronsard, juste avant et juste après le passage emprunté). Cette compensation permet à l'auteur d'introduire sa propre voix dans le poème, tout en évitant de l'identifier à celle de Ronsard. Ces deux citations – les vers de Ronsard et la sentence de Sénèque – présentent donc, chacune à sa manière, des exemples d'imitation particulièrement complexes, à cause précisément de cette liaison étroite entre la pratique de l'imitation et l'émergence

15. *Pré-histoires*, p. 53 sqq.

16. A une exception près, qui est pourtant supprimée par Montaigne (T. Cave, *Pré-histoires*, p. 56, note 12).

du sujet. Dans cette perspective il est évident que les expressions qui font l'objet de cette étude jouent un rôle primordial au niveau formel dans la construction du concept du sujet[17]. Cet aspect important des *Essais* n'entre pourtant pas dans le cadre de cette étude ; si nous y faisons référence ici, c'est qu'il permet de placer les expressions soumises à nos analyses dans une perspective plus générale sur les *Essais*. Comme le démontrent les deux exemples que nous venons de citer, ce sont justement nos expressions qui donnent forme à ce trait des *Essais* qui consiste dans l'association systématique (et explicite) des contenus du texte au point de vue du locuteur des *Essais* : autrement dit, au point de vue de Montaigne.

2.2 Les expressions analysées et les figures de rhétorique

Une autre façon de lier les expressions soumises à l'analyse à cet aspect central des *Essais* que représente l'émergence du moi ou d'une notion d'identité, est fournie par la rhétorique. Science de base qui réunit les choses les plus éloignées, la rhétorique est un véritable principe unificateur pour différents types de textes[18]. Elle peut donc servir à démontrer la manière dont les *Essais* sont constitués de traits de plusieurs genres, de fragments d'autres textes, mais transformés et fusionnés dans un texte singulier. Il est vrai que les formules qui encadrent le préambule dans *Du repentir* (« Les autres forment l'homme, je le recite [...] Je n'enseigne poinct, je raconte », III, 2, p. 804, 806) situent le projet des *Essais* dans un cadre assez différent, qui exclut la fonction persuasive de la rhétorique et met l'accent sur le « récit »[19]. À cela s'ajoute la

17. Il existe déjà une littérature abondante à ce sujet ; nous citerons à titre d'exemple le recueil d'articles, *Problématique du sujet chez Montaigne*, éd. E. Kushner, Paris, Champion, 1995, et T. Cave, *Pré-histoires*, chapitre IV.

18. Voir A. Kibédi Varga, *Rhétorique et littérature. Etudes de structures classiques*, Didier, Paris, 1970.

19. A comprendre ici comme l'équivalent d'un simple commentaire.

critique d'une rhétorique formalisée dans le chapitre III, 8, *De l'art de conferer*[20]. Toujours est-il que (comme l'a démontré J. D. Lyons au sujet de la fonction rhétorique de l'exemple aux XVIe et XVIIe siècles[21]) le rapport d'opposition qu'établissent les *Essais* à l'encontre de la rhétorique n'implique pas une absence de technique rhétorique, seulement un changement d'orientation. Si l'exemple ne tire plus sa force rhétorique d'une valeur soit démonstrative soit éthique, il la tire en revanche d'une mise en question de ces valeurs[22]. Cette tendance, que Lyons trace à partir d'Erasme, aura une expression toute particulière chez Montaigne. Du fait qu'elle ne confirme pas, mais conteste, le caractère exemplaire de l'exemple, la fonction de cette figure de rhétorique dans les *Essais* serait, comme la pratique montaignienne de l'imitation, une façon d'exprimer le sujet. Dans l'optique de Lyons donc, le sujet « découle » d'une mise en question de la valeur reçue de l'exemple, illustrée d'une part de la perception dans l'Antiquité d'un comportement « non-exemplaire » du « je » textuel[23], d'autre part du processus même de fabrication de l'exemple[24]. Démontrant

20. Cf. la description d'un débat « scholastique et artiste », p. 926. Il est vrai que ce sont les dialecticiens qui sont visés ici, mais puisque la critique est purement formelle, cela vaut autant pour la rhétorique ; cf. les « escholes de parlerie » (*ibid.*).

21. *Exemplum. The Rhetoric of Example in Early Modern France and Italy*, Princeton, Princeton University Press, 1989, chapitre III.

22. Selon Lyons, c'est précisément l'unification au XVIe siècle de la valeur démonstrative de l'exemple (tradition classique des *paradeigmata*) avec celle de l'éthique (tradition médiévale de l'*exemplum*) qui permet l'interrogation sur les valeurs reçues de l'exemple ; voir *Exemplum*, Introduction.

23. L'illustration de Lyons concerne un passage du dernier chapitre *De l'experience*. Dans ce passage le comportement du « je » textuel correspond à un comportement qui, dans l'Antiquité, était puni d'une gifle (*Exemplum*, p. 150 sqq.).

24. Selon Lyons, Montaigne aurait abandonné, après avoir compris les mécanismes de l'exemple, les *exempla* de la tradition pour en faire lui-même, et plus précisément pour constituer son propre livre en contre-exemple. Allant de pair avec l'insistance sur l'identification, la « consubstantialité », entre le livre et son

la manière dont Montaigne soumet la rhétorique à ses propres fins, la figure de l'exemple confirme ainsi la présence des techniques rhétoriques dans les *Essais*.

Il est vrai que les expressions soumises à l'analyse dans le présent travail, à la différence de l'exemple, ne se laissent pas classer comme des figures de rhétorique ; à cet égard elles ne sont que des traits généraux de la langue, repérables dans des textes de tout genre. Mais ce caractère ordinaire ou commun qui leur est inhérent, n'empêche pas que certaines d'entre elles ont une fonction similaire à celle de l'exemple dans les *Essais*, au moins dans la mesure où celle-ci consiste à mettre en question la valeur reçue de l'exemple. C'est le cas plus précisément de l'adverbe d'énoncé *peut-être* (ou *à l'avanture*), qui dans certaines positions dans la phrase peut assumer la fonction de provocateur de polyphonie externe. Ayant cette fonction, l'adverbe véhicule souvent un point de vue qui ne sera présenté que pour être révoqué en doute. Permettons-nous de rapprocher ce même adverbe d'une autre figure de rhétorique, notamment de la forme du syllogisme qu'Aristote appelle l'enthymème ou le syllogisme rhétorique[25]. Ce qui rend ce type de syllogisme si intéressant dans notre perspective, c'est d'une part qu'il est fondé sur des prémisses probables, souvent

auteur, la constitution progressive des *Essais* en contre-exemple exprimerait en même temps l'identité de son auteur. Cette conception très intéressante de la contre-exemplarité des *Essais* est fondée sur le début de III, 8 où Montaigne compare son livre à l'homme pendu, le contre-exemple par excellence. Il assigne ici à son livre la même fonction que le contre-exemple, un modèle à fuir, non à imiter. On pourrait y ajouter que la présence de la locution adverbiale *à l'avanture* dans le passage (« ce que les honnestes hommes profitent au public en se faisant imiter, je le profiteray à l'avanture à me faire éviter », p. 922), représenterait un élément formel susceptible de faire ressortir la duplicité de cette comparaison (à savoir que pour l'éviter il faut l'avoir lu).

25. Voir J. Børtnes, « Retorikk og lingvistisk polyfoni », *Tribune*, skriftserie for Romansk institutt, Universitetet i Bergen, 9 (vår 1999), http://www.hum.au.dk/romansk/polyfoni/borstnestrib.htm, 6 p.

sous-entendues[26], d'autre part qu'il peut revêtir la forme d'une construction concessive (*p mais q*, par exemple). Il est vrai qu'on ne peut pas lier cette construction directement à nos expressions ; en revanche notre adverbe y entre facilement, et il y présente, comme nous allons le voir, des effets polyphoniques très intéressants. En outre, selon notre cadre théorique, le connecteur *mais* est polyphonique dans la mesure où il relie deux points de vue qui orientent dans des sens opposés[27]. Mot pivot de la construction concessive, dans lequel « [e]n un sens, l'auteur met son âme »[28], il constituera encore un élément susceptible d'associer nos expressions au développement d'un langage d'auto-représentation dans les *Essais*. Plusieurs de nos exemples d'analyse sont en effet des constructions concessives, des enthymèmes. Rappelons enfin que ces rapprochements de nos expressions du domaine rhétorique ne sont pas censés les inscrire dans une sorte de vocabulaire rhétorique qu'on tracerait dans les *Essais* ; il s'agit tout simplement de les situer dans une perspective plus générale.

3. Critères

Le premier problème qui se présente pour la détermination de la fréquence des occurrences dans chaque œuvre individuelle, est la densité du texte sur chaque page, si variable d'une œuvre à l'autre qu'il est difficile d'établir un critère selon lequel compter les pages. Pour cette raison, nous avons choisi de compter la totalité des mots dans chaque œuvre, d'autant plus que cette solution ne pré-

26. Transposées dans une perspective polyphonique, celles-ci auront la fonction d'instructions d'interprétation.

27. Pour plus de détails voir p. 174 et note 29 dans la deuxième section du chapitre 3.

28. H. Nølke, « La ScaPoLine 2001. Version révisée de la théorie Scandinave de la Polyphonie Linguistique », *PLL*, III (mai 2001), p. 59.

sente pas de problème au niveau pratique[29]. Nous établirons le taux de fréquence des expressions à partir de chaque ensemble de dix mille mots, en arrondissant la deuxième décimale (ex. 2, 317 - 2, 32).

Nous avons imposé les restrictions suivantes à la sélection des occurrences :

- *Peut-être* : toutes les occurrences sont comptées;
- *A l'avanture* : toutes les occurrences sont comptées, aussi bien au sens modal qu'au sens non modal (*au/par hasard*), puisque celui-ci informe sur l'emploi total de la locution ; les occurrences du sens non modal sont pourtant comptées séparément;
- *Pouvoir/devoir* : le recensement des occurrences est limité au futur et au conditionnel, en raison de la quantité énorme de ces auxiliaires modaux (surtout de *pouvoir*) qui se trouvent dans les textes, ainsi que des difficultés qu'ils présentent quant à la détermination de leur fonction[30].
- *Sembler* : le recensement des occurrences est limité à des constructions complétives simples, *il semble que p* et *il me semble que p.* Sont admis pourtant des cas de prolepse, c'est-à-dire là où une partie de la complétive est antéposée.

29. Puisqu'elle a été rendue possible par l'ordinateur, cette solution présente évidemment l'avantage d'économiser du temps. Nous signalons pourtant que la fonction « compte de mots » (word count) compte sans distinction les mots et les chiffres. Mais comme ce surcroît d'éléments comptés est proportionnel à chaque texte, les erreurs de compte seront plus ou moins égales dans tous les textes. Nous précisons également que le but de cette statistique n'est pas de présenter des résultats scientifiquement certains, mais de faire naître des hypothèses et des généralités vraisemblables.

30. Ce qui est aussi la raison pour laquelle j'ai fini par ne pas les analyser dans le cadre de ce travail. Pour d'utiles aperçus de la complexité de ces verbes, voir les travaux de C. Fuchs et de son équipe de recherche (pour *pouvoir*), de H. Kronning (pour *devoir*), et de P. Dendale et L. Tasmowski (pour les deux).

La construction copulative est exclue, puisqu'elle présente des différences au niveau sémantique[31]. Sont également laissées de côté les constructions infinitives et de proposition incidente (les incises)[32].

- *Trouver* : toutes les occurrences où ce verbe assume le sens d'*estimer/juger* (non de *découvrir/inventer*) sont comptées. Comme pour *sembler*, le recensement se limite à des constructions complétives simples comme *je trouve que p*, ainsi que des complétives « proleptiques ». Sont comptées également les variantes syntaxiques de la complétive, celles plus précisément qui transforment le sujet du verbe *être* en objet de *trouver* (*je le trouve, je trouve cela*).
- *Penser* : toutes les occurrences où ce verbe assume le sens d'*exprimer une opinion* (non de *réfléchir*) sont comptées. Autrement nous appliquons les mêmes critères que pour *trouver*.

(Suit le schéma ; voir ci-après les explications de celui-ci.)

31. Dans l'article « *Sembler* et *paraître*, ou les deux visages de l'apparence », *Semantikos*, 10, 1-2 (1988), pp. 45-67, P. Bourdin distingue entre la construction copulative et les constructions infinitive et impersonnelle de la manière suivante : la première « suppose généralement un jugement fondé sur une perception directe et immédiate » (ex. « Sur cette photo Tom semble âgé »), alors que les dernières relèvent d'un raisonnement (ex. « D'après les documents trouvés sur elle, la victime semble être danoise/il semble que la victime soit danoise »).

32. Ces variantes présentent sans doute autant d'intérêt que l'expression lexicalisée dans une perspective polyphonique. La quasi équivalence au niveau sémantique entre *il semble que* (et *il me semble que*) et la construction infinitive, par exemple, qui montre que les deux relèvent d'un raisonnement (voir Bourdin, « *Sembler* et *paraître* »), en est un indice. Malgré l'intérêt dans une perspective polyphonique des incises du type *il (me) semble, ce (me) semble*, qui fonctionnent au niveau de l'énoncé, ces variantes tombent en dehors du cadre de ce travail. (Notre référence à l'incise *ce me semble* dans la section précédente était informelle.)

Statistique-textes 1560-95	p-ê	fr	à l'av1	fr	à l'av2	fr
Baïf Le Brave 28000	2	0,71	0	0	1	0,36
Baïf Poèmes-1 16289	4	2,46	0	0	0	0
Baïf Mimes 48438	4	0,83	1	0,21	4	0,83
Belleau Reconnue 15893	1	0,63	0	0	0	0
Bèze Chr. méd. 13937	1	0,72	0	0	0	0
Bodin République 499873	86	1,72	1	0,02	0	0
Bodin Colloque 205020	22	1,07	0	0	0	0
Chassignet Mespris 95815	10	1,04	3	0,31	4	0,42
Du Bartas Semaine 60956	4	0,66	1	0,16	2	0,33
Du Bartas 2e Sem 53047	4	0,75	0	0	0	0
Forcadel Œuvres 29 069	5	1,72	0	0	1	0,34
Garnier Antigone 21617	3	1,39	0	0	0	0
Garnier Bradamante 17376	3	1,73	0	0	2	1,15
Garnier Troade 20662	3	1,45	0	0	1	0,48
Garnier Juifves 17290	1	0,58	0	0	1	0,58
La Gessee Jeunesses 50752	6	1,18	0	0	4	0,79
Larivey Vefve 21276	5	2,35	0	0	0	0
Larivey Esprits 21358	8	3,75	0	0	0	0
Larivey Jaloux 20008	3	1,50	0	0	1	0,50
Lestoile Jounal-1 31723	0	0	0	0	0	0
Leroy, Vicissitude 130086	0	0	7	0,54	1	0,08
Montaigne Essais 442797	10	0,23	127	2,87	9	0,20
Palissy Recepte 58323	4	0,69	0	0	1	0,17
Paré Monstres 33269	1	0,30	0	0	0	0
Ronsard Hélène 22209	0	0	0	0	1	0,45
Tournebu Contens 30416	1	0,33	0	0	0	0

Stat.	f/cp	fr	f/cd	fr	isq	fr	i m s q	fr	j p q	fr	j t q	fr
B, B	28	10	2	0,71	1	0,36	2	0,71	2	0,71	1	0,36
B, P	7	4,30	1	0,61	0	0	0	0	0		0	0
B, M	16	3,30	1	0,21	2	0,41	0	0	2	0,41	0	0
B, R	6	3,78	0	0	0	0	2	1,26	4	2,52	0	0
B, C	13	9,33	1	0,72	0	0	1	0,72	0	0	0	0
B, R	237	4,74	14	0,28	62	1,24	10	0,20	2	0,04	13	0,26
B, C	80	3,9	0	0	26	1,27	21	1,02	3	0,15	10	0,49
C, M	27	2,28	12	1,25	6	0,63	2	0,21	2	0,21	0	0
D B, S	19	3,12	0	0	5	0,82	1	0,16	3	0,49	0	0
D B, 2	14	2,64	1	0,19	4	0,75	0	0	5	0,94	0	0
F, Œ	18	6,19	0	0	1	0,34	0	0	2	0,69	0	0
G, A	13	6,01	4	1,85	0	0	0	0	1	0,46	0	0
G, B	9	5,18	1	0,58	0	0	0	0	1	0,58	0	0
G, T	11	5,32	1	0,48	0	0	0	0	1	0,48	0	0
G, J	10	5,78	0	0	0	0	1	0,58	0	0	0	0
L, J	20	3,94	6	1,18	2	0,39	1	0,20	2	0,39	1	0,20
L, V	14	6,58	1	0,47	4	1,88	2	0,94	10	4,70	0	0
L, E	22	10,30	1	0,47	6	2,81	6	2,81	17	7,96	0	0
L, J	32	16,00	5	2,50	3	1,50	4	2,00	8	4,00	3	1,50
L, J	5	1,58	2	0,63	0	0	0	0	0	0	0	0
L, V	29	2,23	1	0,08	4	0,31	0	0	1	0,08	3	0,23
M, E	143	3,23	42	0,95	62	1,40	45	1,02	11	0,25	37	0,84
P, R	89	15,26	1	0,17	10	1,71	3	0,51	5	0,86	2	0,34
P, M	9	2,70	0	0	2	0,60	2	0,60	0	0	0	0
R, H	19	8,56	6	2,70	0	0	0	0	2	0,90	0	0
T, C	31	10,20	3	0,99	2	0,65	23	7,56	18	5,92	2	0,65

3.1 Schéma statistique : explications

Puisque l'objectif de cette statistique est d'obtenir des informations aussi précises que possibles sur la distribution de nos expressions dans les *Essais*, et non d'analyser cette distribution dans chaque texte individuel, il nous a paru commode de ranger les œuvres du corpus selon trois grandes catégories de textes : 10 textes dramatiques, 8 textes poétiques (rimés) et 8 textes de prose, et de les commenter relativement à ces catégories. Aussi ne sera-t-il fait référence à aucun texte particulier sauf quand la distribution dans ce texte s'écarte de façon significative de la catégorie à laquelle il appartient. L'objectif de la statistique est donc uniquement d'observer et de commenter la distribution de nos expressions dans les *Essais*, mesurée par rapport aux autres textes du schéma, non pas d'avancer des explications des tendances d'emploi relatives à une catégorie particulière.

Dans la première colonne apparaissent les textes ainsi que le nombre total de mots de chaque texte. Les textes dramatiques sont placés en premier : comédie, tragédie, tragi-comédie, suivis par les textes poétiques : poésie lyrique, « scientifique », baroque, etc., alors que les textes de prose : œuvres historiques, philosophiques, politiques, etc. apparaissent en dernier.

Table des abréviations:

p-ê:	*peut-être*
fr:	fréquence pour chaque ensemble de 10 000 mots
à l'av1:	*à l'avanture* au sens modal (*peut-être*)
à l'av2:	*à l'avanture* au sens non modal (*au/par hasard*)
f/c p:	futur/conditionnel du verbe *pouvoir*
f/c d:	futur/conditionnel du verbe *devoir*
isq:	*il semble que*
imsq:	*il me semble que*
jpq:	*je pense que*
jtq:	*je trouve que*

3.2 Remarques

Rappelons, avant de commenter les expressions successivement, que le taux de fréquence est établi à partir de chaque ensemble de dix mille mots (correspondant à la totalité des mots dans les textes).

a) Locutions adverbiales : *peut-être/à l'avanture* au sens modal /non modal (*au/par hasard*[33])

Commençons par *peut-être*. Cet adverbe qui apparaît dans tous les textes sauf trois – dont un de poésie amoureuse (Ronsard) et deux de prose, soit des discours historiques (Le Roy, L'Estoile) – aura toutefois un taux de fréquence relativement faible ; le plus fort se trouvant dans les comédies (3,75 chez Larivey). Il est intéressant de remarquer par rapport à ces observations, que parmi les textes qui contiennent l'adverbe, les *Essais* présentent le taux de fréquence le plus faible (0,23). Montaigne ne se sert donc guère de *peut-être* pour exprimer la modalité adverbiale.

Lorsqu'on en vient à l'emploi de la variante *à l'avanture*[34], la situation change radicalement, car au sens modal cette locution adverbiale assume un taux de fréquence qui va jusqu'à 2,87 dans les *Essais*. Ce taux serait considéré normalement comme assez faible, mais il en va tout autrement lorsqu'on le compare avec celui des autres textes. La locution est totalement absente des textes dramatiques par exemple ; il n'apparaît ensuite que dans trois sur

33. Indiquons tout de suite que la première de ces locutions dénote *sans direction déterminée, sans réflexion* (chez Montaigne), la seconde *fortuitement* (le *Robert historique*). Comme la distinction entre elles n'est pas importante dans notre perspective, nous les avons groupées ensemble dans le schéma. Le terme *hasard* dénote d'ailleurs toute une série de sens, voir notre troisième chapitre, p. 182 sqq.

34. Qui présente également les formes variantes suivantes : *par avanture* et *d'adventure*. On remarque également les variantes orthographiques suivantes : *à l'aventure, à l'adventure, par advanture* etc.

sept des textes poétiques et dans deux sur neuf des textes en prose. La locution revient si peu dans ces textes, en fait, qu'on ne peut guère parler d'un emploi régulier. Il suffit de mentionner la *République* de Bodin, où l'unique occurrence de la locution situe le taux de fréquence à 0,02. Cette absence quasiment totale du sens modal de *à l'avanture* dans les textes retenus, met en relief d'une manière saisissante sa présence dans les *Essais*, qui dans cette perspective apparaît comme abondante. Si l'on compare le taux de fréquence de cette locution chez Montaigne avec celui des autres textes, dont le plus fort ne dépasse pas 0,54, il paraît en effet comme très fort, suggérant que la locution y a un tout autre statut.

La distribution entre le sens modal de la locution adverbiale et le sens non modal (*au/par hasard*) ne modifierait pas décisivement ces observations. On remarquera d'abord que dans tous les textes, à deux exceptions près (Le Roy, Montaigne), la présence relativement forte du deuxième sens, dans 14 textes sur 26 (le premier seulement dans 6 sur 26, y compris les *Essais*), semble confirmer un fait diachronique relatif à la locution : la disparition du sens modal au profit du sens non modal[35]. Ce fait diachronique est soutenu par la relativement haute fréquence dans les textes de *peut-être* par rapport à celle de *à l'avanture* modal : le premier éclipserait ainsi, progressivement, la dernière. Le sens modal de *à l'avanture* n'a pourtant pas encore cédé la place au sens non modal ; dans cinq des six textes qui contiennent la locution au sens modal, par exemple, les deux sens coexistent. On remarquera, par ailleurs, que si le taux de fréquence au sens non modal est plus fort que celui au sens modal dans la plupart des cas, il reste quand même très faible (0,08 – 1,15).

35. Le *Dictionnaire universel* de Furetière (1690) ne contient en fait que l'acception *par/au hasard* ; *à l'avanture* aurait donc perdu la valeur modale déjà à cette époque.

Retournons enfin aux deux textes qui font exception à ces tendances, ceux de Montaigne et de Le Roy[36]. Chez ce dernier, la fréquence relativement haute de *à l'avanture* au sens modal s'expliquerait sans doute par l'absence d'occurrences de *peut-être* ; pour cet auteur *à l'avanture* sert évidemment à exprimer la modalité adverbiale. Ce fait est corroboré par la quasi absence de la locution au sens non modal ; l'unique occurrence situe le taux de fréquence à 0,08. Au sens modal le taux se situe à 0,54, qui est le plus fort de tous les textes, après les *Essais*. Le texte de Le Roy démontre donc que les auteurs de l'époque avaient un choix réel entre *à l'avanture* et *peut-être* pour exprimer la modalité adverbiale. En revanche la fréquence de la locution (au sens modal) dans les *Essais*, qui dépasse largement celle de Le Roy, ne se laisse pas expliquer si facilement, car Montaigne se sert aussi bien de *peut-être* que de *à l'avanture* pour exprimer la modalité adverbiale, bien que la dernière l'emporte presque toujours sur le premier. Si l'on considère ensemble la distribution des trois expressions adverbiales dans les *Essais*, les deux premières, *peut-être* et *à l'avanture* non modal, ont un taux de fréquence de 0,23 et de 0,20 respectivement, se distribuant ainsi de manière à peu près égale, alors que la dernière, *à l'avanture* modale, a un taux de 2,87. Aucun des autres textes ne présente une pareille constellation[37]. À la différence des autres auteurs, qui utilisent le plus souvent *peut-être* pour exprimer la modalité adverbiale, Montaigne se sert de *à l'avanture*. Le Roy se rapproche le plus de cet usage montaignien ; il se distingue pourtant par un usage beaucoup moins fréquent de *à l'avanture*, de

36. Chez Montaigne le rapport entre le sens modal et le sens non modal de *à l'avanture* est de 127 vs. 9 ; chez Le Roy il est de 1 vs. 7.

37. Chez Baïf (*Mimes*) et Garnier (*Juifves*), on trouve la même distribution égale entre *peut-être* et *à l'avanture* non modal, mais cette parenté n'a aucune pertinence pour notre propos.

même que par la restriction de l'expression modale à cette locution adverbiale uniquement.

Ces observations permettent de conclure que l'écart le plus distinctif entre l'emploi de l'adverbe d'énoncé dans les *Essais* et celui des autres textes relève moins d'un emploi plus abondant de cette modalité que du choix même de l'expression. Plusieurs des autres textes présentent un taux de fréquence encore plus fort que celui des *Essais*, par exemple la comédie *Les Esprits* de Larivey (3,75). Mais aucun des textes ne s'approche de la fréquence de *à l'avanture* au sens modal dans le texte de Montaigne. Il est donc évident qu'à la différence de tous les autres auteurs (sauf Le Roy), il préfère la locution adverbiale *à l'avanture* à *peut-être* pour exprimer la modalité. Tout se passe comme s'il admettait la possibilité d'utiliser les deux expressions, puisqu'il s'en sert effectivement, mais aurait une prédilection pour *à l'avanture.* Les comédies de Larivey montrent très bien à quel point cette pratique représente un contre-exemple par rapport à la pratique courante, mais on peut aussi se référer aux textes de Bodin dans lesquels à une exception près *peut-être* exprime la modalité adverbiale. Et, même si Le Roy se sert exclusivement de *à l'avanture* pour exprimer la modalité, et dans ce sens représente la même déviation par rapport à la pratique courante que Montaigne, le taux de fréquence de la locution chez cet auteur est si faible qu'il est difficile de parler d'un emploi régulier. Le sens modal de *à l'avanture* dans les *Essais* représenterait ainsi, plus que dans *Les Vicissitudes*, une déviation par rapport à l'histoire diachronique de la locution, à savoir la disparition de son sens modal.

Cette conclusion nous permet enfin d'aborder la question de la raison pour laquelle Montaigne préfère si clairement *à l'avanture* à *peut-être* (sans pour autant exclure ce dernier totalement), pour exprimer la modalité adverbiale. E. Naya, dans son article sur le scepticisme chez Rabelais[38], donne un début de réponse à cette question. Selon ce critique la locution adverbiale *à l'avanture* au sens modal relève des expressions sceptiques ou *phônai skeptikai*, que Montaigne aurait puisé non pas chez Sextus, mais chez Rabelais : « certaines expressions ajoutées par Montaigne à celles de Sextus ne sont identifiables, dans toute la littérature sceptique, que chez Rabelais [...] surtout "A l'avanture", écho frappant de la traduction rabelaisienne du *tacha* grec "par adventure" »[39]. Montaigne aurait ainsi établi une partie de ses connaissances du pyrrhonisme par l'intermédiaire d'une lecture des chapitres XXXV et XXXVI du *Tiers Livre* dans lesquels le philosophe « ephectique » Trouillogan vient sur scène pour répondre aux questions de Panurge. Cette source intertextuelle, si surprenante soit-elle, est pourtant très bien appuyée par l'image que donne Naya d'un Rabelais qui serait l'« un des meilleurs connaisseurs du pyrrhonisme en France à l'époque »[40], connaissances qu'il aurait acquises en lisant Eusèbe de Céarée et Lucien[41]. Donc, si on accepte l'hypothèse de Naya, on pourrait supposer que la raison pour laquelle Montaigne préfère *à l'avanture* à *peut-être* est précisément que celui-là serait une expression sceptique, l'une de ces *phônai skeptikai* dont le sceptique se servait « pour ne pas se prononcer sur l'essence d'un phénomène qui lui est inaccessible »[42].

En effet, cette hypothèse n'est pas infirmée par notre schéma, car de tous les auteurs consultés c'est seulement Montaigne qui montre une affection pour *à l'avanture*. On peut déduire également

38. « Ne scepticque ne dogmatique, et tous les deux ensemble ».

39. *Ibid.*, p. 102. Montaigne ajoute aussi, selon Naya, l'adjectif indéfini *quelque* à ces expressions sceptiques relevées chez Rabelais. Cet adjectif qui ne fait pas partie de nos analyses, apparaît en fait très souvent dans le même contexte que les expressions que nous analysons.

40. *Ibid.*, p. 91.

41. *Ibid.*, p. 90 et 100.

42. *Ibid.*, p. 99.

du schéma que Montaigne est le seul à contrecarrer la diachronie de la locution[43], c'est-à-dire la disparition de son sens modal. Mais peut-on vraiment mettre l'explication de cet usage « à contre-courant » entièrement sur le compte d'un statut supposé sceptique de la locution? Il me semble qu'on peut en fait avancer bien des arguments contre une telle hypothèse. On notera d'abord que le sens modal de *à l'avanture* n'apparaît pas uniquement au XVIe siècle (par un coup de la « verge divine » rabelaisienne!) ; l'usage de la locution remonte à l'ancien français[44]. À cela s'ajoute que si Montaigne avait puisé l'expression chez quelqu'un, ce serait plutôt chez Amyot que chez Rabelais. Amyot, traducteur de Plutarque, semble avoir préféré la forme *à l'adventure* à *peut-être* pour exprimer la modalité adverbiale. Cette hypothèse n'est fondée, il est vrai, que sur les exemples relevés chez E. Huguet[45]. Mais des onze exemples que présente ce dictionnaire de *à l'adventure*, non moins de cinq relèvent d'Amyot, alors que les autres, sauf un, proviennent des *Essais*. Des neuf exemples de *par adventure* en revanche, quatre proviennent de Rabelais, deux de Du Bellay et enfin les trois derniers de Calvin, d'Estienne et de Larivey. Il s'établit donc à partir de ces exemples de la locution au sens modal chez Huguet une association tacite entre Amyot et Montaigne, par leur choix mutuel de la forme *à l'adventure*[46]. Cette association est renforcée encore par le fait que Montaigne se sert seulement une fois de la

43. À part Le Roy, qui pourtant ne le fait que dans un bien moindre degré.

44. Selon le *Robert historique*, les locutions *par aventure* et *d'adventure* (au sens d'*événement accidentel, inattendu*) remontent au XIIIe siècle ; le dictionnaire ne fait pourtant aucun mention du sens modal. Cela est également le cas chez F. Godefroy, *Dictionnaire de l'ancienne langue française*. On le trouve en revanche chez A. J. Greimas, *Dictionnaire de l'ancien français*, qui traduit *par aventure* par *peut-être*. Il semble donc que le sens modal de la locution se confine à la période moyen âge – l'âge classique.

45. *Dictionnaire de la langue française du XVIe siècle*.

46. Avec ses variantes graphiques, *avanture*, *advanture*, etc.

forme *par adventure*. Dans cette perspective il ne me semble pas invraisemblable que l'auteur des *Essais*, qui fut grand lecteur de Plutarque et admirateur d'Amyot, aurait puisé la forme *à l'adventure* (au sens modal) précisément chez Amyot.

Mais l'argument le plus décisif contre l'hypothèse qui identifie *à l'avanture* aux expressions sceptiques de Sextus, ou qui en ferait un élément de ce vocabulaire[47], est lié au caractère ordinaire ou quotidien de la locution, caractère qu'elle partage également avec les autres expressions que nous soumettons à l'analyse. À cet égard, la classe de mots que nous analysons est très différente des expressions sceptiques ou *phônai skeptikai* qui, elles, doivent être considérées comme une classe de mots des plus spécialisés. Formules techniques, propres au scepticisme dialectique[48], qui récapitulent « la logique sceptique » ou qui permettent « à la raison d'exercer méthodiquement le doute »[49], elles se distinguent nettement de notre classe de mots ordinaires, non-techniques, qui ne se singularisent que par la facilité de s'intégrer à toutes sortes de textes, d'entrer dans tout type de situation énonciative. À cette distinction entre vocabulaire ordinaire et vocabulaire spécialisé s'ajoute également une différence qui porte sur la capacité de ces deux classes de mots à constituer des phrases sémantiques[50]. Alors que les expressions sceptiques peuvent constituer des phrases (sémantiques) toutes seules, sous forme d'ellipse (« pas plus ceci que cela ») ou de phrase stéréotypée (« je ne définis rien »)[51], les mots

47. Hypothèse qui suggère que Montaigne aurait créé ou contribué à créer une sorte de version ou de traduction française du vocabulaire sceptique.

48. Variante tardive du pyrrhonisme.

49. F. Cossuta, *Le scepticisme*, Paris, PUF, 1994, p. 44.

50. Pour ce terme, voir mon article « *Phônai skeptikai* et expressions modalisantes ».

51. C'est en fait souvent en tant que telles qu'elles sont « mise[s] en dialogue » au XVIe siècle ; voir encore E. Naya, « Ne scepticque ne dogmatique, et tous les deux ensemble », p. 101.

qui nous concernent ne peuvent jamais, ou très rarement, former des phrases indépendantes[52]. Le plus souvent ils apparaissent en début de phrase, mais ils peuvent aussi, bien que plus rarement, se placer à d'autres césures majeures d'une phrase[53]. Compte tenu de ces différences, il ne va pas de soi que l'affection professée par Montaigne dans *Des Boyteux* pour *à l'avanture* (et pour la plupart des expressions dont il sera question dans ce travail), est due entièrement au fait qu'on peut attribuer à la locution un statut d'expression sceptique[54].

La supposition que Montaigne aurait « hérité » d'Amyot son affection pour *à l'avanture* se présenterait dans cette perspective comme aussi valable que l'hypothèse qui mettrait cette affection pour la locution sur le compte de son supposé statut d'expression sceptique. Sans prétendre résoudre cette question de savoir pourquoi Montaigne « ayme » si bien *à l'avanture*, permettons-nous, pour terminer, de rapprocher la locution, ainsi que les autres expressions qui nous concernent, d'un concept qui peut en fait jeter de la lumière sur leur statut dans les *Essais*. Il s'agit d'un concept d'*essai* réflexif[55], qui renvoie, selon A. Tournon, à cette dimension du texte qui reflète la présence du locuteur dans le discours, ou son « attitude qui s'y essaye »[56]. Phénomène de l'énonciation donc, l'effet de cet essai réflexif est justement susceptible d'être dégagé

52. *Peut-être* en est justement une exception ; nous remarquons pourtant que l'adverbe n'apparaît pas sous cette forme dans les *Essais*.

53. C'est le cas en particulier de l'adverbe *peut-être*, mais les autres expressions témoignent aussi, notamment sous forme d'incise, de cette mobilité.

54. Comme semble le penser E. Naya, « Ne scepticque ne dogmatique, et tous les deux ensemble », p. 102. Nous ne contestons pourtant pas qu'il s'agit des expressions sceptiques dans le premier passage auquel Naya fait référence (II, 12, p. 505). Mais il faut bien remarquer que Montaigne ne signale dans ce passage-là aucune affection personnelle à leur égard ; il s'agit d'un simple recensement des *phônai skeptikai*.

55. Voir également notre introduction.

56. « Images du pyrrhonisme », p. 34.

par nos expressions, car celles-ci sont précisément des traces langagières du locuteur dans l'énoncé, traces de ses hésitations, de ses croyances et de ses expériences. Donc si le phénomène auquel renvoie le concept d'essai réflexif est perceptible dans les *Essais*, selon Tournon, « à travers les détours, les brisures, les suspens interrogatifs ou critiques qui en compliquent la trame »[57], il l'est aussi, selon nous, à travers ces traces linguistiques du locuteur laissées par nos expressions dans l'énoncé.

Par ce long détour, nous revenons enfin, au moins en un certain sens, à l'hypothèse selon laquelle *à l'avanture* serait à placer parmi les expressions sceptiques recensées par Sextus Empiricus. Car par la dernière étape de ce détour nous rattrapons en fait la perspective du pyrrhonisme. Permettons-nous, pour le démontrer, de revenir une dernière fois à l'article de Tournon. Son auteur reconnaît dans cette « signature latente de l'énonciateur », constituée par l'essai réflexif, précisément « une pièce de l'agencement pyrrhonien »[58], pièce qui remplace le savoir et son autorité par le témoignage personnel. Ainsi, si l'on ne peut pas identifier toutes les occurrences des expressions que nous soumettons à l'analyse à un usage qui les investit du même statut que les formules sceptiques, il semble bien qu'il existe des enchevêtrements, des sphères où les deux classes de mots qui nous concernent se recoupent (voir notre schéma, ci-dessous). Cela est d'ailleurs le cas en particulier de *à l'avanture* ; comme le démontrent nos analyses, il est possible d'associer aussi bien les différents sens (*hasard, risque, danger* etc.) que les effets polyphoniques et argumentatifs de cette locution adverbiale, au pyrrhonisme. Dans cette perspective, enfin, il n'est pas surprenant que Montaigne ne se serve guère de *peut-être*, forme plus ordinaire, donc moins marquée, de l'adverbe modal. Dans cette même perspective il est également fort intéressant de voir que Rabelais,

57. *Ibid*, p. 35.
58. *Ibid*.

tout comme Montaigne, se sert du terme *par adventure* et non de *peut-être* pour exprimer la modalité adverbiale, d'autant plus que *peut-être* était plus courant à l'époque. Et on n'oubliera pas, après tout, que Rabelais se sert de *par adventure* justement dans un chapitre où il s'agit d'une présentation du pyrrhonisme.

Schéma du recoupement des expressions sceptiques avec les expressions que nous soumettons à l'analyse :

Expressions modalisantes :

Phônai skeptikai :

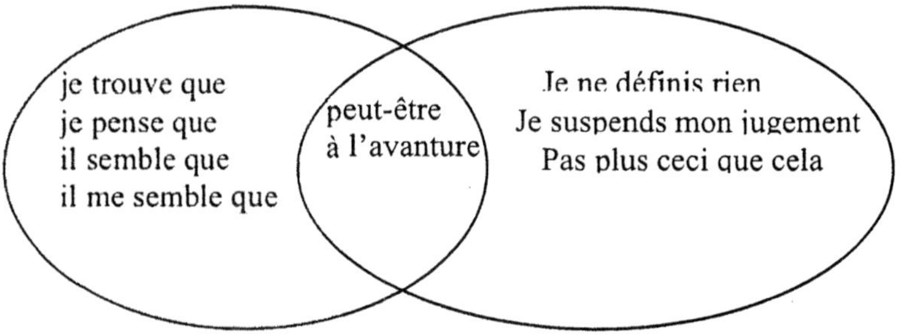

b) *pouvoir/devoir* au futur/conditionnel

Soulignons qu'il ne s'agit ici que d'une simple comparaison du taux de fréquence de ces deux auxiliaires modaux l'un par rapport à l'autre, considéré généralement par rapport au schéma, et spécifiquement dans les *Essais*. On remarquera de manière générale d'abord que de toutes les expressions du schéma, la fréquence de *pouvoir* n'est égalée par celle d'aucune des autres. En revanche, *devoir* se situe à l'autre extrême de l'échelle, ayant un taux de fréquence en général très faible. La haute fréquence de *pouvoir* se remarque surtout dans le genre dramatique. Alors que les comédies établissent le plus haut taux de fréquence, 16, on trouve la distribution la plus hétérogène dans les tragédies, entre 5 et 6, la tragi-comédie y compris. La fréquence se réduit dans les textes poétiques, sauf dans la poésie amoureuse (Ronsard, Forcadel), qui ont des taux de fréquence plus forts que ceux des tragédies. Les occurrences de *pouvoir* se réduisent encore dans les textes en prose ; dans les *Essais* par exemple, le taux de fréquence est parmi les plus faibles[59]. Le texte de Montaigne s'inscrit par là dans une tendance générale des textes en prose ; seulement deux des neuf textes s'y opposent (Bèze, Palissy). À la différence de *pouvoir*, dont le taux de fréquence dans les *Essais* apparaît donc comme faible relativement aux autres textes, celui de *devoir* a une meilleure fortune, se situant à peu près au milieu de l'échelle. Cela n'aura pas pour conséquence, pourtant, que la fréquence de *devoir* soit supérieure à celle de *pouvoir* ; au contraire, à 0,95 son taux de fréquence est bien inférieur à celui de *pouvoir*. La fréquence relativement haute de *devoir* dans les *Essais* ne se mesure donc que par rapport aux autres textes. Comme il a été déjà indiqué, le verbe *devoir* apparaît beaucoup moins fréquemment dans les textes que *pouvoir* ; le plus haut taux de fréquence s'arrête à 2,70. On peut donc constater que le taux de fréquence de *devoir* (0,95) dans les *Essais* est faible par rapport à celui de *pouvoir*, qui lui aussi est modeste (3,23), mais en revanche qu'il apparaît comme relativement fort par rapport aux autres textes. Toute conjecture plus développée doit se fonder sur une délimitation préliminaire de la distribution des différentes valeurs inhérentes à ces verbes : capacité, permission, éventualité épistémique, etc. pour *pouvoir*[60] ; éventualité épistémique, déontique ou aléthique pour *devoir*[61]. Cela exigerait un cadre beaucoup

59. Rappelons que nous considérerons seulement la distribution de deux modes de ce verbe ; la situation peut être différente pour les autres modes.

60. Voir C. Fuchs, « L'opérateur *pouvoir* : valeurs, interprétations, reformulations », *LF*, 84 (mai 1994), *Modalité et interprétation : l'exemple de* pouvoir, éd. C. Fuchs, pp. 83-93.

61. Voir H. Kronning, *Modalité, cognition et polysémie : sémantique du verbe modal* devoir, Uppsala, Acta Universitatis Upsaliensis, 1996, Introduction.

plus vaste que le nôtre, déterminé comme il l'est par le concept de polyphonie ; ces verbes ne seront donc pas analysés ici[62].

c) *il semble que/il me semble que* :

Le schéma montre que la fréquence de ces marqueurs évidentiels, de forme personnelle et impersonnelle, est assez faible dans presque tous les textes. La comédie de Turnèbe (*Les Contens*), est la seule qui en démontre un véritable emploi. La haute fréquence de l'expression se limite pourtant à la forme personnelle *il me semble que* qui va jusqu'à 7,56 ; le taux de fréquence de la forme impersonnelle *il semble que* de son côté, s'arrête à 0,65. Le trait le plus frappant du schéma, cependant, est fourni par la distribution de l'expression dans le genre dramatique. Dans les tragédies (la tragi-comédie y compris), elle est quasiment absente, sauf une occurrence de forme personnelle chez Garnier (*Les Juifves*), alors que dans les comédies l'expression atteint la plus haute fréquence de tous les textes. Puisque la fréquence s'articule si nettement selon une démarcation générique – haute dans les comédies, quasiment absente dans les tragédies – cette distribution inégale peut sans doute s'expliquer par une différence de registre ou de style. Employant un langage quotidien (« commun » dirait Montaigne), la comédie avec son « style bas » est décrite de la manière suivante par Jacques Peletier Du Mans dans son *Art poétique* de 1555 : « La Comédie parle facilement et [...] populairement »[63]. La tragédie, par contre, apparaît proche de l'épopée ; son « haut style », « sublime, capable de grandes matières tant principales que dépendantes », pour reprendre les mots de Peletier, est inspiré de Sophocle, d'Euripide, et de Sénèque. Dans un tel style, il y aurait éventuellement peu de place pour des expressions modalisantes ; en

62. Voir également note 30.

63. F. Goyet (éd.), *Traités de poétique et de rhétorique de la Renaissance*, Paris, Livre de poche classique, 1990, p. 304.

outre, les personnages tragiques se trouvent affrontés à une nécessité inéluctable et ne peuvent guère se permettre des spéculations ou des expressions de doute. La différence de distribution entre ces sous-genres dramatiques, si frappante, semble indiquer que l'expression appartient à un registre bas, au langage quotidien et peu sérieux.

Ces observations relatives au genre dramatique, si intéressantes soient-elles, ne permettent pourtant pas de restreindre l'emploi de l'expression à un registre particulier. Seuls les termes proprement rhétoriques se prêtent à de telles conjectures. Toujours est-il que nos observations sur la compatibilité de l'expression avec un registre bas ne seraient pas invalidées par les commentaires qu'offre Montaigne sur son propre style. Dans le premier livre, il caractérise celui-ci en effet comme appartenant plutôt au style bas : « J'ai naturellement un stile comique et privé » (I, 40, p. 252, b), et de même, plus loin, il le rapproche d'« un parler informe et sans regle, un jargon populaire » (II, 17, p. 637, c). Ces commentaires permettent du moins de supposer que le texte est destiné à un public plus étendu que celui, très restreint, des savants ; l'adresse aux femmes à plusieurs reprises dans le livre en est un indice. C'est le cas, par exemple, de l'*Apologie de Raimond Sebond*, entreprise sur la demande d'une femme : « Vous pour qui j'ay pris la peine d'estendre un si long corps contre ma coustume » (II, 12, p. 557), et qui avait également comme objectif de soutenir ceux – ou plutôt celles, puisqu'il s'agissait surtout de femmes – qui voulaient défendre la *Théologie Naturelle* contre ses détracteurs : « Par ce que beaucoup de gens s'amusent à le lire, et notamment les dames, [...], je me suis trouvé souvent à mesme de les secourir... » (p. 440). Un autre exemple se trouve dans *Sur des vers de Virgile* (III, V), où Montaigne estime son propos si intéressant pour les femmes que cela lui vaut une place dans leur chambre : « Je m'ennuie que mes essais servent les dames de meuble commun seulement, et de meuble de sale. Ce chapitre me fera du cabinet » (p. 847). Puisque très peu de femmes avaient accès à une éducation savante à l'époque, un livre visant les femmes comme lecteurs devait nécessairement assumer un registre accessible aux lecteurs non savants[64].

Bien que cet argument appuie dans une certaine mesure les observations faites pour le genre dramatique, à savoir que l'expression s'inscrit plus volontiers dans des textes de « style bas » que dans ceux de « style haut », le schéma ne permet pas de poser cette tendance de manière générale. Quant aux textes poétiques, l'expression apparaît dans 5 textes sur 7. La forme impersonnelle y est très peu représentée (le taux de fréquence ne dépasse pas 0,82), mais elle est toutefois plus fréquente que la forme personnelle. La distribution est plus égale dans les textes de prose, mais toujours plus en faveur de celle-là que de celle-ci. Cette observation, surprenante peut-être, vu l'accent personnel du texte, vaut également pour les *Essais* (1,40 vs. 1,02)[65]. Le taux supérieur atteint par *il semble que* est aussi en contraste avec le fait que ce n'est pas cette forme, mais *il me semble que*, qui fait partie du passage (dans *Des Boyteux*[66]) où Montaigne témoigne de son affection pour les expressions ici considérées. Sans prétendre expliquer ce décalage entre préférence pour la forme personnelle et emploi réel de la forme impersonnelle, on peut remarquer que cette dernière (*il semble que*) dégagerait la nuance de doute inhérente au verbe *sembler* de manière plus forte que sa contrepartie person-

64. D'autres genres mixtes ou liminaires, comme par exemple le genre de la nouvelle, semblent avoir eu le même objectif. Cf. l'introduction de l'*Heptaméron* de Marguerite de Navarre, qui exclut des devisants savants.

65. Ceci est confirmé par l'emploi total du verbe ; sur 424 occurrences 204 sont associées au datif *me*.

66. Celle-ci n'apparaît pas en fait dans le passage même de cette citation si importante à notre propos (« J'ayme ces mots... ») mais juste avant (voir p. 1030). Voir également notre commentaire de cette occurrence de *il me semble que* dans le chapitre 4, dernière analyse, p. 284 sqq.

nelle[67]. Cette différence peut être mesurée dans la perspective du rapport entre locuteur et point de vue. Dans le cas de *il me semble que*, il s'agit d'un rapport de responsabilité ; le locuteur prend la responsabilité du point de vue (le pronom datif *me* en est précisément l'indice). En ce qui concerne *il semble que* en revanche, il ne s'agit que d'un rapport d'accord ; c'est-à-dire que le locuteur accepte le point de vue, mais sans en prendre la responsabilité à titre définitif[68].

Dans *Des livres* (II, 10) Montaigne se moque de la fréquence de l'expression *esse videatur* (*il semble*) chez Cicéron (« qu'il y employe si souvent »). Vidée de sens, elle n'y sert qu'à compléter l'équivalent en prose d'un hexamètre ; sa fonction n'est que rythmique. Chez Montaigne, l'expression se place à des césures majeures de la phrase, en début et au milieu surtout, ce qui répond difficilement à un besoin de compléter un schéma rythmique. On cherchera donc la raison pour laquelle Montaigne s'intéresse à cette expression plutôt dans la sémantique du verbe *sembler*, ou dans les nuances de doute qui lui sont inhérentes, que dans ses traits rythmiques éventuels. Dans le cadre de notre travail, ces nuances de doute correspondent plus précisément à une structure de polyphonie interne non stricte (*il semble que*) ou à une structure de polyphonie interne stricte (*il me semble que*). Dans notre perspective, la reprise par Montaigne de la critique de l'emploi de *esse videatur* chez Cicéron n'est donc pas une allusion ironique à une pratique dont il serait coupable lui-même. Toujours est-il que c'est précisément cette expression chez Cicéron qui attire son attention.

67. Voir H. Nølke, « La dilution linguistique des responsabilités. Essai de description polyphonique des marqueurs évidentiels *il semble que* et *il paraît que* », *LF*, 102 (mai 1994), *Les sources du savoir et leurs marques linguistiques*, éd. P. Dendale et L. Tasmowski, pp. 89-90.

68. Pour une description plus détaillée de la différence entre *il semble que* et *il me semble que*, voir notre chapitre théorique.

d) *je trouve que/je pense que*

On a affaire ici, comme avec le couple précédent, à des marqueurs de polyphonie interne, au sens strict et au sens non strict respectivement. En dépit de leur apparence d'expressions « jumelles » donc, elles ne sont pas interchangeables. Nous allons décrire les différences entre ces deux expressions en détail dans le chapitre suivant ; contentons-nous ici de commenter leur distribution dans le schéma.

Le schéma révèle que les auteurs préfèrent nettement le marqueur *je pense que* à *je trouve que*, soit une structure polyphonique interne non stricte à une structure polyphonique interne stricte[69]. La fréquence de *je pense que*, employée dans les comédies surtout (1,07 – 8,43), est en baisse dans les autres genres ; aucun de ces textes ne montre un taux de fréquence au delà de 1. Avec 11 occurrences, le taux de fréquence de *je pense que* dans les *Essais* se situe à 0,25, ce qui est le plus fort après Palissy (*Recepte veritable*) dans les textes de prose. La fréquence de *je trouve que*, de son côté, est extrêmement basse dans la quasi totalité des textes ; présente dans trois comédies seulement, l'expression est totalement absente dans les tragédies, et n'apparaît qu'une fois dans la tragi-comédie. Cela est aussi le cas dans les textes poétiques. Parmi les textes en prose, les *Essais* se singularisent par une fréquence relativement haute de *je trouve que* ; de tous les textes, seul *Les Jaloux* de Larivey dépasse la fréquence des *Essais*. En dépit de cette haute fréquence par rapport aux autres textes, le taux est quand même si faible partout qu'il est lieu de se poser la question de savoir si l'expression est intéressante dans le cadre d'une analyse polyphonique. Dans son cas il s'agit, en outre, d'une structure de polyphonie interne stricte, c'est-à-dire d'une structure qui implique seulement une distance entre les deux images du locuteur, et qui, partant, laisse

69. Voir notre chapitre théorique, point 3, p. 101 sqq.

peu de place à des nuances de doute. Enfin, *je trouve que* ne fait même pas partie des expressions qu'affectionne Montaigne, telles qu'il les énumère dans *Des Boyteux*. Toujours est-il que Montaigne semble s'intéresser à cette expression ; il l'emploie bien plus souvent que tous les autres auteurs (sauf Larivey), et trois fois plus souvent que *je pense que*. À cet égard il y a lieu, me semble-t-il, de se poser la question de la raison de cette préférence, d'autant plus que *je pense que* appartient au vocabulaire censé « amollir et moderer la temerité de nos propositions ».

4. Conclusion

Résumant la distribution dans 26 textes, composés dans la deuxième moitié du XVIe siècle, des expressions que nous allons analyser chez Montaigne, notre schéma permet de proposer que Montaigne porte un intérêt particulier, sinon à toutes, au moins à certaines de ces expressions. Je pense notamment à la distribution relative de l'adverbe d'énoncé *peut-être* et la locution adverbiale *à l'avanture* au sens modal dans les *Essais*, si différente de celle des autres textes qu'il semble légitime de parler d'une pratique toute particulière. Le schéma semble en effet confirmer la disparition du sens modal de *à l'avanture*, développement diachronique que Montaigne est le seul écrivain vraiment à contrecarrer. En esquissant la relation entre cette locution adverbiale (et les autres expressions modalisantes) et les *phônai skeptikai*, nous avons vu que cette pratique « à contre-courant » peut dans une certaine mesure être liée à l'intérêt de Montaigne pour le scepticisme.

Aucun des verbes modaux ne fait partie des expressions chères à Montaigne, par lesquelles il « amolit et modère » la témérité de ses réflexions ; on les imagine rejetés à la catégorie « et semblables » qui termine le recensement. Il est intéressant de noter enfin que des marqueurs évidentiels du schéma (*il semble que*, *il me semble que*, *je pense que* et *je trouve que*), celles qui sont les plus fréquentes, *il semble que* et *je trouve que*, ne font pas non plus partie du vocabulaire préféré de Montaigne.

CHAPITRE 2

THÉORIE

1. Introduction

Dans ce deuxième chapitre nous présenterons nos outils d'analyse et leur cadre théorique. Le principal concept mis en œuvre dans nos analyses sera celui de polyphonie, soit la présence de différents points de vue ou de « voix » dans un seul énoncé. Dans la critique littéraire ce concept est avant tout associé aux travaux de M. Bakhtine[1] ; ici cependant il va s'agir du concept au sens linguistique. Il est en fait convenu de nos jours de faire une distinction entre la polyphonie littéraire et la polyphonie linguistique[2]. Ces concepts diffèrent sur plusieurs points, mais il suffit pour notre propos d'en mentionner le plus important : le premier établit une relation d'égalité entre les voix, le second une relation de hiérarchisation entre elles[3]. Malgré cette différence fondamentale, les similitudes se sont avérées suffisantes pour réunir analystes littéraires et lin-

1. Bakhtine introduit le terme de « polyphonie » pour la première fois dans son livre sur Dostoïevski datant de 1929 (*Problèmes de la poétique de Dostoïevski*).

2. Pour une description plus détaillée des différences et ressemblances entre ces concepts, voir H. Nølke, « La polyphonie : analyses littéraire et linguistique », *Tribune*, skriftserie for Romansk institutt, Universitetet i Bergen, 9 (vår 1999), pp. 5-20, et H. Nølke & M. Olsen, « Noter om lingvistisk og litteraer polyfoni og *MAIS* hos Flaubert », *PLL*, 1 (avril 2000), pp. 71-109. On consultera également l'article le plus récent sur le sujet, M. Velcic-Canivez, « La polyphonie : Bakhtine et Ducrot », *Poétique*, 131 (sept. 2002), pp. 369-383; il ne s'agit là, pourtant, que d'une description très générale du concept linguistique de polyphonie.

3. Cette dernière relation s'explique notamment dans la perspective du double rôle joué par le locuteur (l_n) : « il crée ou « gère » les voix en même temps qu'il peut [indirectement] en être une lui-même » (H. Nølke, « La polyphonie : analyses littéraire et linguistique », p. 14).

guistes dans une collaboration féconde pour les deux champs scientifiques[4]. Puisque notre propre application du concept se fait relativement à un texte littéraire[5], on s'attendrait peut-être à ce que le point de départ de nos analyses soit plutôt une conception littéraire que linguistique de la polyphonie. Nous ne nous intéresserons pourtant pas à la polyphonie des *Essais* pour décrire différentes structures et tensions sociolinguistiques et idéologiques, mais pour décrire la fonction d'un groupe de « petit mots »[6], dont on sait qu'ils intéressaient Montaigne comme ils intéressent certains linguistes : modalités, connecteurs, négations etc. Nous pensons en effet que seul l'appareil linguistique peut fournir une description précise (ou aussi précise que possible) de ces « petit mots » et leur fonction dans les stratégies argumentatives des *Essais*. Dans un deuxième temps, nous mettrons nos descriptions en rapport avec des faits contextuels, au sens où nous définirons le concept de contexte plus loin dans ce chapitre. Dans la mesure où ces descriptions mettent au jour le fonctionnement d'une argumentation autocritique, il s'agira de faits contextuels appartenant au champ du pyrrhonisme. Nous tenons cependant à souligner que nos analyses ne se restreindront pas à décrire l'écriture des *Essais* comme une « écriture pyrrhonienne »[7]. Dans une perspective plus générale, nous considérerons les analyses comme portant simplement sur l'écriture des *Essais*, et plus précisément sur leur mode d'expression extrêmement indirect[8].

4. Par exemple *les polyphonistes scandinaves*, groupe interscandinave qui se propose d'étudier la polyphonie d'un point de vue littéraire et linguistique. Pour plus de détails consulter : www.hum.au.dk/romansk/polyfoni

5. Au sens large de ce terme.

6. Terme emprunté à H. Nølke, « La polyphonie : analyses littéraire et linguistique », p. 10.

7. Terme emprunté à A. Tournon, « Images pyrrhoniennes », p. 36.

8. Il est convenu de parler de l'écriture des *Essais* comme d'un mode d'expression extrêmement indirect. Les réflexions de Z. Samaras sur l'emploi des négations dans le troisième livre par exemple s'inscrivent dans un tel cadre (« La

Il s'ensuit que le concept linguistique de polyphonie aura ici le statut d'outil d'analyse ; plus spécifiquement, il servira à mettre en marche nos analyses. Nous ne prendrons ainsi en compte que les éléments de la théorie de la polyphonie linguistique qui sont jugés nécessaires pour comprendre la démarche de ces analyses. Un tel procédé, qui au premier abord pourrait semble superficiel ou inadéquat, est choisi pour des raisons précises. D'une part, il ne s'agira pas ici d'approfondir cette théorie en tant que telle, mais plutôt d'en faire un emploi pratique, comme le laisse pressentir déjà notre conception du concept de polyphonie comme *outil* d'analyse. D'autre part et surtout, nous nous servons, comme nous l'avons déjà indiqué dans l'introduction, des acquis descriptifs de la théorie sans adopter la conception structuraliste de la langue qui la sous-tend. Une telle conception s'avère en effet peu satisfaisante pour nous dans la mesure où elle considère la langue simplement comme un système de signes dont il faut déchiffrer le sens, réduisant par là l'interprétation au déchiffrement du sens des aspects codiques ou proprement linguistiques des énoncés. Telle que nous la voyons, en revanche, la langue, considérée en tant que système de signes, ne sert qu'à générer des phrases dont la signification est à la fois lacunaire et schématique par rapport au sens des énoncés[9] ; à l'aspect codique de la langue, il faut en fait ajouter tout un rang de processus inférentiels (ou pragmatiques), dont les plus fon-

fonction de la négation dans le "Troisième Livre" », *RHLF*, 88, 5 (1988), pp. 849-857). Voir aussi G. Hoffmann, *Montaigne's Career*, Oxford, Clarendon Press, 1998, p. 151.

9. Comme le montre R. Carston, il n'y a pas seulement un décalage (« gap ») entre « ce qui est dit » et « ce qui est visé » par un énoncé (entre « what is said » et « what is meant ») ; il y a en fait également un décalage entre le sens linguistique (la signification) et « ce qui est dit » (entre « linguistic meaning » et « what is said »). Ce second décalage doit, tout à fait comme le premier, être rempli par des processus inférentiels, ce qui confère un rôle très limité à la signification, c'est-à-dire aux aspects codiques de la langue (*Thoughts and Utterances : The Pragmatics of Explicit Communication*, Oxford, Blackwell Publishing, 2002, chapter 1).

damentaux sont la désambiguation, la détermination des référents et l'enrichissement[10]. Dans notre optique donc, la communication linguistique n'implique non seulement un décodage mais aussi des processus inférentiels, soit une *combinaison* de ces deux processus. En conséquence, l'interprétation des énoncés ne peut plus être conçue comme un simple déchiffrement des aspects codiques des énoncés, mais comme le recouvrement de l'intention du locuteur, de ses intentions informative et communicative plus précisément. Nous reviendrons de manière plus détaillée à ces deux types d'intentions lors de la présentation de notre cadre théorique « mixte » ; contentons-nous ici d'illustrer, par un exemple concret, un des problèmes que présente un procédé d'interprétation qui ne tient pas compte de l'intention du locuteur.

Parmi les exemples que O. Ducrot propose dans son article « Sémantique linguistique et analyse de textes »[11], figure en résumé l'argumentation d'un texte de l'historien J. de Romilly, sous la forme d'une structure *a mais b* : « Athènes n'augmentait certes plus l'extension de son pouvoir, mais elle le consolidait et le renforçait ». Il s'agit pour Romilly d'opposer son hypothèse centrale – l'impérialisme comme cause profonde de la guerre de Péloponèse – à celle de ses collègues allemands, qui niaient ou minimisaient l'impact de l'impérialisme athénien pour cette guerre. L'apport linguistique à l'analyse de ce texte est constitué par la description du mot du discours *mais*, qui par sa capacité à orienter les arguments en sens opposés[12], explicite le mécanisme permettant d'interpréter l'argumentation de l'historien. Ce fait (jugé banal) ne sert pourtant que de tremplin à Ducrot : ce qui intéresse surtout

10. Ces processus, qui avant tout concernent la forme logique de l'énoncé, sont traités en détail par D. Sperber et D. Wilson, *La pertinence : Communication et cognition*, Paris, Minuit, 1989 et R. Carston, *Thoughts and Utterances*.

11. *Littérature*, 115 (sept. 1999), pp. 104-125.

12. Voir infra, p. 174, pour une description des structures *p mais q*.

celui-ci, c'est la facilité avec laquelle *mais* peut inverser les arguments *a* et *b*, inversion qui invite à chercher, comme ont fait les collègues allemands, les causes de la guerre ailleurs que dans l'impérialisme. Du coup, *mais* (à fortiori la langue) se voit investi d'un pouvoir de manipuler les « faits », de changer à sa guise le cours de l'histoire. Si, en revanche, on considère l'inversion des arguments *a* et *b* dans une perspective de pragmatique cognitive plutôt que de sémantique linguistique, il se présente un tout autre chemin d'explication. Dans cette perspective, le pouvoir, si l'on veut, d'inverser les arguments *a* et *b* n'est plus le fait d'une langue qui serait investie de jugements et de prises de position, lui permettant de manipuler les faits à sa guise ; ce pouvoir est tout simplement le résultat de deux intentions ou visées différentes, attribuées à Romilly et à ses collègues allemands respectivement. Ces historiens ont en effet formulé deux hypothèses différentes sur les causes de la guerre, fondée de toute évidence sur des connaissances différentes (et des traditions scientifiques différentes) ; aussi n'est-il pas surprenant si elles diffèrent. Ce n'est donc pas le lexique qui contient des jugements et des prises de position, conférant à la langue un pouvoir mystérieux de manipuler les faits, mais le locuteur, en l'occurrence l'historien, qui se sert du lexique pour véhiculer ses jugements, ses prises de positions sur les événements, ou bien sur la manière dont il s'imagine qu'ils se sont déroulés.

C'est justement pour empêcher que l'apport de la description linguistique à l'analyse des textes mène à des résultats aussi contre-intuitifs que celui suggéré par Ducrot, qui instaure une relation complètement arbitraire entre langue et réalité, que nous chercherons à associer les acquis descriptifs de la théorie de la polyphonie linguistique à un cadre pragmatique d'orientation cognitive – celle de la pertinence – plutôt que d'orientation sémantique (ou intégrée). Nous chercherons dans la première partie de ce chapitre à montrer qu'un tel changement de cadre ne porte pas atteinte au concept de polyphonie linguistique proprement dit, qui, insistons là-dessus, s'est révélé très fructueux pour l'analyse des expressions auxquelles nous nous intéressons. Dans la deuxième partie, nous présenterons de manière détaillée, en fait, les différents liens ou rapports que le concept de polyphonie met en jeu entre locuteur et points de vue, de même que la terminologie dont nous avons besoin pour les décrire. À ce compte rendu du concept de polyphonie s'ajoute enfin une présentation, plus brève, du concept apparenté d'évidentialité, qui possède les mêmes propriétés modales et épistémiques que ce premier, mais disposées de manière différente. Dans notre perspective, le concept d'évidentialité révèle son intérêt surtout dans la mesure où il spécifie de plus près les liens qui existent entre locuteur et points de vue. La fin de ce chapitre consiste donc en une démonstration du rapport qui, à notre avis, s'établit entre ces deux concepts de polyphonie et d'évidentialité. Mais tout d'abord, permettons-nous de faire une esquisse de l'histoire de la théorie linguistique de la polyphonie.

2. Bref historique

C'est O. Ducrot qui le premier a mis au point une théorie linguistique de la polyphonie au début des années 1980[13]. Mais à part le chapitre VIII, désormais célèbre, du *Dire et le dit* : « Esquisse d'une théorie polyphonique de l'énonciation », cette théorie occupe une place moins centrale dans ses travaux ; à bien des égards Ducrot s'est contenté de lancer la théorie. Restée donc à l'état d'esquisse, elle sera relancée une dizaine d'années plus tard dans *Linguistique modulaire : de la forme au sens* (1994) de H. Nølke,

13. Avant tout dans *Le dire et le dit*, Paris, Minuit, 1984, chapitre VIII. Voir également *Les mots du discours*, 1980, Paris, Minuit, 1980, chapitre 1.

qui en présente une version plus technique et plus développée[14]. La place centrale de cette théorie dans le système modulaire de cet ouvrage – avec la théorie de la focalisation elle constitue la composante pragmatico-syntaxique, soit la composante-clé du système – est une indication de son importance. Le concept de polyphonie y est en fait considéré comme susceptible de réinterpréter de manière systématique un grand nombre de phénomènes linguistiques. À l'heure actuelle, le groupe de polyphonistes scandinaves est en train, en effet, de développer une théorie linguistique indépendante, fondée sur ce concept, portant le nom de la « ScaPoLine »[15]. Il ne s'agit pas ici d'entrer dans les détails sur tous les aspects de cette théorie, qui de toute manière continue à évoluer. Essayons, en revanche, de montrer comment le concept de polyphonie peut se situer par rapport à la théorie de la pertinence : autrement dit, par rapport à une pragmatique d'orientation cognitive.

2.1 Polyphonie et pertinence

Le succès d'un projet comme le nôtre, qui cherche à déployer les acquis de la pragmatique sémantique dans le cadre d'une pragmatique cognitive, dépend évidemment de la possibilité de trouver un point commun ou un point de convergence entre ces deux sortes de pragmatique. Celui-ci est en effet assez facile à établir, dans la mesure où chacune fait sienne l'hypothèse de la « sous-détermination linguistique de l'interprétation »[16]. On pourra se faire une idée de

14. Les deux linguistes sont pourtant actuellement en train d'élaborer une terminologie commune, dans le but de mieux préciser les analogies et différences entre ces deux approches linguistiques de la polyphonie. Voir la note 60, p. 94.

15. « La théorie Scandinave de la Polyphonie Linguistique » ; voir *PPL*, III (mai 2001).

16. J. Moeschler, « Pragmatique. État de l'art et perspectives », *Marges linguistiques*, 1 (mai 2001), http://www.marges-linguistiques.com, p. 11 ; voir également H. Nølke, *Linguistique modulaire*, p. 54.

cette sous-détermination linguistique au moyen des notions de phrase et d'énoncé : la première représente les aspects proprement linguistiques de l'énoncé, la seconde l'association de ceux-ci à un contexte. Selon O. Ducrot, le sens de la phrase – la signification – comporte « l'indication des vides à remplir pour obtenir le sens de l'énoncé »[17]. La signification comporte plus précisément des aspects sous-spécifiés, notamment du point de vue de la référence, lesquels ne sont enrichis qu'au niveau de l'énoncé. En effet, celui-ci ne livre pas un sens complet que lorsqu'il est enrichi par un certain nombre d'informations fournies par le contexte[18]. On pourra déjà sans doute, à partir de ces remarques, faire ressortir des divergences entre les deux formes de pragmatique ; ici, pourtant, il ne s'agit que de montrer que toutes les deux distinguent effectivement une composante proprement linguistique de la langue – la signification – qui sert de point de départ à l'interprétation du sens des énoncés. C'est justement ce fait qui permet de les associer dans une analyse linguistique d'un texte littéraire. Si l'on peut ainsi dégager un point commun entre ces deux approches pragmatiques différentes, cela ne permet pourtant en rien de conclure à d'autres similarités. Il paraît au contraire clair que leur effort, apparemment commun, de distinguer une composante proprement linguistique de la langue est fait pour des raisons différentes dans chaque cas. Alors que les théoriciens de la pragmatique sémantique, soit les polyphonistes, se sont efforcés de faire cette distinction dans le but de « "purifier" la pragmatique pour en faire une discipline proprement linguistique »[19], ceux de la pertinence, en revanche, l'ont fait

17. *Les mots du discours*, p. 18.

18. Soulignons que le concept de sens au niveau de la phrase (la signification) est très différent de celui qui se manifeste au niveau de l'énoncé : là où le premier se définit comme « un ensemble d'instructions » (H. Nølke, *Linguistique modulaire*, p. 50), le second correspond à ces instructions lorsqu'elles sont saturées dans un contexte donné, que celui-ci soit riche ou minimal.

19. Nølke, *Linguistique modulaire*, p. 15.

pour attribuer à la pragmatique un statut autonome. Comme nous l'avons déjà indiqué dans l'introduction, pour les derniers la langue n'est pas constituée entièrement d'aspects codiques ; à ceux-ci s'ajoutent une composante pragmatique qui renvoie à la partie du sens de l'énoncé qui se constitue au moyen de mécanismes inférentiels. On remarque en outre que ce n'est que cette dernière, ainsi conçue, qui est autonome ; la composante linguistique, de son côté, s'y subordonne, dans la mesure où les aspects codiques de l'énoncé ne constituent qu'une prémisse, parmi d'autres, des mécanismes inférentiels[20]. Le fait qu'on peut effectivement dégager un point commun entre ces deux façons de concevoir la pragmatique, ne cache donc pas l'existence de divergences importantes. Celles-ci apparaissent surtout à travers leurs explications respectives du passage de la signification au sens, ou du rapport entre ces deux aspects de l'énoncé. Dans cette section, nous allons donc esquisser les différentes manières dont les deux approches envisagent le rapport entre signification et sens, esquisse qui vise à faire ressortir leurs divergences, liées surtout aux notions de signification et de contexte.

Un examen rapide de la conception de la signification proposée par les deux approches montre que les divergences s'introduisent déjà à ce niveau. On s'accorde normalement sur le fait que la signification consiste en une forme logique et en une attitude propositionnelle, comprises comme le noyau de sens. Ces deux aspects du noyau s'interprètent pourtant de manière différente selon les deux approches. Examinons donc d'abord la conception de la signification mise en avant par les polyphonistes, qui consiste en un ensemble de variables ainsi qu'en des instructions pour les saturer. Certaines de ces variables sont saturées déjà au niveau de la signification, alors que d'autres ne le sont qu'au niveau du sens. Ce sont

20. D. Sperber et D. Wilson, *La pertinence*, p. 262.

ainsi les premières qui précisent la forme logique et l'attitude propositionnelle de l'énoncé. Plus précisément, celle-là correspond au contenu propositionnel, c'est-à-dire à une proposition (logique) qui peut être jugée comme vrai ou faux, alors que celle-ci renvoie à « la relation qui existe – selon l'énoncé – entre le contenu propositionnel et le locuteur »[21]. Selon les polyphonistes donc, la signification opère une saturation simple qui correspond à l'interprétation d'un énoncé fourni d'un contexte minimal, c'est-à-dire de celui construit par la phrase elle-même. Il convient de préciser que ce type d'interprétation minimale ne correspond nullement au concept de sens littéral – si les polyphonistes distinguent si rigoureusement entre signification et sens, c'est justement pour éviter ce concept –, mais à une sorte de valeur « primitive » de l'énoncé[22]. Cette valeur primitive se présente plus précisément comme le produit de ce qu'on appelle une lecture par défaut, la lecture la plus plausible d'un énoncé ou qui demande le moindre effort[23]. Ici les polyphonistes s'empiètent en fait sur le domaine de la pragmatique cognitive, car c'est précisément le principe de pertinence – conçu comme « une question d'équilibre entre efforts cognitifs et effets contextuels »[24] – qui régit cette forme d'interprétation minimale (ou par défaut). Dans l'exemple « Il est petit » proposé par H. Nølke[25], par exemple, c'est effectivement ce principe qui régit la recherche du référent de *il*. On remarque pourtant que la signification – le pronom en combinaison avec le prédicat[26] – impose bien

21. H. Nølke, *Linguistique modulaire*, p. 46. Les expressions soumises à l'analyse comptent parmi les éléments qui véhiculent l'attitude propositionnelle.

22. Nølke, *ibid*, p. 54.

23. Ainsi, aux variables saturées au niveau de la signification, s'ajoutent des variables qui se saturent par défaut à ce niveau, à côté enfin de celles qui doivent se saturer au niveau du sens ; voir Nølke, *ibid.*, chapitre II.

24. A. Reboul, et J. Moeschler, *Pragmatique du discours : De l'interprétation de l'énoncé à l'interprétation du discours*, Paris, Armand Colin, 1998, p. 91.

25. *Linguistique modulaire*, p. 53.

26. *Ibid.*, p. 53.

des contraintes à cette recherche. Pour les polyphonistes donc, la mise en œuvre du principe de pertinence dépend étroitement des contraintes de la signification. Pour les théoriciens de la pertinence, en revanche, la situation est exactement l'inverse. Sperber et Wilson montrent dans l'exemple « Ça va se refroidir », portant également sur la référence, que la seule contrainte linguistique qui pèse sur la référence du démonstratif « ça » consiste dans le fait qu'il ne peut désigner un être animé[27] ; pour eux donc, la sélection du référent dépend presque entièrement du contexte extralinguistique. Il s'ensuit que le désaccord entre les deux approches qui nous concernent ne porte pas nécessairement sur les moyens d'explication, mais sur la manière de délimiter la signification.

Ce fait devient encore plus clair lorsqu'on considère la conception de la signification que se font les théoriciens de la pertinence, qui notamment est compositionnelle, c'est-à-dire qu'elle se limite aux constituants d'une phrase ainsi qu'à la relation (syntaxique) entre ceux-ci. Aucun aspect du contexte – pas même des fragments – n'est donc pris en compte à ce niveau, ce qui implique que la signification ne précise ni la forme logique ni l'attitude propositionnelle. Et la raison en est que ces deux aspects de l'énoncé ne se reconstituent pas par un simple processus de décodage, mais par des processus *joints* de décodage et d'inférences pragmatiques[28], exactement comme nous l'avons vu dans l'exemple précédent. On remarque également que s'il s'agit de processus joints, ceux-ci ne sont pas du tout équilibrés ; comme le montrait ce même exemple, le décodage n'offrait qu'une instruction très générale sur le réfé-

27. Sperber et Wilson, *La pertinence*, p. 279.

28. Plus précisément : alors que les hypothèses de désambiguation sont construites par un processus de décodage et évaluées par un processus inférentiel, celles portant sur la référence des expressions référencielles sont construites à partir des informations et linguistiques et extra-linguistiques ; celles enfin d'enrichissement relèvent entièrement des informations extra-linguistiques. Voir Sperber et Wilson, *ibid.*, p. 279 sqq.

rent, celle d'en fixer la nature inanimée, alors que la sélection définitive était presque entièrement due aux inférences. Dans l'optique des théoriciens de la pertinence donc, le processus de décodage joue un rôle bien inférieur à celui des inférences. On pourra ainsi résumer une des principales différences entre les deux approches en question au fait qu'il s'agit pour l'une d'une conception large de la signification, alors que pour l'autre il s'agit plutôt d'une conception restreinte. Elle est large pour les polyphonistes, notamment parce qu'ils intègrent une forme de contexte, le contexte minimal, dans le calcul de la signification ; pour les théoriciens de la pertinence, en revanche, elle est restreinte dans la mesure où ils excluent toute forme de contexte à ce niveau. Pour eux, la signification constitue plus précisément un schéma syntactico-compositionnel, comportant des instructions incomplets ou vagues qui sont précisées seulement au niveau du sens, sous forme de processus inférentiels mis en œuvre par le contexte.

Il s'ensuit de cette différence quant à la conception de la signification que les deux approches opèrent également avec une notion de contexte bien différente. En fait, si la première est large pour l'une, restreinte pour l'autre, les relations sont inversées en ce qui concerne la seconde. Avant de préciser de plus près ces différences de contexte, permettons-nous de signaler une difficulté – puisqu'elle concerne justement la distinction entre signification et sens –, qu'entraîne une conception large de la signification. Le fait d'opérer avec une valeur primitive de l'énoncé, correspondant au sens d'un énoncé décontextualisé, pose notamment le problème de la délimitation des énoncés. Ce problème a conduit les polyphonistes à remplacer l'idée que les phrases auraient un sens autonome par l'idée que celui-ci ne serait que *relativement* autonome. Le sens de la phrase « Luc n'est pas beau »[29], par exemple, apparaît bien

29. Exemple emprunté à H. Nølke, *Linguistique modulaire*, p. 38.

comme autonome. Si l'on y ajoute, en revanche, l'adverbe *certes* (« Certes Luc n'est pas beau, ... »), ce n'est plus le cas ; une telle phrase demandera un enchaînement du type *mais*. Comme on pourra le deviner, ce problème de délimitation des énoncés, qui rend nécessaire d'opérer avec des concepts difficilement maniables comme celui de « relativement autonome », ne se pose pas pour la conception restreinte de la signification. Le problème qui se présente, en revanche, pour une telle conception, qui donc n'admet aucun élément du contexte dans la signification, est celui de délimiter le processus d'interprétation. Dans l'échange (entre un père et son fils) « Va te laver les dents » - « Je n'ai pas sommeil », il faut pouvoir expliquer à la fois que le père inclura dans son interprétation le double refus du fils – de se laver les dents et d'aller se coucher –, et qu'il en exclura la possibilité qu'il ne veuille pas se coucher du tout[30]. C'est bien sûr le principe de pertinence qui offre une solution à ce problème, assurant que le processus d'interprétation s'arrête lorsque les efforts (cognitifs) s'équilibrent avec les effets (contextuels). Il n'est pourtant pas question de traiter en détail ce principe ici[31] ; ce qui importe dans notre perspective, c'est de mesurer la différence entre les notions de contexte qui sont impliquées dans les deux pragmatiques en question, dont l'une opère donc avec une conception large de la signification, l'autre avec une conception restreinte.

On peut, nous l'avons déjà signalé, faire la même distinction entre les deux approches quant à la nature du contexte, à ceci près que dans ce cas le rapport est inversé. Il s'agit donc pour les polyphonistes d'une notion restreinte du contexte, alors que pour les théoriciens de la pertinence, elle est large. Le contexte minimal,

30. Voir à cet égard J. Moeschler, « Pragmatique. État de l'art et perspectives », pp. 3-4.

31. Pour une description très accessible du fonctionnement de ce principe, voir Reboul et Moeschler, *Pragmatique du discours*, chapitre II.

qui se constitue de fragments de contexte construits par la forme linguistique de l'énoncé, sert bien à caractériser la notion restreinte des premiers. Il est vrai que dans le modèle d'interprétation que proposent les polyphonistes[32], ce type de contexte ne correspond qu'à un premier niveau interprétatif, auquel s'ajoute un second, considéré comme proprement pragmatique, qui inclut des éléments d'un contexte plus large, soit des phénomènes extralinguistiques tels que la mimique, les connaissances et croyances réelles des participants etc. Mais comme on ne cherche à considérer à ce niveau d'interprétation, dit complet, que les éléments qui sont repérables à la forme linguistique et les types de réinterprétation qui sont marqués linguistiquement[33], la notion de contexte dont il s'agit ne s'étend guère au-delà de la situation énonciative, soit du contexte d'énonciation. Cela ne veut pas dire pour autant que des éléments contextuels comme les données perceptuelles, les informations tirées des énoncés précédents et les connaissances que le locuteur a sur le monde en soient complètement exclues, mais plutôt qu'ils n'y sont pas épuisés ou inclus dans leur totalité. Ainsi, si l'on cherche une notion de contexte qui fasse de tels éléments un instrument véritablement opératoire, il faut se tourner vers la pragmatique de la pertinence.

Pour en rendre compte, retournons un moment à la notion de sous-détermination linguistique. On se souviendra que selon cette notion, la signification linguistique, correspondant à la phrase, ne livre pas une interprétation complète de l'énoncé, mais offre seulement une des prémisses du processus de l'interprétation. Selon la description de A. Reboul et J. Moeschler, ce processus se constitue

32. Pour une présentation détaillée de ce modèle d'interprétation, voir H. Nølke, *Linguistique modulaire* 1994, chapitre II, 3.

33. Il s'agit plus précisément des réinterprétations qui sont ou déclenchées (obligatoirement) par la langue même ou automatiquement par les lois de discours ou, enfin, créées par l'intonation énonciative (Nølke, *ibid.*, p. 60).

« des mécanismes d'inférences qui prennent pour prémisses la signification linguistique de la phrase et un certain nombre de données, linguistiques ou non, et livrent ainsi un certain nombre de conclusions »[34], ce qui ramène la définition du contexte à l'« ensemble de ces prémisses »[35]. Celles-ci fournissent donc l'« input » pour les processus d'interprétation qui constituent d'une part la forme logique de l'énoncé – la détermination des référents, la désambiguïsation et l'enrichissement –, d'autre part les implicitations, c'est-à-dire les hypothèses (de sens) dont la construction est indépendante de la signification, ou ne prend pour prémisses que des éléments contextuels extralinguistiques[36]. On voit donc que le contexte contribue à construire non seulement les implicitations (hypothèses à base extralinguistique), mais aussi les hypothèses sur la forme logique de l'énoncé. On a vu qu'en tant que partie intégrante de la signification, notamment sous forme de fragments de la forme même de l'énoncé, ce dernier fait est également valable pour la pragmatique sémantique. Cette ressemblance disparaît pourtant dès qu'on résume les différences qui caractérisent la notion de contexte dans nos deux approches respectives. Dans la pragmatique sémantique, le contexte apparaît comme un fait subordonné à la signification, tandis que dans celle de la pertinence, il apparaît plutôt comme supérieur à la signification. Et cela précisément parce que dans cette dernière perspective, le contexte constitue les prémisses – parmi lesquelles se trouvent la signification – des processus inférentiels qui livrent le sens complet des énoncés.

À partir de ces remarques concernant le statut de la signification et du contexe, il apparaît clair que l'interprétation pragmatique des énoncés ne représente pas la même chose pour l'une et l'autre des

34. *Pragmatique du discours*, p. 45.

35. *Ibid.*

36. Il ne s'agit de toute évidence ici que d'une présentation très superficielle ; pour plus de détails, je renvoie à Sperber et Wilson, *La pertinence*.

deux approches. Il semble légitime de dire que dans le premier cas l'interprétation renvoie, idéalement du moins, à une lecture par défaut, puisque seulement les éléments impliqués dans une telle lecture sont pris en compte. Dans l'autre cas, en revanche, elle correspond à l'intention du locuteur. Esquissons donc très brièvement ce que veut dire la notion d'intention dans le cadre de la pragmatique de la pertinence. Cette notion cognitive ou psychologique, qui est quasiment absente de la pragmatique sémantique, est précisément censée mettre à jour non seulement la signification linguistique, mais encore le contenu implicite de l'énoncé, soit (grosso modo) des implicitations[37]. Autrement dit, l'intention informative du locuteur n'est pas directement récupérable de l'interprétation linguistique (la signification) d'un énoncé, mais doit passer à travers une reconnaissance de l'intention communicative du locuteur. On parle donc de deux types d'intention : au moyen de la première – l'intention informative – le locuteur rend manifeste (ou plus manifeste) un ensemble d'assomptions ou d'hypothèses, alors qu'au moyen de la seconde – l'intention communicative – il rend « mutuellement manifeste » qu'il a cette intention[38]. Pour comprendre ce comportement, l'interlocuteur doit donc identifier la première intention *via* une reconnaissance de la seconde. Cela met en marche précisément le processus interprétatif que nous avons cherché à décrire dans cette section, processus qui se résume comme s'appuyant « sur des mécanismes inférentiels de construc-

37. Sur un plan plus général, l'intention renvoie à une capacité cognitive humaine plus vaste qui consiste à attribuer des intentions ou, si l'on veut, des représentations mentales aux autres ; la langue aura, dans cette perspective, le statut d'un outil sophistiqué et spécialisé permettant à cette capacité de se réaliser.

38. L'expression « mutuellement manifeste » renvoie au fait que l'interlocuteur suppose que les informations dont il se sert pour inférer l'intention informative sont partagées par le locuteur et même, que ce dernier a prévu qu'il s'en servirait à cet effet. Voir également plus loin, p. 88.

tion et de confirmation d'hypothèses, qui partent des prémisses (le contexte) pour aboutir aux conclusions »[39].

La sélection des assomptions dont il s'agit dans chaque cas particulier se fait, comme on l'a déjà dit, à partir du principe de pertinence. Ce principe cognitif ou psychologique qui consiste, rappelons-le, en une mise en équilibre entre efforts cognitifs et effets contextuels, montre notamment que la pragmatique de la pertinence n'est pas une linguistique pure et dure, comme celle de la pragmatique sémantique, mais se veut une investigation de la pensée[40]. Ce qui compte pour nous, pourtant, c'est qu'elle offre une description du processus interprétatif non seulement complète, mais encore correspondant au sens commun[41]. Elle offre plus précisément une description du processus interprétatif dont nous nous servons tous les jours, que ce soit dans une situation de communication ou de lecture. À cela s'ajoute une précision importante : il ne s'agit pas d'une conception de la pragmatique qui en ferait un simple outil de communication. Au contraire, elle apparaît comme « un moyen pour faire sens de la relation entre la représentation (interne) qu'un individu se fait du monde et le monde lui-même, *via* le traitement des informations auxquelles l'individu a accès »[42] ; autrement dit, comme un instrument pour représenter le monde. Il s'ensuit que la pragmatique de la pertinence adopte une approche « véríconditionnaliste » de l'interprétation des énoncés, dans la mesure où une de ses tâches est de déterminer les conditions de vérité des énoncés, soit du contenu propositionnel.

Un tel processus interprétatif, qui s'appuie donc sur les mécanismes inférentiels, n'est pas entièrement absent de la pragmatique

39. Reboul et Moeschler, *Pragmatique du discours*, pp. 48-49.

40. Pour une idée de ce fonctionnement, je renvoie à Reboul et Moeschler, *ibid.*, p. 49-51.

41. Sperber et Wilson, *La pertinence*, p. 42.

42. Reboul et Moeschler, *Pragmatique du discours*, p. 51.

sémantique ; on a vu ces mécanismes à l'œuvre dans l'exemple « Il est petit », où la recherche du référent de *il* était régie par le principe de pertinence, soit par des processus inférentiels ; ils sont présents aussi dans *il semble que*, un des marqueurs soumis à nos analyses ; en effet, le raisonnement impliqué par l'emploi de ce marqueur relève de l'inférence[43]. Remarquons également que la pragmatique sémantique adopte une perspective interprétative selon laquelle le sens correspond à l'interprétation intentionnée du locuteur[44]. On note pourtant qu'il s'agit là de notions qui n'ont de fonction que dans le cadre de la signification, qui renvoient donc (au mieux) à une conception très limitée des processus inférentiels[45]. Il va de soi que les analyses dont il sera question ici, bien qu'elles prennent pour base des informations contenues dans la forme linguistique des *Essais*, ne peuvent se limiter à celles-ci. Il convient, tout au contraire, de procéder à partir de celles-ci, pour ensuite enchaîner sur des connaissances externes au texte, qui pourront concerner la biographie de Montaigne, sa profession de droit, son statut social, ses activités diplomatiques, ses voyages, etc. ; bref, de compléter les informations fournies par la signification avec celles du contexte. Autrement dit, il s'agit d'un processus interprétatif qui déborde largement celui qui se limite à la forme linguistique. Pour nous, l'interprétation pragmatique sera donc conforme à l'intention du locuteur, telle que cette notion est conçue dans le cadre de la pragmatique de la pertinence.

On objectera sans doute que s'il est tout à fait possible de récupérer l'intention du locuteur lorsqu'on est interlocuteur dans des situations communicatives, et même, en tant que lecteur, celle de l'auteur des textes contemporains, cela est impossible pour des

43. H. Nølke, « La dilution linguistique des responsabilités », p. 88.

44. H. Nølke, *Linguistique modulaire*, p. 49.

45. Il semble légitime de dire que ceux-ci contribuent à créer la forme logique de l'énoncé. Voir à cet égard, R. Carston, *Thoughts and Utterances*, chapitre 1.

textes anciens. L'interprétation des textes anciens étant déjà semée, dirait-on, d'embûches – par des problèmes d'historicité, de distance dans le temps, de différence de mentalité entre auteur et interprète, etc. – l'introduction de la notion de l'intention de l'auteur ferait, pour le moins, compliquer les choses. Comment peut-on, en effet, attribuer des processus mentaux ou psychologiques à une personne qui est morte il y a très longtemps déjà, à qui, partant, on n'a accès que par une expérience indirecte, par des documents faits par cette personne ou par d'autres de la même époque, ou encore par des interprétations ultérieures de ceux-ci, ce qui constitue une expérience encore plus indirecte ? Le danger sera de toute évidence de plaquer ses propres intentions sur celles de l'auteur. Cette méfiance envers la notion d'intention repose pourtant, selon nous, sur un malentendu, plus précisément sur l'idée que le fait de parler des intentions de l'auteur présuppose chez l'interprète une sorte de capacité magique à se mettre dans sa tête et d'« observer » ou même de « diriger » ses pensées ; autrement dit une capacité à mieux connaître les pensées de l'auteur qu'il ne le fait lui-même. La réponse à une telle objection consiste à répéter, encore une fois, que l'interprétation des énoncés (ou d'autres types de comportement ostensif), consiste précisément à attribuer des intentions aux autres ; qu'il s'agisse des énoncés constituant une situation de communication immédiate ou un texte, contemporain ou ancien, cela ne change rien à ce fait. Enfin, les intentions qu'on attribue aux autres se recouvrent en faisant des inférences à partir de prémisses constituées d'une part par la signification, d'autre part par le contexte des énoncés.

Nous ne nierons pas, pourtant, que la possibilité d'interprétations fautives est beaucoup plus élevée pour les textes anciens que dans le cas des situations de communication réelle et de la lecture de textes contemporains. Puisqu'on n'a pas accès à des expériences « directes » sur l'auteur[46], communiquées par des conversations, des interviews etc., toute conclusion doit être inférée à partir d'expériences ou d'indices indirects, fournis par l'auteur lui-même ou par d'autres sources. Ce qui importe, pourtant, ce n'est pas l'existence de malentendus, qui est un phénomène tout à fait naturel, mais la capacité de la théorie de la pertinence à expliquer leur existence. Pour rendre compte de ce risque que la communication, et partant l'interprétation, puisse éventuellement échouer, les théoriciens de la pertinence ont remplacé la notion de « savoir partagé » par celle de « contexte mutuellement manifeste »[47]. La notion de savoir partagé implique que le locuteur et l'interlocuteur possèdent exactement les mêmes informations contextextuelles, donc que le dernier ne peut pas se tromper sur les intentions du premier. Par contre, la notion de contexte mutuellement manifeste implique seulement que ces informations sont *supposées* être partagées[48]. L'interlocuteur/lecteur infère donc le contenu que le locuteur/auteur cherche à communiquer, son intention informative, à partir des informations qu'il suppose mutuelles

46. Précisons que la notion d'expérience directe ne renvoie pas à une inspection sans filtres dans l'esprit de l'auteur, mais est le résultat, d'ailleurs comme c'est le cas de toute expérience, des processus d'interprétation à partir d'indices qui, eux, sont observés directement ; d'où les guillemets.

47. Pour cette notion, voir la note 38.

48. Pour plus de détails, voir Sperber et Wilson, *La pertinence*, chapitre 1. Cette notion de « contexte mutuellement manifeste » peut dans une certaine mesure être rapprochée à la pratique, prônée par les poètes de la Pléiade, qui consistait à ne se servir que de références classiques qu'ils supposaient connues par leurs lecteurs. Par cette pratique d'« allusiveness » (G. Castor, *Pléiade Poetics : A Study in Sixteenth-Century Thought and Terminology*, Cambridge, Cambridge University Press, 1964, p. 76), ces poètes pouvaient non seulement plus facilement contrôler et jouer sur les connotations des mots qu'ils utilisaient, mais aussi éviter les accusations d'hermétisme qu'on adressait à un poète comme Scève par exemple. Un tel rapprochement montre ainsi que cette pratique des poètes de la Pléiade, fondée sur des allusions supposées connues, n'est en fait que l'exploitation particulière d'un aspect tout à fait général de la communication.

avec ce dernier, sans qu'il en soit absolument sûr. Pour remédier à ce risque de malentendu, qui effectivement est accrû dans le cas des textes anciens, nous allons mettre au premier plan le *cotexte*, c'est-à-dire le texte immédiatement précédant et suivant nos exemples. Cela ne veut pas dire pour autant que les informations relevées d'un contexte plus large seront jugées moins importantes ; c'est tout simplement une conséquence nécessaire de la priorité que nous accordons au vocabulaire d'expressions modalisantes dans les *Essais*.

Il convient en tout dernier lieu de se poser une question : est-il vraiment possible de remettre les acquis descriptifs de la pragmatique sémantique dans le cadre de celle de la pertinence, c'est-à-dire réunir dans un même programme de travail des pragmatiques qui ressortissent à des conceptions de la langue entièrement différentes ? Pour répondre à cette question, considérons provisoirement, à la lumière de ces deux pragmatiques, le statut des expressions soumises à nos analyses. Dans la perspective de la pragmatique sémantique, elles n'auraient de contenu référentiel que dans la mesure où elles renvoient au locuteur, constituant plus précisément des traces de sa présence dans l'énoncé, qui informent sur ses activités ou ses visées discursives. Dans celle de la pragmatique de la pertinence, en revanche, elles seraient considérées comme des expressions à contenu procédural, c'est-à-dire qu'elles renverraient « à des concepts qui n'ont d'autre existence que linguistique, mais qui ont un poids cognitif »[49]. Selon ces descriptions, la différence entre ces deux perspectives en ce qui concerne nos expressions ne semble pas être très grande, car renvoyer au locuteur ou à « un poids cognitif » correspondrait plus ou moins à la même chose. Il n'en est pourtant rien. D'une part, la notion de locuteur a dans la première perspective un statut rigoureusement théorique, excluant

49. Reboul et Moeschler, *Pragmatique du discours*, p. 76.

toute référence à un poids cognitif quelconque. D'autre part, alors que les expressions en question marquent, dans cette perspective, la présence de plusieurs points de vue dans l'énoncé, et informent sur le rapport entre le locuteur et ces différents points de vue, dans celle de la pertinence, elles nous informent « sur la manière d'accéder aux représentations mentales, ou nous permettent de traiter des représentations mentales par ailleurs disponibles »[50]. Vu ces remarques, il ne paraît donc guère possible de rapprocher les deux perspectives pragmatiques pour éclairer nos expressions.

Toujours est-il que si l'on ne les considère que par rapport à leur fonction interprétative, elles sont présentées dans les deux perspectives comme donnant des instructions pour l'interprétation, instructions qui, en outre, ne sont accessibles qu'à travers elles. Donc, si ces instructions sont présentées comme linguistiques pour la première, pragmatiques pour l'autre, cela ne change rien au fait que nos expressions peuvent être appelées, dans les deux perspectives, des guides pour l'interprétation. Dans la section suivante, nous allons précisément montrer comment elles peuvent, au moyen des propriétés polyphoniques qui leur sont inhérentes, guider l'interprétation.

2.2 Description des faits polyphoniques

Pour lancer cette partie de notre description théorique, nous allons considérer une tournure syntaxique – la négation *ne...pas* – qui ne concerne notre propos qu'indirectement, mais qui montre avec une clarté exemplaire la présence des faits polyphoniques au niveau de la signification. L'exemple de la négation est en effet très impor-

50. *Ibid.*

tant pour la théorie polyphonique, et aucune présentation ne peut s'en passer. Prenons donc l'exemple classique[51] :

Ce mur n'est pas blanc.

Dans cet énoncé on a nettement l'impression d'être en présence de deux points de vue opposés ; l'un de ces points de vue maintient que le mur est blanc, l'autre le réfute :

Pdv1 : ce mur est blanc
Pdv2 : pdv1 est injustifié

Ainsi H. Nølke : « Si l'on s'est servi de la négation, c'est parce que quelqu'un pense (ou aurait pu penser) que le mur en question est blanc, ce qui est contraire à l'opinion du locuteur. »[52] Il s'ensuit que, si le deuxième point de vue est forcément celui du locuteur – il lui est impossible de nier, dans un discours cohérent, avoir ce point de vue –, on ne peut pas le déduire à partir du seul énoncé qui prend la responsabilité du premier point de vue (souvent appelé « l'assertion sous-jacente »). C'est précisément cet effet de la négation syntaxique, au moyen duquel le locuteur sera associé au deuxième point de vue, qui ancre la polyphonie au niveau de la phrase (ou dans la forme de la langue). Qu'il s'agisse effectivement de deux points de vue est démontré par la double possibilité d'enchaînement :

Ce mur n'est pas blanc.
1)
a) Je le sais.
b) (...) ce que regrette mon voisin.

51. La description qui va suivre est plus ou moins identique à celle que présente H. Nølke, *Linguistique modulaire*, p. 146.
52. *Ibid.*

2)
a) Pourquoi le serait-il?
b) (...) ce que croit mon voisin[53].

Ces séquences démontrent en fait non seulement la possibilité d'enchaîner sur les deux points de vue – la séquence 1) sur le point de vue négatif, la séquence 2) sur le point de vue positif – mais encore que les réactions peuvent être dans les deux cas aussi bien dialogales (les *a*), que monologales (les *b*). Pour résumer, l'exemple (« Ce mur n'est pas blanc ») consiste, au niveau de la phrase, en une structure de deux variables dont l'une est précisée, l'autre seulement indiquée. La deuxième variable ne se précisera qu'en contexte, c'est-à-dire en prenant compte du texte global dont fait partie l'énoncé. On aura alors à ce niveau (niveau de l'énoncé), une configuration polyphonique.[54]

Tout en ancrant fortement la polyphonie au niveau de la langue, la négation syntaxique est également une illustration d'autres aspects importants de la théorie polyphonique. Premièrement parce qu'il démontre que le locuteur peut véhiculer à travers son énoncé non seulement un point de vue, mais plusieurs – c'est là la nouveauté même de cette théorie[55] ; deuxièmement parce qu'il actualise l'aspect sui-référentiel du langage : il renferme en fait non seulement un, mais deux « protagonistes » (bien que le second ne soit pas identifié). Avant de continuer, il convient donc d'introduire de nouveaux éléments de terminologie :

53. Nous citons toujours l'exemple de H. Nølke.

54. La configuration polyphonique correspond plus précisément à la conception de l'interprétation pragmatique selon les polyphonistes, voir *supra* p. 82.

55. C'est en fait la critique de l'unicité du sujet parlant, postulat sous-jacent (selon O. Ducrot) non seulement à la linguistique, mais aussi à la critique littéraire, qui est à l'origine de la théorie polyphonique.

Le *locuteur*, l_n, est celui qui est l'auteur de l'énonciation. C'est au locuteur que renvoient les pronoms de la première personne[56].

L'*allocutaire* est celui à qui l'énonciation est destinée. Parmi les traces qu'il laisse se trouvent notamment les pronoms de la deuxième personne.

Les *êtres discursifs* sont les êtres susceptibles d'être tenus responsables des points de vue exprimés. Outre les protagonistes de l'énonciation (le locuteur et l'allocutaire), il s'agit des « personnages » introduits dans le discours[57] – par exemple par les groupes (pro)nominaux ou les noms propres –, ou qui se trouvent par ailleurs dans l'univers discursif (existant dans un savoir présupposé commun).

Les *points de vue* sont des unités sémantiques avec représentation[58] et pourvus d'un jugement. Les points de vue peuvent concerner des faits extralinguistiques ou linguistiques.[59]

56. Les théoriciens de la polyphonie insistent sur le fait que le locuteur et l'allocutaire n'ont ce statut d'auteur et de destinataire de l'énonciation respectivement, que *selon l'énoncé* ; autrement dit, qu'il ne s'agit là que de concepts théoriques. Pour des raisons qui sont exposées dans la section précédente et dans l'introduction, nous opérons dans nos analyses, au contraire, avec un concept de locuteur psychologiquement réaliste. En effet, l'exemple des polyphonistes qui « prouverait » que le locuteur n'a de réalité que théorique – « je me bois sans sucre » sur une boîte de jus de fruit – montre pour nous tout simplement qu'il s'agit d'un exemple fictif, tout à fait pertinent dans un contexte de publicité.

57. Ou, comme le précise H. Nølke plus tard : « Les êtres discursifs sont des *images* de différents personnages présents dans le discours », « La ScaPoLine 2001 », p. 48.

58. C'est-à-dire des unités sémantiques qui sont constituées par « les syntagmes nominaux, qui représentent des individus (des choses, etc.), par les syntagmes verbaux, qui représentent des éventualités (ou « states of affair »), et par les adverbes scéniques (de lieu et de temps), qui fournissent les coordonnées spatiotemporelles nécessaires à l'interprétation de l'énoncé » (H. Nølke, *Linguistique modulaire*, p. 23).

59. Ces définitions sont reprises textuellement à Nølke, *ibid.*, p. 148.

Il convient de préciser que nous suivrons ici la présentation de H. Nølke, qui se différencie sur plusieurs points de celle de O. Ducrot. Dans la version de Ducrot, la notion de point de vue n'est pas dotée d'un statut théorique très précis ; elle fonctionne comme une sorte d'acte primitif, et est en fait quasiment absente. On notera également que Nølke insiste plus que Ducrot sur l'ancrage de la polyphonie dans la forme linguistique et, ce qui est plus important peut-être, qu'il abandonne la notion d'énonciateur au profit de celle d'être discursif[60]. Ces notions ne sont d'ailleurs pas interchangeables. Pour Ducrot, un énoncé polyphonique consiste en plusieurs énonciateurs qui médiatisent l'attitude du locuteur ; pour Nølke, en revanche, il est plutôt constitué de plusieurs points de vue auxquels sont liés différents êtres discursifs (y compris l'image du locuteur)[61]. À mon avis, il est bien plus facile de s'imaginer un énoncé dans lequel différents points de vue sont liés à des êtres discursifs, et dont certains sont des images du locuteur[62], que de se l'imaginer peuplé pour ainsi dire d'énonciateurs. Avec la notion de point de vue, on a au moins un lieu où placer le référent, lequel semble complètement absent chez Ducrot[63]. Dans la conception de « jeu polyphonique » que nous adopterons, le locuteur peut donc lier les êtres discursifs (y compris des images de lui-même) de différentes

60. Pour plus de détails ; voir *PLL*, III (mai 2001), où les deux théoriciens consacrent chacun un article à mieux préciser les analogies et différences entre leurs versions respectives, ainsi qu'à l'élaboration d'une terminologie commune.

61. Nølke fait plus précisément une distinction entre deux catégories d'êtres discursifs : les locuteurs virtuels, soit des personnages susceptibles de prendre la parole eux-mêmes, et les non locuteurs, qui n'ont pas cette propriété (Nølke, « La ScaPoLine 2001 », pp. 49-50).

62. Pour employer la métaphore théâtrale qui sert à décrire le « jeu polyphonique » : le locuteur est à la fois sur scène (en tant que jouant le rôle d'un être discursif) et en dehors de la scène (en tant qu'auteur de l'énonciation). Pour ce double rôle du locuteur, voir également note 3.

63. Le concept de voix renvoie donc pour Ducrot à l'énonciateur, alors que pour Nølke il renferme aussi bien la notion de point de vue que celle d'être discursif.

manières aux points de vue. Il dispose plus précisément de trois types de rapports ou liens au moyen desquels il peut lier les êtres discursifs aux points de vue présentés :

> 1) *lien de responsabilité* : le locuteur se présente comme l'origine du point de vue en question. Il le fait sien, s'*associe* à ce point de vue.
>
> 2) *lien d'accord* : le locuteur se présente comme non responsable du point de vue en question ; mais il accepte de le considérer comme vrai ou justifié jusqu'à nouvel ordre, ce qui lui permet d'enchaîner sur ce point de vue dans son discours ultérieur. Le locuteur *accorde* ce point de vue.
>
> 3) *lien de non responsabilité* : le locuteur se présente comme non responsable du point de vue en question et ne prend pas position quant à sa validité. Il se réserve toute liberté de le contredire. Le locuteur se *dissocie* de ce point de vue[64].

Ces relations entre locuteur et points de vue correspondent notamment à des structures polyphoniques différentes, et que nous allons commenter à la lumière des expressions sélectionnées par nous pour l'analyse. Mais avant de commenter les différentes structures polyphoniques prévues par nos expressions, il convient d'introduire un trait particulier du locuteur, le fait qu'il se scinde en deux images pour ainsi dire : le *locuteur de l'énoncé* (abrégé en l_n) et le *locuteur textuel* (abrégé en L)[65]. Le premier est responsable

64. Ces définitions sont empruntées à Nølke, *Linguistique modulaire*, p. 150.

65. Ducrot a introduit cette distinction en deux images du locuteur pour sauver sa théorie de la présupposition. La distinction résout notamment le problème de contradiction qui survient lorsqu'un locuteur se distancie d'un point de vue qui a le statut de présupposé (le présupposé étant un fait admis dans le discours, quel-

de l'énoncé en question, alors que le second existe aussi indépendamment de l'événement énonciatif ; l'une de ses fonctions est notamment d'assurer la cohérence discursive du texte. La présence de plusieurs points de vue dans un énoncé n'implique ainsi pas nécessairement que deux êtres discursifs différents y soient présents, elle peut également représenter simplement les deux images du locuteur.

Cette conception pour ainsi dire étendue de la polyphonie, selon laquelle elle ne renvoie pas seulement à la présence de plusieurs êtres discursifs dans un énoncé, mais aussi à la scission qui s'opère à l'intérieur de la notion de locuteur, nous permet ensuite d'établir une sorte de typologie polyphonique. Cette typologie, établie sur la base de nos propres expressions, sera jugée complète dans la mesure où elle rendra compte des structures polyphoniques principales, c'est-à-dire de tous les liens dont dispose le locuteur pour se lier aux points de vue de son énoncé[66]. À la scission du locuteur (en locuteur de l'énoncé et locuteur textuel) correspond notamment la structure de polyphonie interne. Un énoncé avec cette structure consiste en deux points de vue, le premier (abrégé en pdv1) étant associé à L[67] et le second (pdv2) à l_n. En d'autres termes le locuteur (l_n) se distancie du pdv1 au moyen de pdv2. La polyphonie interne crée donc une distance entre le locuteur et pdv1 qui provient du fait qu'il (l_n) ne met pas le contenu de ce point de vue sur son propre compte, mais l'accepte dans le cas standard. On ne peut pourtant pas préciser le lien qui est en jeu (entre locuteur et pdv1)

que chose qui est déjà accepté). La scission du locuteur couvre cependant également d'autres phénomènes : dans des énoncés comme « Je me demande si... », le pronom personnel nominatif *je* renvoie à l_n, le pronom du datif *me* à L. Notre expression *il me semble que* est un phénomène du même ordre.

66. On pourrait certainement l'élaborer davantage avec les types polyphoniques de citation, de discours rapporté, de diaphonie etc., mais cela tomberait en dehors du cadre de ce travail.

67. Dans l'interprétation minimale ou par défaut.

avant de distinguer deux lectures différentes de la polyphonie interne. Dans la première, la lecture stricte, aucun autre être discursif que L et l_n n'est impliqué ; elle nous informe donc que le locuteur (l_n) se distancie d'un point de vue dont il a déjà, en tant que L, assumé la responsabilité préalablement à son énoncé. Dans la deuxième lecture en revanche, la lecture non stricte, d'autres êtres discursifs que L peuvent intervenir, plus précisément des êtres discursifs dont L fait partie ; le plus souvent il s'agit de l'opinion publique, à l'intérieur de laquelle L se range. La polyphonie interne au sens non strict nous informe ainsi que le locuteur présente un point de vue qui ne lui appartient pas en propre. Il n'en est donc pas responsable, mais il l'accepte.

Cette distinction entre polyphonie interne au sens strict et au sens non strict nous permet de préciser les liens qui sont en jeu dans cette forme de polyphonie. À la première correspond notamment le lien de responsabilité : le locuteur s'associe à un point de vue dont il est lui-même l'origine ; à la deuxième correspond le lien d'accord : le locuteur accorde un point de vue qui ne lui appartient pas en propre, et dont en conséquence il ne prend pas la responsabilité à titre définitif. Parmi nos expressions, *je trouve que* et *il me semble que* marquent la première forme de polyphonie interne, alors que *il semble que*, *je pense que* et *peut-être* (*/à l'avanture*) sont des exemples de la deuxième. La dernière expression, l'adverbe d'énoncé *peut-être* (*/à l'avanture*), s'avère en fait très importante pour l'établissement de notre typologie polyphonique. Car selon la position qu'il occupe dans la phrase, l'adverbe peut marquer non seulement la polyphonie interne non stricte, mais aussi la polyphonie externe non stricte, et même dans certaines positions la polyphonie externe stricte. Cette « élasticité » de l'adverbe, sa capacité d'entraîner différents types de polyphonie, s'explique en grande partie relativement à sa mobilité ; ses positions les plus fréquentes sont notamment l'antéposition, la position suivant un pronom non conjoint, l'intégration complète (juste après le verbe fini) et la postposition[68]. Mais cette « élasticité » polyphonique de l'adverbe, pour ainsi dire, peut aussi être rapportée au fait que la polyphonie interne non stricte recouvre exactement la polyphonie externe non stricte : deux types différents de polyphonie qui établissent donc le même lien d'accord entre locuteur et point de vue. Le plus souvent, ce n'est qu'en contexte que l'on peut préciser s'il s'agit de l'un ou de l'autre type de polyphonie, fait que nous pouvons illustrer par la construction concessive *peut-être p mais q*. Considéré tout seul, le segment *peut-être p* peut assumer aussi bien la polyphonie interne qu'externe (non stricte). Attaché à *q* cependant, ce segment détermine – selon qu'il prend à contre-pied le contenu de *p* ou simplement le considère comme impertinent pour la conclusion globale de l'argument – le type de polyphonie, soit externe ou interne. Exemplifions par les deux énoncés suivants : « Tu n'as peut-être pas dormi cette nuit (*p*), mais tu as, en tout cas, sacrément ronflé (*q*) » ; « Peut-être qu'il fait beau (*p*), mais je n'ai pas envie de sortir (*q*) ». Si l'on ne considère dans un premier temps que les segments *p*, il n'y a rien qui permette de décider s'il s'agit de polyphonie interne ou externe (non stricte), il peut en principe s'agir des deux. Mais au moment où les deux *p* sont attachés à leurs *q* respectifs, il devient tout de suite clair qu'il s'agit dans le premier cas d'une structure de polyphonie externe, dans le second d'une structure de polyphonie interne[69].

Dans nos analyses, nous rencontrerons également des cas de *peut-être* attaché à des constructions elliptiques. Si la négation est

68. La troisième position, où l'adverbe est inséré juste après le verbe fini, est de loin la plus fréquente (H. Nølke, *Le regard du locuteur. Pour une linguistique des traces énonciatives*, Paris, Kimé, 1993, p. 175). Cela est aussi le cas dans les *Essais* : 80 sur 136 occurrences occupent cette position.

69. A cet égard, ce type de polyphonie, à la fois externe et interne, est compatible avec la typologie de O. Ducrot du discours *p mais q* qui sera présentée lors des analyses.

l'exemple classique de la polyphonie externe au sens strict[70], selon nos analyses *peut-être* assumera dans cette position aussi cette forme de polyphonie. L'adverbe peut ainsi lier le locuteur au point de vue qu'il présente aussi bien par un lien d'accord que par un lien de dissociation. En d'autres termes, selon la place que l'adverbe occupe dans la phrase, le locuteur s'en sert tantôt pour présenter un point de vue qui ne lui appartient pas en propre mais qu'il accepte provisoirement, tantôt pour présenter un point de vue qu'il réfute ou, en tout cas, dont il ne prend pas la responsabilité.

La typologie polyphonique établie sur la base de nos expressions se résume enfin dans le schéma suivant, schéma qui donne une vue d'ensemble de toutes les relations qui peuvent exister entre structures polyphoniques et liens (entre locuteur et point de vue d'un énoncé) dans des énoncés contenant nos expressions.

70. *Il paraît que* est aussi un exemple pertinent de lecture stricte de la polyphonie externe.

Typologie polyphonique:

Scission du locuteur Polyphonie interne	→ Sens strict (l_n + L) Lien de responsabilité je trouve que, il me semble que
	→ Sens non strict (l_n+ ON) Lien d'accord il semble que, peut-être, je pense que
Présence de différents êtres discursifs Polyphonie externe	→ Sens non strict (l_n+ ON) Lien d'accord peut-être
	→ Sens strict (l_n + ê-d*) Lien de dissociation peut-être (constr. ellipt.), négation

L'accolade sert notamment à démontrer que la polyphonie interne non stricte recouvre la polyphonie externe non stricte.

* Cet être discursif est bien entendu différent du locuteur

3. Polyphonie et évidentialité

Il s'ensuit de cette typologie polyphonique que nous avons établie à partir de nos expressions, qu'on peut les employer pour dégager les liens dont dispose le locuteur pour relier lui-même et d'autres êtres discursifs aux points de vue d'un énoncé. L'identification de ces liens (ainsi que celle d'éventuels autres êtres discursifs présents dans l'énoncé), constituera donc une partie importante de l'interprétation des énoncés. À cet égard, la typologie s'avère un outil interprétatif important. Mais si elle précise la capacité de nos expressions à marquer différents liens entre locuteur et point(s) de vue, et partant différentes structures polyphoniques, elle ne démontre pas la manière dont elles les marquent. On verra par exemple que *je trouve que* et *il me semble que* ne marquent pas la polyphonie interne au sens strict de la même façon. Pour rendre compte de ces différences, nous introduirons la notion d'évidentialité ou de source de savoir. Toutes les expressions soumises à l'analyse dans ce travail, à l'exception de *peut-être* (*/à l'avanture*), sont en fait non seulement des marqueurs de polyphonie, mais aussi des marqueurs évidentiels (de savoir). Nous allons revenir plus en détail sur le concept d'évidentialité lors des analyses des marqueurs particuliers ; il suffira ici de préciser le rapport entre polyphonie et évidentialité. Ces deux phénomènes linguistiques se rapportent l'un à l'autre notamment à travers la notion de modalité, c'est-à-dire de l'expression de l'attitude du locuteur, ou de son jugement de la vérité ou de la fiabilité de ce qu'il dit. La polyphonie concerne les liens qui relient le locuteur aux points de vue, et à partir desquels on peut déduire son jugement par rapport au point de vue qu'il présente, c'est-à-dire s'il en prend la responsabilité, s'il l'accepte ou le réfute. De son côté, l'évidentialité concerne les sources de l'information transmise par l'énoncé, et dont l'explicitation (grâce à nos expressions) permet de récupérer l'évaluation que fait le locuteur de cette information. Mais on peut en fait définir la relation entre ces deux phénomènes de manière encore plus précise. Comme la fonction d'un marqueur évidentiel est d'expliciter la source ou provenance de l'information transmise par un énoncé, il révèle justement sur quoi se fonde la décision du locuteur de prendre la responsabilité d'un point de vue, de l'accepter ou de le réfuter. Aussi, alors que la polyphonie précise quel lien relie le locuteur au(x) point(s) de vue, dira-t-on que l'évidentialité compte parmi les éléments qui spécifient de plus près ce lien.

Pour le démontrer, retournons à nos expressions, plus précisément à celles qui sont des marqueurs évidentiels[71], et prenons d'abord *je trouve que* et *il me semble que*, qui toutes les deux, rappelons-le, marquent la polyphonie interne au sens strict. Les mêmes êtres discursifs, l_n et L, ainsi que les mêmes relations entre ceux-ci et les points de vue sont donc présents dans les énoncés *je trouve que p*/*il me semble que p* : l_n s'associera plus précisément au point de vue véhiculé par le marqueur[72], L au point de vue de *p*. On ne saura en conséquence distinguer entre ces deux marqueurs au niveau polyphonique, mais cela sera en revanche possible au niveau épistémique. On remarquera d'abord que *je trouve que* précise la source (perception) de l'information présentée par *p*, alors que *il me semble que* précise la source du point de vue de *p*, notamment au moyen d'un élément du marqueur, le pronom datif *me*. Aussi le cheminement d'interprétation se fait-il de manière différente dans ces deux cas. Selon *je trouve que* (pdv2), *p* (pdv1) s'appuie sur des indices de la perception, visuels ou auditifs. Si donc le locuteur prend la responsabilité de *p*, c'est que celui-ci relève d'une expérience directe ou indirecte, de quelque chose que le locuteur a vu ou entendu. Selon *il me semble que*, en revanche, *p* s'appuie sur des indices qui ne se prêtent pas à l'explicitation ; *p* est plus précisément la conclusion d'un raisonnement interne, à

71. Ce qui n'exclut que *peut-être* (/*à l'avanture*).
72. Et qui précise la source de savoir en question.

partir d'indices plus ou moins inconscients[73]. Mais comme le pronom datif *me* nous en informe, en dépit de cette nuance de doute véhiculée par le marqueur (ou le verbe *sembler*) à l'égard de *p*, le locuteur décide d'en prendre la responsabilité quand même. Dans le premier cas donc, l'aspect évidentiel (ou épistémique) aura une influence directe sur la structure polyphonique, alors que dans le deuxième cas son effet est plutôt indirect. Toujours est-il qu'il spécifiera de plus près dans les deux cas le lien de responsabilité qui existe entre le locuteur et *p* (pdv1).

Avec l'explication que nous venons de faire de *il me semble que*, nous avons déjà en grande partie fait l'inventaire de *il semble que*. Cette dernière expression aura la même fonction que *il me semble que* dans la mesure où elle explicite le contenu de *p* comme appuyé sur des indices plus ou moins inconscients. Mais le datif *me* étant absent, aucun élément ne mitige la nuance de doute véhiculée par *sembler*. Est absent donc l'élément d'information que véhicule *me* (je prends la responsabilité de *p* même si son contenu est inféré à partir d'indices difficiles à vérifier). Cette différence morphologique se reflètera également au niveau polyphonique. Si *il me semble que* entraîne la polyphonie interne stricte dans le cas standard, *il semble que* introduit, toujours dans le cas standard, une variante de la polyphonie interne non stricte. Donc à la différence de l'énoncé *il me semble que p*, dans lequel seulement les deux images de L (l_n et L) sont présentes, *il semble que p* peut également contenir, à côté de L et l_n, d'autres êtres discursifs. Cela est vrai, du moins, si l'on suit les analyses de H. Nølke sur les deux marqueurs[74].

Permettons-nous à cet égard d'ouvrir une petite parenthèse. Car s'il est vrai, comme le maintient ce même linguiste, que le sub-

73. Je me sers ici du modèle d'explication que présente H. Nølke pour *il semble que* dans l'article « La dilution linguistique des responsabilités », p. 89.

74. *Ibid.*

jonctif est marqueur de polyphonie interne au sens strict[75], j'avoue que j'ai du mal à comprendre pourquoi *il semble que*, qui entraîne quasiment toujours le subjonctif (selon H. Nordahl dans environ 75% des cas[76]), n'introduit pas également une lecture stricte de la polyphonie interne, dans le cas canonique. S'il y a des raisons pour maintenir quand même une lecture non stricte pour ce marqueur, c'est (j'imagine) qu'il ne permet pas toujours, comme le fait *il me semble que*, de déterminer qui prend la responsabilité du point de vue qu'il introduit[77] ; tout ce dont il nous informe en fait, c'est que le point de vue (de *p*) provient d'une inférence à base d'indices plus ou moins inconscients. À cela s'ajoute qu'il existe même des cas de polyphonie externe stricte avec ce marqueur. Nølke analyse par exemple « Il semble qu'on vive dans une démocratie, et voilà ce qui se passe » comme un cas de polyphonie externe stricte. *Il semble que* marquera alors que si les autres pensent que *p*, le locuteur dispose d'indices du contraire[78]. On trouvera un exemple pareil dans *De l'exercitation* : « Il semble que cette consideration deut partir d'une ame esveillée ; si est-ce que je n'y estois aucunement » (II, 6, p. 376). L'événement dont il s'agit dans *p* se rapporte à la chute de cheval de Montaigne vers la fin des années 1560, plus précisément à l'ordre qu'il donne de fournir un cheval à sa femme, celle-ci s'étant mise à courir en voyant ses gens le ramener blessé au château. Comme le démontre l'enchaînement, cette « consideration » ne pouvait pas être consciente. *Il semble que* se

75. Dans l'article cité, et surtout dans *Le regard du locuteur*, chapitre « Le subjonctif ».

76. Voir H. Nordahl, *Les systèmes du subjonctif corrélatif. Etude sur l'emploi des modes dans la subordonnée complétive en français moderne*, Bergen-Oslo, Universitetsforlaget, 1969 : « Le verbe [*sembler*] au présent comporte une haute fréquence de subjonctif, selon nos exemples, 74,5% », p. 158 ; et encore « ... après *il semble que*, sans régime indirect, la fréquence de subjonctif, selon nos exemples, est de 77,2% », p. 168.

77. H. Nølke, *Linguistique modulaire*, p. 155.

78. H. Nølke, « La dilution linguistique des responsabilités », p. 88.

distingue donc nettement de *il me semble que* dans ces cas ; ce dernier ne peut en fait entraîner la polyphonie externe stricte que sous peine de contradiction[79]. Toujours est-il que *il semble que* n'entraîne cette forme de polyphonie externe stricte que dans des contextes particuliers. Vu ces faits, c'est la polyphonie interne non stricte qui, paraît-il, couvre le mieux la fonction du marqueur *il semble que*.

On peut également considérer la structure complexe de *il semble que*, qui serait donc celle de la polyphonie interne non stricte, en la comparant avec *je pense que*, le seul marqueur sur notre liste qui reste à commenter. Car *je pense que* introduit exactement la même structure polyphonique que *il semble que*. Ces deux marqueurs introduisent donc des énoncés contenant les mêmes êtres discursifs, l_n et ON (l'opinion commune) dont L fait partie, ainsi que les mêmes relations entre ceux-ci et les points de vue : l_n s'associera plus précisément au point de vue du marqueur, alors que ON, dont L fait partie, s'associera au point de vue de *p*. Mais, comme on l'a déjà remarqué avec le premier couple considéré (*je trouve que*, *il me semble que*), si les deux marqueurs entraînent la même structure polyphonique, ils ne la marquent pas de la même façon. On peut ainsi faire la même remarque à l'égard du présent couple (*il semble que, je pense que*) que celle qu'on a faite au sujet du premier : si l'on ne sait les distinguer au niveau polyphonique, on peut en revanche le faire au niveau épistémique. Il suffit pourtant dans le cas présent de considérer les éléments dont est constituée la source de l'information de *p*. On sait déjà que le point de vue de *p*, introduit par *il semble que*, est le résultat d'un raisonnement interne à base d'indices plus ou moins inconscients. La source de l'information de *p* est donc interne, constituée d'une inférence faite par le locuteur lui-même. Si l'on veut dégager la pré-

79. Par exemple « Il me semble qu'on vit dans une démocratie, et voilà ce qui se passe » sera considéré comme bizarre.

sence d'autres êtres discursifs (que L et l_n) dans l'énoncé, ce sera au moyen de la notion d'indices, lesquels peuvent constituer les expériences des autres (même si le locuteur en est inconscient)[80]. Ainsi dans la mesure où d'autres êtres discursifs (que L et l_n) participent à la création du point de vue introduit par *il semble que*, c'est de manière (très) indirecte. En ce qui concerne *je pense que*, en revanche, le point de vue qu'il introduit n'est pas le résultat d'un processus inductif, mais d'un processus de réflexion[81] ; processus qui n'est pas non plus à la base d'indices, mais d'une opinion commune prise comme autorité[82]. Aussi la source de l'information de *p* dans le cas de *je pense que* est-elle plutôt externe, qu'interne. On pourra ainsi dire que d'autres êtres discursifs (que L et l_n) sont beaucoup plus directement impliqués dans la création du point de vue dans le cas de *je pense que* que dans le cas de *il semble que* : les autres pensent que *p*, et moi aussi. Tout comme dans le premier couple considéré, le concept d'évidentialité précisera donc de plus près le lien d'accord qui existe entre locuteur et point de vue (de *p*), et ici, de manière directe dans le deux cas.

Permettons-nous de conclure cette section par une objection que l'on pourrait faire à notre analyse de *je pense que* : comment un marqueur qui fait penser sans ambiguïté à une opinion ou à un ju-

80. Voir à cet égard les analyses de O. Ducrot du marqueur *j'ai l'impression que*, dont la fonction évidentielle est à peu près la même que celle de *il semble que* (*Les mots du discours*, p. 73 sqq.).

81. Selon les analyses que fait Ducrot de *je pense que*, le point de vue introduit par ce marqueur se présente comme le produit d'une réflexion et reflète un jugement externe que le locuteur substitue au sien, (*ibid.*, p. 73 sqq.).

82. Ducrot, en distinguant entre *j'ai l'impression que* et *je crois que*, couple à bien des égards très proche du nôtre, dira que ces deux expressions distingueront « deux façons assez différentes d'appuyer son opinion sur l'opinion d'autrui » qui consistent « l'une, à prendre cette opinion comme une autorité, qui se substitue au jugement personnel, l'autre, à la prendre comme un indice, comme un signe, donc comme une base pour un jugement personnel » (*ibid.*, p. 74).

gement personnel, peut-il relever d'une source ou d'un jugement externe que le locuteur ne fait que substituer au sien ? En effet, lorsque O. Ducrot considère le marqueur analogue *je crois que* par rapport au marqueur *j'ai l'impression que*, qui, lui, implique un jugement personnel, il remarque que « *croire* n'implique pas l'absence de jugement personnel. Au contraire, presque partout où l'on peut employer *avoir l'impression*, on emploierait aussi *croire* »[83]. Ce qu'il nie, en revanche, c'est que le sémantisme de *croire implique* le jugement personnel : « Ce que nous disons, c'est que *croire* n'implique pas un tel jugement » (*ibid.*). Si l'on considère le sémantisme du verbe *penser*, de son côté, celui-ci provient du latin *pensare* (ou *pendere*), signifiant entre autres choses *peser* et, par la suite, *contre-balancer*[84]. Il n'y a donc rien dans le sémantisme de *penser* non plus qui implique un jugement personnel. L'objection semble ainsi reposer sur une confusion entre la source de l'information et la source du point de vue, c'est-à-dire entre la forme de connaissance qui est en jeu et la prise en charge de celle-ci par le locuteur. En effet, peu importe que le jugement soit fondé, comme dans le cas de *je trouve que*, sur une expérience directe (ou indirecte), ou comme dans le cas de *je pense que* (et de *je crois que*), sur une source ou témoin extérieur jugé fiable. Ce jugement peut être considéré comme personnel au moment où le locuteur décide de l'accepter, auquel cas celui-ci peut le développer par ses raisonnements ultérieurs, et est même prêt à le défendre. Comme le montre aussi bien *je crois que* que *je pense que* donc, il n'est ni contre-intuitif, ni paradoxal, de considérer comme personnel un jugement qu'on relève d'une information récoltée par d'autres moyens que par une expérience directe[85]. Un locuteur peut bien

83. Ducrot, *ibid.*, p. 75, note 6. C'est moi qui souligne.

84. Voir le *Robert historique*.

85. On admettra toutefois qu'à cause de l'élément de réflexion inhérent à *je pense que*, suggérant que le locuteur a en quelque sorte « pesé » le contenu du

présenter, sans contradiction, une opinion comme personnelle, tout en l'appuyant sur un jugement externe. Ces nuances qui distinguent nos marqueurs les uns des autres ont plus de chances de trouver une explication dans le cadre du concept d'évidentialité que dans celui de la polyphonie, qui ne pose pas directement la question des sources épistémiques des points de vue.

3.1 La modalité de nos expressions

Nous allons dans un dernier temps nous servir du rapport que nous avons posé entre les deux concepts de polyphonie et d'évidentialité, selon lequel le premier précise les liens qui relient le locuteur aux points de vue et le second les spécifie de plus près, pour cerner la modalité de nos expressions, soit le jugement porté par le locuteur, en termes de vérité ou de fiabilité, sur ce qu'il dit. Il ne s'agit pas de déterminer ce jugement en détail, simplement de démontrer comment, à partir du rapport entre les propriétés polyphoniques et évidentielles de nos expressions[86], elles peuvent dégager des fines nuances dans ce jugement. Ces nuances seraient plus difficiles à révéler dans une perspective purement polyphonique. Soulignons que ce jugement est toujours d'ordre subjectif ; il transmet l'opinion propre du locuteur, son point de vue sur un fait ou un événement, et non l'objectivité de ce fait ou événement[87]. Nous remarquons d'abord que le concept de polyphonie déterminera l'attitude du locuteur envers ce qu'il dit dans la mesure où il

point de vue avant de l'accepter, ce marqueur indique davantage qu'il s'agit d'un jugement personnel que dans le cas de *je crois que*, au moyen duquel le locuteur tout simplement substitue un jugement d'autorité au sien. Mais comme les analyses de Ducrot ne sont pas très détaillées sur ce point, et comme je ne suis pas francophone, je laisse cette question à des personnes mieux qualifiées.

86. *Peut-être* n'a pas, rappelons-le, la propriété évidentielle.

87. On ne dira guère : « Je trouve que la terre est ronde », ou (de nos jours au moins) « Peut-être que la terre est ronde ».

précise les liens qui relient le locuteur aux points de vue[88]. Selon qu'on a affaire au lien de responsabilité, d'accord ou de non responsabilité, on peut donc déduire s'il prend la responsabilité du point de vue qu'il présente, s'il l'accepte ou le réfute. Il découle de ces liens, semble-t-il, une sorte de gradation de la confiance du locuteur dans la vérité du point de vue qu'il présente. Cette gradation obéirait au principe suivant : plus la relation entre locuteur et point de vue sera étroite, plus grande sera la confiance du locuteur dans la vérité du point de vue. Le couple *il me semble que/il semble que* viendra appuyer cette impression ; le locuteur du premier marqueur aura plus de confiance dans la vérité de son point de vue que le locuteur du second marqueur[89].

Le concept évidentiel démontre cependant qu'un tel principe ne tient pas, ou plus précisément que le lien de responsabilité peut tout simplement indiquer si le point de vue que présente le locuteur relève d'une expérience directe ou indirecte de la « chose elle-même »[90], ou d'une croyance. Dans le premier cas on a affaire à *je trouve que* ; dans le second à *je crois que* lorsque celui-ci est modifié par une négation et suivi d'une complétive au subjonctif[91]. À cela s'ajoute que *je crois que*, qui normalement relie le locuteur au point de vue (de *p*) par un lien d'accord[92], peut être paraphrasé par *il me semble que*[93], marqueur qui relie le locuteur au point de vue par un lien de responsabilité. Certains des marqueurs enfin traduisent plutôt une attitude de doute que de confiance de la part du locuteur envers le point de vue présenté. *Il semble que*, par exemple,

88. Cf. également point 3.

89. H. Nølke, « La dilution linguistique des responsabilités », p. 90.

90. Expression empruntée à O. Ducrot, *Les mots du discours*, pp. 75-76.

91. Voir à cet égard H. Nølke, *Linguistique modulaire*, p. 154.

92. Sauf pour l'élément de réflexion, ce marqueur s'analyse de la même manière que *je pense que*, c'est-à-dire que le point de vue qu'il introduit reflète un jugement externe (l'opinion commune) comprise comme une autorité, (voir O. Ducrot, *Les mots du discours*, p. 72 sqq.).

93. H. Nølke, « La dilution linguistique des responsabilités », p. 90.

démontrera que la source qui sert de base pour le jugement (d'accord) du locuteur est bien précaire[94]. Même *il me semble que* peut être considéré dans cette perspective ; au moyen de ce marqueur, le locuteur jette le doute sur *p*, et ne décidera qu'après coup pour ainsi dire d'en prendre la responsabilité[95]. Donc plutôt que de constituer une échelle de gradation de la confiance du locuteur dans la vérité de son point de vue, les liens qui relient le locuteur aux points de vue précisent simplement la présence du locuteur dans l'énoncé et ses responsabilités par rapport au contenu de celui-ci. Selon le lien de responsabilité, le locuteur est bien le seul garant du point de vue en question, puisque le seul présent, mais avec toute la précarité que cela comporte (comme dirait Montaigne). Selon le lien d'accord de son côté, d'autres êtres discursifs que le locuteur peuvent intervenir, partant tenir lieu de garantie au point de vue. Pour voir s'ils ont le statut des autorités auxquelles le locuteur substitue son jugement, ou s'ils sont simplement des indices à partir desquels celui-ci forme son jugement, il faut en revanche faire intervenir le concept d'évidentialité. Le lien de non responsabilité au moyen duquel le locuteur se dissocie du point de vue, véhicule souvent, il est vrai, une attitude de réfutation, c'est-à-dire que le locuteur considère le point de vue comme faux. Mais ce lien peut aussi simplement indiquer que le locuteur adopte une attitude neutre envers ce qu'il dit[96].

Ces remarques sur la modalité de nos expressions résument enfin l'intérêt des concepts de polyphonie et d'évidentialité pour notre perspective. Précisant d'une part l'attitude du locuteur, d'autre part le fondement épistémique de cette attitude, ils nous aideront à mieux cerner l'élément de doute.

94. Rappelons également (cf. point 3) que dans certains contextes le locuteur peut même, au moyen de ce marqueur, réfuter le point de vue.

95. H. Nølke, « La dilution linguistique des responsabilités », p. 90.

96. Tel *il paraît que* (marqueur de polyphonie externe au sens strict) par exemple, qui peut simplement indiquer la nature d'emprunt de l'information transmise ; le contexte démontrera s'il s'agit d'une réfutation.

CHAPITRE 3

ANALYSE I

PREMIÈRE SECTION : LE « PARLER HUMAIN » ET LE CHAMP DE LA CROYANCE

La seule attitude logique est la réserve
(André Tournon[1])

1. Introduction

Le premier chapitre de ce travail a eu comme objectif d'une part de placer les expressions auxquelles je m'intéresse chez Montaigne dans une perspective générale sur les *Essais*, d'autre part de comparer leur distribution dans cette œuvre avec une liste de textes hétérogènes, composés dans la deuxième moitié du XVIe siècle. Le deuxième chapitre a présenté l'appareil théorique de l'analyse, expliquant pourquoi un cadre théorique fondé sur le concept de polyphonie constituera le meilleur outil d'une analyse détaillée de la fonction de ces expressions. J'aborderai dans le présent chapitre et dans le suivant l'analyse proprement dite, qui constituera la partie centrale de l'étude. Je me limiterai à une sélection d'occurrences relativement restreinte, dix-neuf en tout. Cette décision se justifie d'une part par le fait qu'il ne s'agit pas d'une analyse linguistique pure, qui exigerait un corpus d'exemples (authentiques et inventés) bien plus étendu, mais plutôt d'un essai d'application d'une théorie linguistique particulière à un texte littéraire. Elle paraît légitime d'autre part parce que les exemples choisis sont dans tous les cas des constructions complexes, qui demandent en conséquence des analyses complexes. Nous nous prévalons en fait non seulement du

1. « Que c'est que croire », *BSAM*, 33-34 (juillet décembre 1993), p. 166.

concept de polyphonie, mais encore de bien d'autres phénomènes linguistiques : des concepts d'évidentialité, d'orientation argumentative, de focalisation, de structure thème-rhème, de gradation[2]. À cela s'ajoute que les exemples sont choisis en grande partie selon des contextes et des constructions qui nous ont paru intéressants ou qui nous ont intéressé personnellement : les notions d'inspiration et de hasard dans l'*Apologie*, la relation entre l'utile et l'honnête dans le chapitre qui porte ce titre, les constructions *p mais q* et elliptiques, pour n'en citer que les cas les plus importants. Il s'avère en effet que nos expressions ont tendance à apparaître, même à se grouper, dans des passages d'expression difficile, lorsqu'il s'agit des questions de religion, de politique ou de philosophie. Enfin, puisqu'il n'est question ici ni de déterminer le moment précis où Montaigne commence à s'intéresser à ces expressions, ni de détecter un intérêt croissant à leur sujet au cours de la rédaction du livre[3], je n'ai pas restreint la sélection des occurrences à des parties particulières des *Essais*. Les critères de sélection sont ainsi déterminés d'une part en fonction du contexte dans lequel ces expressions s'inscrivent, d'autre part en fonction de la construction dont elles font partie ; parfois même, ces critères sont inséparables.

Il ressort du chapitre précédent que nous avons adopté un cadre théorique fondé sur les concepts linguistiques de polyphonie et d'évidentialité, avant tout pour cerner la modalité de nos expres-

2. Pour ce qui est de ce dernier, il est considéré non seulement comme phénomène linguistique, mais aussi comme phénomène littéraire, notamment dans les huitième et neuvième analyses.

3. P. Villey a dans bien des cas réussi à fournir des indications précises de l'époque où Montaigne aurait écrit tel ou tel chapitre, mais les cas où cela n'a pas été possible restent toujours si nombreux (voir les préfaces de l'édition Villey-Saulnier) qu'il semble peu fructueux de mettre en avant des hypothèses à partir de ses indications de chronologie. À cela s'ajoutent les additions dont la date d'insertion ne se précise qu'en fonction des dates de publication des *Essais*. Un tel projet serait plus intéressant sans doute dans un cadre qui cherche à déterminer les influences qui ont conduit Montaigne à s'intéresser précisément à ces expressions.

sions, soit le jugement porté par le locuteur, en termes de vérité ou de fiabilité, sur ce qu'il dit. Pour cette raison, on comprendra sans difficulté que nous ayons choisi certains de nos exemples dans des chapitres et des passages de portée explicitement épistémologique[4]. Si une réflexion sur la connaissance est formulée de telle manière que la formulation même comporte des indices qui permettent une évaluation de son statut, en termes de validité ou de fiabilité, il est évident que l'importance de ces indices en sera accrue. Composants de l'attitude propositionnelle[5], ils informent sur la relation qui existe entre le locuteur et le contenu propositionnel et, plus spécifiquement, sur le fondement de ce dernier. Lorsque les *Essais* présentent une théorie de la connaissance, dans l'*Apologie de Raimond Sebond* notamment, cette présentation consiste précisément en un effort pour expliciter ou révéler les fondements de la connaissance. Tel que l'annonce Montaigne (« Le moyen que je prens pour rabatre cette frenaisie et qui me semble le plus propre, c'est de froisser et fouler aux pieds l'orgueil et humaine fierté [...] leur arracher des points les chetives armes de leur raison », p. 448), révéler la fragilité inhérente à ces fondements est l'un des objectifs principaux de sa critique de la connaissance. Leçon d'humilité pour bien des critiques ; dans une perspective pragmatique pourtant, révéler (ou expliciter) le fondement du contenu propositionnel, de la « connaissance », n'est pas un signe de faiblesse, mais simplement une précision des conditions d'énonciation humaines. Aussi la présence de nos expressions dans ce chapitre mérite-t-elle

4. On aura remarqué que nous utilisons dans ce travail les deux termes quasi identiques « épistémique » et « épistémologique ». Alors que le premier est de portée restreinte, ne concernant que des formes de connaissance purement linguistique – mode de création et/ou récolte d'information –, le second est de portée plus étendue, impliquant des domaines de connaissance plus généraux : philosophiques, religieux et moraux.

5. Voir notre chapitre théorique, p. 77.

une attention particulière. Une partie importante de nos analyses sera ainsi consacrée à ce chapitre.

Notre analyse n'est pourtant pas restreinte à des chapitres où il s'agit des questions épistémologiques. Car l'intérêt d'une analyse des différents rapports (de responsabilité, d'accord ou de réfutation) qui existent entre le locuteur et le(s) point(s) de vue qu'il présente n'est pas lié à la nature de ceux-ci, mais à la *distance* relative, établie précisément par nos expressions, entre locuteur et point(s) de vue (« Qu'on ne s'attende pas aux matieres, mais à la façon que j'y donne », comme le dit Montaigne ; II, 10, p. 408). Dans l'optique de ce travail, nous allons justement concevoir cette distance comme créatrice d'un espace pour l'activité du jugement montaignien, autrement dit comme un élément constitutif de la pensée de Montaigne. Dans la mesure où elle permet au locuteur de « jouer » avec différents points de vue sans en prendre la responsabilité à titre définitif, elle lui permet de déployer sa pensée sur n'importe quel sujet sans la figer en « arrêt » définitif (« Nous autres, qui privons nostre jugement du droict de faire des arrests », III, 8, p. 923). Voilà pourquoi notre analyse ne se limite pas à des sujets de portée épistémologique seulement, mais vise aussi des questions qui portent sur la religion et la morale en politique. Et, comme nous avons déjà vu dans notre premier chapitre, elle s'avère même pouvoir jeter de la lumière sur la pratique de citation chez Montaigne. Bien que les sujets épistémologiques présentent un intérêt particulier, à cause de la complémentarité au niveau épistémique entre forme et contenu, ou plus précisément entre attitude propositionnelle et contenu propositionnel, l'un de nos objectifs principaux est effectivement de montrer la pertinence de cette analyse pour tout sujet traité dans les *Essais*.

Puisque ce sont les stratégies discursives du locuteur qui sont au centre de ce travail, plus précisément celles par lesquelles il s'abstient de donner un accord sans réserves à ce qu'il dit, nous

nous intéresserons en particulier, comme nous l'avons remarqué au début, à des expressions apparaissant dans des contextes qui traitent des sujets d'expression difficile. Dans la première section de ce chapitre nous analyserons notamment deux exemples tirés de *Des Prières*, dont le premier touche à l'expression orale, le deuxième à l'expression écrite dans le champ de la croyance. Champ d'expression difficile par excellence, il est également présent dans le chapitre II, 12, d'où nous tirons nos exemples pour l'analyse de la deuxième section. L'argumentation de l'*Apologie* s'agence justement à l'intérieur d'une défense de la *Théologie naturelle* de Raimond Sebond. À ce champ de la croyance qui encadre pour ainsi dire l'*Apologie*, s'ajoute un autre domaine d'expression difficile, notamment le champ épistémologique, où il s'agit des critères ou fondements de la connaissance. Car ce chapitre qui, de par sa longueur même, témoigne de l'intérêt pour les sujets d'expression difficile dans les *Essais*, contient non seulement l'une des premières présentations en langue vulgaire du pyrrhonisme, philosophie paradoxale qui conteste la possibilité d'établir des critères épistémologiques certains, mais aussi, de par son agencement, une mise en pratique de l'argumentation pyrrhonienne. Les questions de portée religieuse sont ainsi inextricablement liées aux questions épistémologiques dans l'*Apologie*. Le chapitre offre à cet égard un excellent champ d'analyse de nos expressions. La troisième section, enfin, consiste en une analyse d'un exemple tiré de *Du repentir* (III, 2). Puisque le champ de la croyance n'est présent dans ce chapitre qu'à l'arrière-plan, ce champ n'est pas directement impliqué dans notre analyse.

Dans le premier chapitre d'analyse, nous construirons ainsi notre argument selon deux axes, l'un ayant affaire à l'expression des rapports entre l'homme et Dieu, l'autre à l'expression des rapports de l'homme avec la connaissance. L'argument ne suivra cependant pas toujours séparément ces deux axes ; considérer l'un dans la perspective de l'autre a parfois comme effet un éclairage mutuel. Rappelons que Montaigne, en abordant ces sujets de vaste portée – car ce sont des domaines dans lesquels la réflexion humaine a investi ses capacités imaginatives et/ou spéculatives au maximum –, ne parle jamais en tant que philosophe ou théologien au sens strict ou conventionnel de ces termes. Tout comme il est impossible de dégager à partir de l'*Apologie* un système cohérent de pensée, alternatif à ou complément de l'une des doctrines philosophiques déjà existantes, on ne saura ranger non plus le discours sur la religion, ni dans ce chapitre ou ailleurs dans les *Essais*, à l'intérieur ou en dehors de l'une des variantes concurrentes des doctrines religieuses de l'époque, qu'elles soient conservatrices ou réformatrices[6]. À la place, on aura en revanche une série d'essais ou d'approches linguistiques plutôt que philosophiques ou théologiques de la question de savoir si et éventuellement sous quelle forme, l'homme est à même d'exprimer ses connaissances ; ses rapports avec Dieu et ses capacités à atteindre des vérités certaines. Avant d'aborder enfin nos analyses, il convient cependant de les situer par rapport à d'autres analyses de même perspective, c'est-à-dire qui considèrent, comme nous, les rapports de l'expression montaignienne au champ épistémologique et religieux, mais selon une approche différente.

2. Le problème de la croyance : quelques approches

Le point sur lequel tout essai d'explication du texte de Montaigne semble buter, et qui ne cesse d'intriguer les critiques, est celui par lequel il arrive à mettre en œuvre un exercice du jugement extrêmement critique, sans toutefois apparaître comme un esprit des-

6. Pour des réponses disparates de la critique à la question de la foi de Montaigne, se référer à la première phrase de l'article de A. Tournon, « Que c'est que croire », p. 163.

tructeur. Expliquer les « contradictions » dans la pensée de Montaigne sans pour autant admettre qu'il y en ait – elles ne seraient qu'apparentes – semble une constante dans la critique montaignienne. C'est ce que démontrent les interprétations d'une divergence frappante, de l'*Apologie* surtout. On ne peut pas se mettre d'accord sur la question de savoir si Montaigne réussit à miner tout effort humain de contrôler les rapports avec la divinité, à faire feu de tout « bois religieux » pour ainsi dire, sans pour autant ruiner son image de bon catholique, pliée sans réserve sous la pensée orthodoxe. De telles contradictions se résolvent, selon H. Friedrich, en scindant la pensée de Montaigne en deux domaines nettement séparés, celui de la pratique et celui de la théorie[7]. À supposer que Montaigne fût pratiquant, son conservatisme ne découlerait pas d'une adhésion à la doctrine catholique en tant que vérité objective, mais d'un attachement purement formel aux institutions religieuses. Confiner le « scepticisme clairvoyant » des *Essais* au plan des idées théoriques seulement, est donc ce qui permet à Friedrich de faire de Montaigne le porte-parole d'une doctrine fidéiste, associée au scepticisme antique ou bien soutenue par celui-ci, tout en évitant de le mettre au nombre des apologistes chrétiens. Bien qu'il souligne que Montaigne n'a jamais rejeté expressément le christianisme, Friedrich propose donc la combinaison d'une doctrine fidéiste et d'un conservatisme pratique ; cette combinaison permettrait à Montaigne de déployer l'expression d'une pensée laïque ou d'« un esprit de sagesse profane », qui préfigure les libre-penseurs des XVIIIe et XIXe siècles. Toujours est-il que cette image d'un Montaigne qui préconise des conduites différentes pour l'action et la pensée, le fait apparaître comme trop proche de ce « celuy » dans *Des prières* qui toute sa vie s'était conformé à une religion « contradictoire à celle qu'il avoit dans son cœur, pour ne perdre

7. H. Friedrich, *Montaigne*, 1949, trad. Robert Rovini, Paris, Gallimard, 1968, chapitre III.

son credit et l'honneur de ses charges » (p. 320), ou bien le situe parmi ceux qui « font accroire au monde qu'ils croient ce qu'ils ne croient pas » (II, 12, p. 442)[8]. De ce décalage entre apparence extérieure et réalité intérieure survient précisément des problèmes de *langage* par rapport à la divinité : « De quel langage entretiennent-ils sur ce subject la justice divine? » (p. 320).

L'objectif de l'analyse que fait A. Tournon de l'*Apologie* n'est pas de résoudre le problème de la foi de Montaigne, mais de dégager la logique déconcertante selon laquelle la défense de la *Théologie naturelle* de Sebond est structurée[9]. Décelable à travers la forme, non le contenu, cette logique qui transforme un plaidoyer en réquisitoire correspond exactement à la diatribe pyrrhonienne[10]. Selon ce critique donc, une mise en pratique de l'argumentation pyrrhonienne dans l'*Apologie* fait pendant à la description explicite de cette philosophie, également contenue dans le chapitre, ce qui explique non seulement les contradictions inhérentes à la défense de Sebond, mais aussi la méthode qui libère l'exercice critique du jugement montaignien. Il n'est pas question ici de résumer en détail son excellente démonstration de l'application méthodique du pyrrhonisme dans l'*Apologie*. Il convient cependant, puisque cela est pertinent pour nos propos, de mentionner deux points sur lesquels elle repose. Premièrement, l'approbation de la part de Montaigne de l'ataraxie des pyrrhoniens, garantie de son adoption de

8. Le problème du masque (décalage entre apparence extérieure et intérieure) et l'effondrement de celui-ci est un thème récurrent dans les *Essais*. Il apparaît par exemple sous forme d'expression involontaire de la conscience dans II, 5, à travers l'histoire du gentil homme « de bonne façon » qui trahit son masque par la peur (« au travers de son masque et des croix de sa cazaque on iroit lire jusques dans son cœur ses secrettes intentions. » p. 366). Ce phénomène de masque et la duplicité qui lui est inhérente s'inscrit également dans une « logique de la métaphore » des *Essais*, voir l'article du même nom par M.-L. Demonet.

9. A. Tournon, *La glose et l'essai*, pp. 228-256.

10. La diatribe pyrrhonienne est construite à partir du principe selon lequel on mettra en avant un argument seulement pour réfuter celui de l'adversaire.

leur schéma logique, aura une place beaucoup plus importante dans l'analyse de Tournon que dans celle de Friedrich. Cette approbation démontre, selon ce premier, que le scepticisme montaignien est soumis à cette fin éthique des pyrrhoniens qu'est l'ataraxie, et non pas à une fin apologétique. Selon Friedrich l'erreur de mettre Montaigne dans le camp des apologistes est le résultat, tout simplement, d'une confusion entre son conservatisme pratique et ses idées théoriques[11]. C'est aussi l'adoption complète du schéma logique des pyrrhoniens, c'est-à-dire non seulement de leurs arguments (comme les apologistes) mais aussi de leur fin éthique, qui explique, selon Tournon, pourquoi les fins religieuses du chapitre apparaissent comme secondaires par rapport aux fins philosophiques. Si les arguments sceptiques ont bien comme effet de préserver les mystères de la foi, ce ne serait ici qu'un effet secondaire qui se subordonnerait au vrai objectif du chapitre, celui de l'élaboration d'une philosophie de l'incertitude, illustrée parfaitement par la défense paradoxale de Sebond. C'est ainsi l'adoption complète de la stratégie argumentative des pyrrhoniens, nécessaire pour la mise en œuvre de la logique déconcertante de la défense, qui, pour Tournon, rend légitime de ne pas donner une réponse au problème de la foi de Montaigne.

Le point, dans l'analyse de Tournon, qui explique l'espèce d'antinomie sur laquelle repose la défense de Sebond est également pertinent pour nos propos. Dans la mesure où cette défense constitue une attaque contre l'autonomie de la raison, elle serait construite exactement selon les mêmes principes que la diatribe pyrrhonienne : la défense consiste en une attaque portant non sur le contenu des arguments de l'adversaire, mais sur le fondement même de tout argument. Ayant comme effet de confondre Sebond avec ses adversaires, en raison du fondement rationnel commun de

11. H. Friedrich, *Montaigne*, p. 121.

leurs arguments, cette stratégie explique le paradoxe ou l'espèce d'antinomie qui sous-tend la défense. Parfaite illustration d'une philosophie de l'incertitude, elle devient encore plus complexe ou paradoxale lorsque Montaigne s'assigne lui-même comme adversaire. Un exemple explicite en serait – toujours selon Tournon – fourni par l'apostrophe à la princesse anonyme, l'instigatrice de la rédaction du chapitre, qui vient interrompre l'argumentation au milieu du chapitre. Cette apostrophe s'en prend violemment à la licence du jugement individuel, « util vagabond, dangereux et temeraire », et préconisera la « forme ordinaire d'argumenter », « la moderation et l'attrempance », ou bien n'importe quel « train accoutumé », aux « voyes extravagantes » du pyrrhonisme, lesquelles sont réduites à un « extreme remede », qu'on ne doit employer qu'à « l'extreme necessité ». Reste que ces « voyes extravagantes » sont exactement celles suivies par l'auteur lui-même dans la rédaction du chapitre. Ce paradoxe n'en est pourtant pas un selon Tournon, car il est déjoué toute de suite par une critique de « l'incitation au conformisme intellectuel » survenant juste après l'apostrophe[12]. La voix autoritaire de l'apostrophe se neutraliserait ainsi par une critique après coup de son contenu ; aussi ne serait-elle pas celle de Montaigne. On serait donc presque, mais pas tout à fait, en présence d'un exemple de pyrrhonisme s'exerçant sous forme d'autocritique ou d'autocensure dont Tournon parle ailleurs dans son analyse (à la page 251, par exemple).

Pour résumer, selon cette analyse c'est la logique paradoxale du pyrrhonisme qui structure cette étrange défense de la *Théologie naturelle*. L'analyse aurait comme conséquence, partant, de reléguer à l'arrière-plan la dimension religieuse de la pensée montaignienne. Dans un article ultérieur, « Que c'est que croire »[13],

12. A. Tournon, *La glose et l'essai*, p. 243.
13. A. Tournon, « Que c'est que croire », pp. 163-181.

Tournon reconsidère pourtant le problème de la pensée religieuse de Montaigne. Cet article, qui aura une importance particulière pour nos propos, introduit une distinction entre deux formes de vérités, empiriques et/ou logiques et testimoniales, dont la validation doit se référer, par conséquent, à des systèmes gnoséologiques différents. Celles du premier ordre seront garanties par « la probation directe, par constats, induction et déduction » (p. 166) ; celles du deuxième par « la probation indirecte, par témoignage » (*ibid.*)[14]. Cette distinction aura comme fonction d'expliciter le fondement (système gnoséologique) sur lequel reposent les vérités divines. Le critique démontre plus précisément que le système de validation du savoir divin qu'adopte Montaigne diffère de celui de l'orthodoxie en ce qu'il se réfère non à l'aristotélisme (version scolastique), mais au système des preuves testimoniales en vigueur dans le droit à l'époque, exigeant que la sentence du juge soit fondée sur l'approbation de l'autorité ou la qualité des témoignages, non sur la conviction intime du juge. Selon ce système donc, transposé au domaine divin, l'approbation d'une vérité de l'ordre divin repose uniquement sur l'autorité ou la qualité du témoin (il va de soi que lorsque celui-ci est Dieu, le témoignage est irrécusable) ; la conviction intime n'est pas nécessaire. C'est là précisément son grand avantage, selon Tournon, car l'adoption d'un tel système de validation, fondé sur des preuves testimoniales, non sur l'expérience ou la déduction, permet à Montaigne de donner son approbation aux vérités divines sans que cet accord soit accompagné de sa conviction intime.

14. En un certain sens les formes de connaissances qui sont mises en jeu par *je trouve que* et *je pense que* sont analogues à ces deux systèmes gnoséologies, dans la mesure où le premier introduit un point de vue qui se fonde sur une *expérience* (directe ou indirecte), alors que le second en introduit un qui se fonde sur un *témoignage* extérieur dont la qualité est jugée suffisante pour tenir lieu de jugement personnel.

Ce point est en fait extrêmement important pour nos propos, car il implique l'acceptation comme vraie d'une opinion, ayant statut de vérité divine, qui n'est pas fondée sur l'expérience personnelle[15]. Il met ainsi l'accent sur l'un des aspects fondamentaux de nos analyses, notamment sur la possibilité du locuteur de mettre en avant des opinions qu'il accepte, mais dont il ne prend pas la responsabilité à titre définitif. Transposé à la terminologie polyphonique, cela implique qu'une vérité de l'ordre divin représente un cas de polyphonie interne non stricte, à savoir une opinion que le locuteur (Montaigne) accepte, mais qu'il ne considère pas comme vraie à titre définitif. Et la raison en est précisément qu'elle ne relève pas de sa propre expérience, mais d'une source externe. Que Montaigne ait effectivement une telle attitude envers les problèmes épistémiques que pose le phénomène de la croyance, semble être confirmé par un énoncé dans *Des Boyteux* qui porte sur le domaine surnaturel (la sorcellerie), donc sur un domaine qui exclut le système de validation fondé sur la probation directe : « Il appartient *à l'avanture* à ce seul tres-puissant tesmoignage de nous dire : cettuy-ci en est, et celle-là et non cet autre. » (III, 11, p. 1031). Dans cet énoncé, il s'agit explicitement du système de validation par témoignage. Celui-ci, restreint au témoignage divin, offre le seul critère fiable de discrimination entre sorciers et humains. Ce point de vue est pourtant modifié par la locution adverbiale *à l'avanture* qui, insérée juste après le verbe fini, introduit dans l'énoncé une structure de polyphonie interne non stricte, soit un lien d'accord entre le locuteur et le point de vue présenté. La locution aurait donc la fonction d'un indicateur permettant d'inférer un point de vue que le locuteur accepte sans pour autant y associer sa conviction

15. Il est intéressant de remarquer à cet égard, que le marqueur *je trouve que*, qui introduit des points de vue fondés sur l'expérience propre du locuteur, n'apparaît pas dans des contextes qui portent sur le champ de la croyance dans les *Essais*.

intime. Que le locuteur adopte une telle attitude semble également confirmé par le fait qu'on peut pousser l'analyse encore plus loin. Car il transparaît à travers cet accord sans conviction intime, une invitation à considérer le cas contraire. Celui-ci consisterait à voir le témoignage divin non pas comme le seul témoignage fiable en matière surnaturelle, mais simplement comme un témoignage parmi d'autres. Cette lecture qui s'oppose au contenu de l'énoncé est également suggérée par le terme « tres-puissant » qui refuse au témoignage divin un statut de toute-puissance[16]. Dans la mesure où le témoignage divin est censé être irréprochable, pourtant, la possibilité d'admettre d'autre témoignages à côté de celui-là semble plutôt restreinte. Toujours est-il que la présence de la locution adverbiale *à l'avanture* la maintient dans toute sa marginalité. C'est précisément le fait d'adopter une attitude d'accord sans conviction intime envers le phénomène de la croyance qui, selon Tournon, permet à Montaigne « d'exposer concurremment [des] idées différentes par leur origine et par leur statut » (p. 173), ou de ne faire coïncider « ce qu'[il] discour[t] selon soi » avec « ce qu'[il] croi[t] selon Dieu » (*ibid.*).

Cela appelle enfin le deuxième point dans l'exposé de Tournon qui recoupe notre perspective. Selon le critique, Montaigne applique le système de validation fondé sur des preuves testimoniales non seulement aux vérités divines, mais aussi à son propre discours, avec la différence, bien entendu, que dans ce dernier cas l'autorité du témoin n'est pas divine, mais humaine : « En donnant à voir les traces écrites de ses « fantaisies » et « opinions », il se situe lui-même dans l'ordre du témoignage, mais d'un témoignage

16. On pourrait également argumenter que l'adjectif « seul » crée une focalisation sur les termes « tres-puissant tesmoignage », focalisation à laquelle s'ajoute la locution adverbiale. Dans cette position, on le sait, la locution introduit un cas de polyphonie externe, ce qui renforce la possibilité qu'il s'agisse d'une réfutation du point de vue.

purement humain et personnel, dénué de garantie comme d'autorité, à la limite de l'errance ou de l'erreur, et d'autant plus libre » (p. 174). La validité ou fiabilité des opinions avancées par Montaigne, ce qu'il discourt « selon soi », ne repose ainsi pas sur une correspondance éventuelle entre sa parole et la réalité qui la vérifie, mais uniquement sur lui-même, sa propre personne, source bien précaire mais authentique. Et, à cause de son statut humain justement, elle n'est pas irrécusable ou irréprochable comme celle de la divinité ; bien au contraire, les opinions qu'elle présente sont susceptibles d'être révoquées en doute à tout moment. Explicitant ainsi la nature humaine et subjective, par conséquent fragile, de la source qui garantit la fiabilité de l'opinion montaignienne, l'article de Tournon rappelle en quelque sorte l'une des fonctions centrales de nos expressions, celle précisément qui révèle la façon dont le locuteur a créé et/ou récolté l'information qu'il transmet par son énoncé. S'il s'agit d'une perception, d'un emprunt ou d'une inférence[17], ce marquage ou explicitation de source (toujours humaine), est précisément ce qui permet au locuteur de porter un jugement sur la fiabilité de son information. Cette analyse postérieure qui cherche à « préciser les termes en lesquels se pose, dans les *Essais*, le problème de la foi » (p. 163), fournit ainsi un pont à nos propres analyses linguistiques du phénomène de la croyance dans cette œuvre. Avant de terminer notre résumé des études sur la complexité de la pensée de Montaigne, il convient pourtant de reprendre le fil des premières analyses de Tournon, c'est-à-dire de revenir une dernière fois à l'apostrophe à la princesse. Il s'avère en effet que la mise en scène paradoxale des deux voix extrêmement différentes dans cette « préface » déplacée est un phénomène parfaitement polyphonique.

17. Voir *infra*, p 162.

C'est ce que démontre l'étude de T. Cave qui porte sur la fonction de la voix autoritaire qui fait irruption au milieu du « long corps » de l'*Apologie*[18]. Selon ce critique, l'espèce de paradoxe qu'elle instaure, en ce qu'elle conseille la modération et impose des contraintes aux « voyes extravagantes » suivies ailleurs dans l'*Apologie*, ne se neutralise pas par une critique après coup, mais subsiste à l'intérieur de l'apostrophe. Il insiste en fait sur le caractère montaignien de cette voix, condamnant avec un ton si autoritaire la « licence effrenée » du jugement individuel. En outre, la dénonciation par cette voix des « dangers de l'outrance inhérente au pyrrhonisme » ne vise pas un discours extérieur ou d'autres textes à arguments sceptiques, mais l'argumentation sceptique même de l'*Apologie*. L'apostrophe présente donc une autocritique des plus inattendues, car ici c'est la voix autoritaire qui censure la voix anti-autoritaire, à l'œuvre ailleurs dans l'*Apologie*, et non l'inverse. La conséquence de cette analyse est que la tension, ainsi inscrite au cœur même de l'*Apologie*, ne sera pas réduite ou neutralisée, mais fait co-exister deux voix radicalement différentes qui relèvent d'une même instance d'énonciation. Cave voit dans cette tension non-résolue un phénomène déconcertant, d'ordre psychologique autant qu'épistémologique, justifiant l'appartenance de l'*Apologie* à la série de textes ou de paratextes « troublés » de la même époque, qui traitent du scepticisme[19]. Le point essentiel de son analyse de l'apostrophe à la princesse se résumerait ainsi en une révélation de l'existence de deux faces d'une même voix, radicalement différentes, qu'il serait impossible de réduire ou de neutraliser. Pour décrire ce phénomène de duplicité de voix, le critique se sert d'une figure complexe, l'antipéristase, relevée dans le lexique de l'époque. Représentant la co-existence, successive ou si-

18. T. Cave, *Pré-histoires*, pp. 39-50.

19. L'auteur définit le terme « trouble » comme « le signe textuel d'une réponse psychologique à un phénomène qui pour nous est historique » (*ibid.*, p. 16)

multanée, de deux (ou plusieurs) attitudes, cette figure se centre, en conséquence, davantage sur le mouvement *entre* les attitudes que sur les attitudes en elles-mêmes. Désignant ainsi un équilibre instable, susceptible de se renverser aussitôt, cette figure capterait un aspect important de la pensée de Montaigne, en l'occurrence celui du mouvement, ou la dynamique entre une voix anti-autoritaire précédant et suivant l'apostrophe et une voix autoritaire dans celle-ci[20].

Résumons : ces trois manières différentes d'aborder la complexité de la pensée de Montaigne ont toutes trait au rapport de Montaigne avec le champ des croyances religieuses, ne serait-ce que parce qu'elles se réfèrent à l'apologie d'une œuvre théologique. Friedrich, en distinguant sa pensée en domaine théorique et domaine pratique, résout la question de la foi de Montaigne en faisant de son catholicisme une conduite pratique, purement formelle. Mais le problème ne s'évanouira pas pour autant, car il est forcé d'admettre que le catholicisme montaignien reste parfaitement sincère en dépit de son allure de pure formalité. Tournon, de son côté, escamote le problème de la foi de Montaigne dans ses premières analyses, en faisant de la logique paradoxale du pyrrhonisme le principe structurant de l'*Apologie*, tant sur le plan de l'argumentation que sur le plan éthique. Dans sa perspective, les fins religieuses cèdent la place aux fins pyrrhoniennes (l'ataraxie), ce qui a la conséquence de reléguer la religion à un plan secondaire. Dans ses analyses postérieures, en revanche, qui portent explicitement sur le problème de la foi de Montaigne, Tournon

20. Cave fait également une distinction entre les différents plans sur lesquels opèrent la voix de l'apostrophe et celle qui se fait entendre ailleurs dans l'*Apologie* : la première opère sur le plan moral, politique (correspondant à la réalité factuelle de son interlocutrice), la seconde sur le plan individuel permettant le libre exercice du jugement (*Pré-histoires*, pp. 40-41). Cette distinction correspond d'ailleurs à la scission que fait Friedrich de la pensée de Montaigne en domaine théorique et domaine pratique.

démontre comment Montaigne, puisqu'il adopte un système de validation qui se fonde sur des preuves testimoniales, non sur l'expérience ou la déduction, peut accepter la divinité comme critère de vérité, sans que cet accord soit accompagné de sa conviction intime. Exemple de l'existence de plusieurs voix ou points de vue dans le texte de Montaigne, la perspective non linguistique de ces analyses, s'avère en fait parfaitement compatible avec la nôtre.

Si nous avons repris, de façon si détaillée, ces analyses de H. Friedrich, de A. Tournon et de T. Cave, ce n'est pas parce qu'elles donnent une vue d'ensemble des rapports qu'entretient Montaigne au champ des croyances religieuses, ou bien qu'elles présentent des réponses univoques au problème de la foi de Montaigne, mais parce qu'elles représentent, chacune de leur manière individuelle, des explications de la réserve signalée par Montaigne envers ce champ épineux. Dans la mesure où cette réserve sera considérée dans nos analyses comme un phénomène qui préserve la pluralité des voix du texte, ou qui de toute manière ne réduit pas la pensée montaignienne à un discours monologique, ces études ont en fait des points communs avec la perspective adoptée ici. Dans notre perspective cette réserve sera présentée, plus précisément, comme une stratégie dont se sert Montaigne pour introduire plusieurs points de vue sur le phénomène de la croyance. À la différence des autres analyses pourtant, nous ne cherchons pas à tracer cette duplicité ou pluralité de voix au niveau du contenu, ni même sous forme de procédés rhétoriques, commentaires critiques, paradoxes ou *figurae sententiarum* ; mais plutôt telle qu'elle est marquée dans le langage lui-même par des traits de langue particuliers. C'est donc l'expression linguistique précise de cette polyphonie qui est notre domaine, véhiculée comme elle l'est, par les expressions que nous soumettons à l'analyse. Ces expressions, marqueurs linguistiques de polyphonie et d'évidentialité, constitueront toujours en conséquence le point de départ d'une analyse plus étendue, analyse qui comprendra d'abord le cotexte, ensuite le contexte[21].

Notre approche cherche ainsi à se frayer son propre sillon dans ce champ miné des croyances religieuses de l'époque, et plus précisément de l'expression montaignienne à ce sujet. Toujours est-il que cette approche se situera dans la même problématique « classique » qui caractérise les analyses mentionnées ci-dessus, et qui consiste à mettre à nu les mécanismes de la pensée complexe de Montaigne. À cet égard, le terme de « réserve » pourrait servir de notion commune à ces analyses, car elles semblent toutes, d'une manière ou d'une autre, se poser la question de savoir ce que signifie l'attitude réservée de Montaigne envers le champ des croyances religieuses de son temps[22]. Tel est au moins le point de départ de cette analyse. Elle se place ainsi sous le signe de la réserve, et les chapitres qui fournissent les exemples de l'analyse sont tirés de *Des Prières* (I, 56), de l'*Apologie de Raimond Sebond* (II, 12) et de *Du repentir* (III, 2). L'analyse commencera donc par deux exemples tirés de *Des prières*, non pour présupposer une suite chronologique, mais pour suggérer que l'intérêt que porte Montaigne à ce champ miné semble plus se centrer sur la croyance individuelle, le rapport individuel et privé entre l'homme singulier et Dieu, que sur la religion en tant qu'institution officielle ou culturelle. Il se pose la question de ce « que c'est que croire »[23], plutôt que de répondre

21. Pour ces notions, voir notre chapitre théorique, point 2.1.

22. Pour citer H. Friedrich, par exemple : « Mais quand Montaigne parle des dogmes chrétiens on est frappé par une double réserve... », *Montaigne*, p. 124. Cf. également l'épigraphe de ce chapitre.

23. II, 12, p. 442. Cf. également (et encore) l'article de A. Tournon qui porte cette citation comme titre.

à la manière d'un théologien aux problèmes de la vérification des dogmes[24].

3. *Des prières*, ou des différents langages à entretenir avec la divinité

Selon P. Villey, le chapitre *Des prières* (I, 56) constitue une clef de l'attitude religieuse de Montaigne[25]. Si l'essayiste s'est donné auparavant le droit de contester sur certains points l'enseignement de l'église catholique[26], il opère dans ce chapitre un divorce complet entre le domaine de la raison et le domaine de la foi, effectuant en un seul coup une « réparation » de ses erreurs du passé et une souscription sans réserve à la doctrine orthodoxe. Mais, comme le suggère A. Tournon, cette « réparation » relèverait davantage de l'*essai* pyrrhonien que d'une rétractation au sens strict du mot[27]. Car renoncer à une opinion tenue à une époque donnée, lorsqu'on la réexamine à une époque ultérieure, cela ne veut pas forcément dire qu'on rejette son contenu ; on pourrait très bien reconnaître, par exemple, que les fondements de cette opinion – ce qui la garantit comme vraie – ne tiennent pas. La décision de rejeter l'opinion résulte ainsi d'une explicitation des fondements sur lesquels elle repose, non de son contenu même. Pareillement, la « non-réserve », ou la souscription à la doctrine orthodoxe, ne

24. Comme dit H. Friedrich: « il ne s'occupe jamais en détail des dogmes paradoxaux, la trinité, le péché originel, l'incarnation, la mort du Rédempteur », *Montaigne*, pp. 117-118.

25. Voir la préface de ce chapitre dans l'édition Villey-Saulnier.

26. Plus précisément au début du chapitre « C'est folie de rapporter le vrai et le faux à notre suffisance » (I, 27, pp. 178-179).

27. Cf. l'article « Que c'est que croire », qui trace le cadre du développement de l'attitude religieuse de Montaigne jusqu'au chapitre I, 27. N'atteignant pas, selon le critique, « directement l'essentiel de l'expérience religieuse » de Montaigne, les réflexions sur la crédulité dans ce chapitre « composent un *essai* des conditions de celle-ci » (p. 165).

porte pas nécessairement sur son contenu, mais sur l'autorité qui la garantit, sur le fait qu'on ne peut pas contester le témoignage divin.

Puisque l'une des fonctions principales de nos expressions consiste à expliciter les fondements sur lesquels repose le contenu qu'elles introduisent, ces remarques préliminaires peuvent servir également d'une introduction à l'analyse. Celle-ci prend comme point de départ deux exemples, contenant le marqueur évidentiel *il semble que* et la loction adverbiale *à l'avanture*, qui se situent dans la dernière partie du chapitre I, 56. Ils introduisent, chacun à leur manière, des contenus qui actualisent le thème principal du chapitre. Celui-ci consiste à poser de manière implicite, à travers une critique incisive de l'hypocrisie observée dans les pratiques religieuses de l'époque, la question de savoir s'il est possible de fonder le rapport entre l'homme et Dieu sur l'authenticité, c'est-à-dire sur le contraire de l'hypocrisie. Le titre du chapitre indique le lieu où cette authenticité ou sincérité est susceptible de se réaliser : à travers la prière, l'homme peut établir un rapport individuel à Dieu sous forme de communication directe. Pourtant, comme le constate Montaigne, c'est plutôt le contraire qui est le cas. Loin d'utiliser la prière comme moyen de se réconcilier avec son créateur, l'homme ne prie le plus souvent que pour exprimer ses désirs vicieux : « L'avaricieux le prie pour la conservation vaine et superflue de ses trésors : l'ambitieux pour ses victoires, et conduite de sa fortune, le voleur l'emploie à son aide, pour franchir le hasard et les difficultés, qui s'opposent à l'execution de ses méchantes entreprises » (p. 324), et la liste pourrait se prolonger indéfiniment. N'ayant plus le pouvoir divin d'effectuer une transformation intérieure – transformation qui dépend de la grâce –, la prière est devenue un geste extérieur, un geste d'usage ou de coutume : « Nous prions par usage et par coutume, ou, pour mieux dire, nous lisons ou prononçons nos prieres. Ce n'est enfin que mine » (p. 319). La critique la plus hardie de cette pratique de la prière est formulée dans notre premier exemple :

> (a) *Il semble*, à la verité, *que* nous nous servons de nos prieres (c) comme d'un jargon et (a) comme ceux qui employent les paroles sainctes et divines à des sorcelleries et effects magiciens ; et que nous facions nostre conte que ce soit de la contexture, ou son, ou suite des motz, ou de nostre contenance, que depende leur effect. (p. 325)

Nous remarquons en premier lieu que l'analyse polyphonique de l'exemple se complique par l'emploi en incise de la locution adverbiale *à la vérité*, scindant le marqueur *il semble que*. Ces deux expressions conjugent des nuances contraires : à la nuance d'incertitude ou de doute véhiculée par *il semble que* s'ajoute celle de certitude véhiculée par *à la vérité*[28]. On pourrait ainsi s'imaginer que l'intrusion de la locution dans le marqueur aurait l'effet de supprimer ou de neutraliser la nuance de doute inhérente au verbe *sembler*[29]. Pourtant, comme je l'ai argumenté ailleurs[30], *à la vérité* apporte un commentaire sur la valeur épistémique de l'énoncé[31]. Puisque cette valeur est constituée par *sembler*, verbe principal de l'énoncé, la nuance de certitude que véhicule la locution ne neutralise pas celle de doute inhérente au *sembler*, mais constitue au contraire une sorte de confirmation de sa présence. Le fait que *à la vérité* se combine avec *il semble que* n'empêche donc

28. *À la vérité*, apparu en 1538, signifiait à l'époque « conformément à la vérité » ; voir le *Robert historique*.

29. C'est ce qu'ont fait les traductions suédoise et anglaise : « Det är faktiskt så at... » (J. Stolpe, *Montaigne. Essayer, Bok 1*, Stockholm, Atlantis, 1986, p. 391) ; « It really does seem that... » (M. Screech, *Michel de Montaigne. The complete Essais*, Harmondsworth, Penguin Books, 1991, p. 364).

30. Voir l'article « *Il semble à la vérité que*: expressions linguistiques de suspension dans les *Essais* de Montaigne ». [Online], *XV Skandinaviske Romanistkongress/Romansk forum* 16 2002/2, ss. 743-752. URL: http://www.digbib.uio.no/roman/Art/Rf-16-02-2/fra/Sellevold.pdf

31. Voir à cet égard également M. Nøjgaard, *Les adverbes français. Essai de description fonctionnelle*, Copenhague, Munksgaard, 1992, Tome I.

aucunement de soumettre le marqueur à une analyse polyphonique habituelle.

On se souvient que selon une telle analyse *il semble que* introduit dans l'énoncé une structure de polyphonie interne (non stricte), c'est-à-dire que le locuteur accepte le point de vue présenté, mais sans en prendre la responsabilité à titre définitif. En termes épistémiques, cela correspond au fait que le marqueur explicite la source du point de vue comme interne, ou comme composée à partir d'un certain nombre d'indices plus ou moins inconscients[32]. Le point de vue introduit par le marqueur constitue plus précisément la conclusion d'un raisonnement interne, de l'ordre de l'inférence. Donc si le locuteur suspend ses responsabilités envers le point de vue, c'est parce que celui-ci se fonde sur des indices qui ne sont pas très certains ou qui sont difficiles à vérifier. Ce type de suspension, qui correspond donc à la structure de polyphonie interne (non stricte), ne représente pourtant pas une réfutation du point de vue, mais simplement une réserve à l'égard de celui-ci.

Voyons maintenant si le cotexte est susceptible de confirmer l'analyse que nous venons de faire. Cela sera le cas si l'on peut découvrir, dans le texte précédant ou suivant l'exemple, le développement du même point de vue que dans celui-ci. Commentons d'abord le mot *car* qui introduit l'enchaînement. Puisque ce mot est toujours lié au locuteur[33], il confirme en fait à lui seul notre analyse. À cela s'ajoute qu'il introduit une explication du point de vue de l'exemple : si la prière ne constitue qu'un « jargon », ou une sorte de formule magique, dont l'effet dépend uniquement des propriétés rythmiques du langage – « contexture », « son », « suite des

32. H. Nølke, « La dilution linguistique des responsabilités », p. 87. A cet égard la fonction du marqueur *il semble que* constitue précisément l'une des techniques (linguistiques) dont se sert Montaigne pour effectuer le placement de sa pensée dans l'ordre du témoignage personnel dont parle A. Tournon dans l'article « Que c'est que croire » ; voir *supra* p. 123 sqq.

33. O. Ducrot, *Les mots du discours*, p. 47 sqq.

motz » – ou de la « contenance » de celui qui prie, c'est que ce dernier a « l'ame pleine de concupiscence », état qui l'amène à croire que « presenter [des] parolles que la memoire preste à [sa] langue » suffit pour obtenir l'expiation de ses fautes. L'enchaînement de l'exemple confirme donc que le locuteur est prêt à prendre, du moins provisoirement, la responsabilité d'un point de vue qui conçoit la pratique de la prière comme servant plutôt « à des sorcelleries et effects magiciens » qu'à obtenir, comme la « vraye priere », une « reconciliation envers Dieu ». Autrement dit, le locuteur accepte, même si ce n'est qu'à titre provisoire, un point de vue qui complique sensiblement l'observation des pratiques religieuses de l'époque.

Il convient ensuite de se demander pourquoi le locuteur se distancie ou se réserve à l'égard de ce point de vue, pourquoi il n'en prend pas la responsabilité à titre définitif. Dans un premier temps, on peut s'imaginer que son contenu, qui en fait va jusqu'à remplacer le pouvoir divin de la prière par des effets de magie et de sorcellerie, contiendrait de quoi choquer le public de l'époque. Dans ce cas, la réserve ou la distance entre locuteur et point de vue indiquée par le marqueur *il semble que* relèverait de la prudence ; en d'autres termes, il s'agirait d'une démarche destinée à atténuer la portée critique du point de vue, pour ne pas attirer l'attention malveillante des autorités. Cette démarche fait penser au préambule du chapitre, introduit dans l'édition de 1582, au moyen duquel Montaigne suspend – par une déclaration explicite d'obédience à la doctrine de l'Eglise Catholique – ses responsabilités envers d'éventuels propos téméraires, susceptibles d'y porter atteinte, qui se seraient « ignoramment ou inadvertamment » glissés dans le chapitre. Cette déclaration semble être destinée à désamorcer les propos hardis, sinon provocants, qui constitueraient le corps du chapitre. On pourrait ainsi suggérer que le marqueur a la même fonction : il accomplit linguistiquement un geste de suspension analogue à celui du préambule, pour prévenir une éventuelle censure. Comme l'ont noté plusieurs critiques pourtant, il s'agit dans ce préambule d'une démarche plus complexe que celle de la simple prudence[34]. Si l'on peut supposer que Montaigne a préféré faire acte de soumission plutôt que de changer ses propos[35], il demeure un fait que ceux-ci ne portent pas sur les dogmes proprement dites, mais simplement sur une pratique religieuse quotidienne, à quoi s'ajoute encore que personne ne soupçonne plus la sincérité de ce geste. En effet, plutôt que de considérer le préambule comme une démarche de prudence, on a tendance aujourd'hui à y voir une séparation nette entre le domaine profane et le domaine religieux. Une telle séparation permet d'exercer une pensée libre et critique sans pour autant porter atteinte au domaine religieux, puisque la pensée en question se donne comme profane et sans autorité. Dans l'exemple suivant, nous considérerons en plus de détails la manière dont un tel procédé peut être accompli linguistiquement. Pour ce qui concerne l'exemple présent, nous allons nous limiter à mettre en lumière un des effets qui peut en résulter.

En commentant la séparation qui s'effectue entre le domaine sacré et le domaine profane dans le préambule de notre chapitre, J.-Y. Pouilloux suggère qu'elle « s'accorde avec un scepticisme radical »[36]. C'est justement l'effet produit par ce type de scepticisme radical qu'est le pyrrhonisme, qui nous intéresse. Nous avons déjà mis le phénomène de l'essai pyrrhonien – qui consistait, rappelons-le, à faire porter le rejet d'une opinion non pas sur le contenu de celle-ci, mais sur une explicitation de ses fondements précaires –

34. Voir par exemple J.-Y. Pouilloux, « Dire à demi », *BSAM*, 15-16 (juillet-décembre 1999), p. 18 ; J. Céard et collaborateurs (éd.), *Les Essais*, Paris, Livre de poche, 2001, p. 513, note 9.

35. Le cas le plus connu est le mot « hasard » que Montaigne ne remplaca pas par « providence », refusant ainsi de suivre le conseil des censeurs du Saint Office.

36. Voir J.-Y. Pouilloux, « Dire à demi », p. 19.

en rapport avec notre marqueur. La fonction générale de celui-ci est d'expliciter la source du point de vue qu'il introduit. Lorsqu'on considère cette source, la seule vérité en fait qu'accorde le locuteur au point de vue, selon le marqueur, c'est qu'il est fondé sur un raisonnement interne, à partir d'indices plus ou moins inconscients. En d'autres termes, non seulement le marqueur inscrit le point de vue dans l'ordre du témoignage personnel ; il indique encore que celui-ci est dénué de garantie comme d'autorité. Dans cette perspective, la réserve dénotée par le marqueur pourrait très bien constituer une mise en garde contre la critique qui est véhiculée par le point de vue, et qui attribue à la prière une fonction de magie noire (« sorcelleries et effects magiciens ») plutôt qu'une fonction divine. Ce retour sur les propos du locuteur lui-même, qui lui rappelle de porter le doute non seulement sur les propos des autres, mais également sur les siens propres, serait précisément l'exemple d'un scepticisme radical tel qu'il a été défini par l'essai pyrrhonien.

Il est même possible d'argumenter que cette mise en garde sui-référentielle, pour ainsi dire, est tout à fait nécessaire dans le contexte global du chapitre. La critique la plus sevère que fait Montaigne contre la prière porte sur la flexibilité de ses propos, flexibilité qui l'expose à être exploitée à tout dessein, à exprimer même les désirs les plus vicieux. Il existe pourtant une prière qui échappe à cette critique, notamment le « patenostre » ou le Notre Père[37]. Dictée par Dieu même, instituée donc de telle manière que ses propos ne puissent être changés, elle n'exprime que les vœux « d'une ame exempte de vengeance et de rancune » (p. 323). Si Montaigne recommande de se limiter à cette prière, de l'avoir continuellement dans la bouche, ce n'est donc pas seulement parce qu'il est incapable de se souvenir d'autres prières, mais parce qu'elle constitue un moyen possible d'obtenir une vraie réconcilia-

37. Voir à cet égard G. Nakam, *Les* Essais *de Montaigne. Miroir et procès de leur temps*, Paris, Nizet, 1984, p. 108.

tion avec Dieu. On peut donc déduire à partir du contexte global du chapitre un point de vue qui est susceptible de réfuter en partie celui exprimé par notre exemple. Ce point de vue admet plus précisément que la prière a bien la fonction de formule magique ou de sorcellerie que lui attribue l'exemple, mais pas dans tous les cas. Le locuteur admet donc en principe la validité du point de vue, tout en admettant la possibilité d'exceptions.

À une condition près pourtant. Car une telle exception, qui investit dans la prière un pouvoir de réconcilier l'homme avec Dieu, ne s'obtient que si ce premier a « l'ame nette » dans le moment où il prie. Cette exigence d'authenticité ou de sincerité, qui se formule deux fois en fait dans le chapitre (p. 319 et p. 325), suggère que la « loy divine » ne sera pas si douce ni si favorable si l'homme ne reçoit pas son « pardon avec action de grâces », c'est-à-dire s'il n'a pas « l'ame nette » lorsqu'il s'adresse à Dieu. Toujours est-il que cette condition n'évacue pas la *possibilité* d'une telle faveur divine ; c'est du moins ce qui est suggéré par le marqueur *il semble que*. Enfin, la présence de celui-ci dans l'exemple signale peut-être plutôt le souhait d'un retour à la simplicité des pratiques religieuses du début du siècle[38], que la nécessité d'une reforme de la prière. Voilà pourquoi Montaigne accorderait une telle importance au Notre Père, cette prière qui en dépit de sa simplicité toutefois « dit tout ce qu'il faut ». Ce qui nous retient ici, pourtant, c'est la difficulté de faire de la pensée de Montaigne, et des points de vue

38. L. Febvre, *Au cœur religieux du XVIe siècle*, Paris, S.E.V.P.E.N, 1968, 2e éd., note précisément ce trait individuel, privé, caractéristique des pratiques de la prière du début du siècle : « une prière directe, silencieuse et sans apparat [...]. Partout la simplicité de l'Evangile » (p. 287). Il ne trace l'introduction de la notion de décor dans la prière qu'aux années 1560 : « Après 1560, partout attesté, un besoin de décor, de faste, de dorure » (*ibid.*). Dans cette perspective la critique montaignienne de la prière comme « sorcelleries et effects magiciens », s'apparenterait à une critique du manque de simplicité qui caractérise la prière dans la seconde moitié du siècle.

qu'il présente, l'expression catégorique de tel ou tel courant religieux. La présence de plusieurs points de vue dans ses énoncés, confirmée par la structure polyphonique de notre exemple, en est précisément une indication. La prière, en tant que relation individuelle entre l'homme et la divinité, deviendra dans cette perspective un lieu privilégié, le seul peut-être où une « reconciliation de nous à Dieu » puisse être obtenue. Ce serait là l'une des raisons pour faire de la prière le thème du chapitre qui nous concerne. Le point de vue auquel fait allusion le marqueur *il semble que*, suggérant la possibilité d'une pratique sincère de la prière, indique la recherche d'une expérience religieuse individuelle qui ne soit pas commandée par des autorités orthodoxes, réformatrices ou autres, mais par une sincérité qui ne se laisse pas définir en termes d'étiquettes catégorisantes.

4. Ce qu'on ne dirait pas sans apparence

Le deuxième exemple que nous allons considérer dans le cadre de ce chapitre sur les prières se rattache à bien des égards également au problème de l'authenticité. Mais là où cette question se restreignait, dans notre premier exemple, à l'énonciation de la prière, elle s'élargit ici au point de toucher à toute énonciation sur la religion en général. Il s'opère pourtant une limitation importante par rapport au mode d'expression, car il s'agit ici d'une expression *écrite*. En d'autres termes on n'est plus dans le domaine de la parole orale comme dans le premier exemple. L'écart entre ces deux formes d'expression, écrite et orale, est mis en évidence par les remarques sur les traductions de la Bible : « la liberté à chacun de dissiper une parole si religieuse et importante à tant de sortes d'idiomes, a beaucoup plus de danger que d'utilité. [...] En prechant et parlant, l'interpretation est vague, libre, muable, et d'une parcelle ; ainsi ce n'est pas de mesme » (p. 321). Ces remarques laissent entendre que l'enjeu de l'expression écrite est bien plus grave que celui de l'expression orale. Un ajout tardif mesure les dangers inhérents à l'appropriation humaine de la parole divine : « C'estoyent autrefois mystères ; ce sont à present desduits et esbats » (*ibid.*). Interprétée par des « ignorants », la Bible s'est corrompue et deviendra « science verbale et vaine, nourrice de presomption et de temerité » (*ibid.*). Cette conception très négative de la capacité humaine à interpréter la parole divine semble faire appel à une orthodoxie intransigeante ; elle est d'ailleurs à l'origine du besoin de restrictions qui s'exprime dans notre exemple. La « loy utile » qui s'y dessine, imposant à la quasi totalité des hommes une expression très restreinte à ce sujet, constitue à cet égard une sorte de contrepoint aux dangers d'un surcroît d'interprétations.

On n'aura donc plus affaire ici à la « loy divine », prête a accorder sa faveur à l'homme comme dans l'exemple précédent, mais à une loi bien humaine qui fait que l'homme n'est plus libre d'interpréter à sa guise la parole divine :

> (b) Et ne diroit on pas aussi sans apparence, que l'ordonnance de ne s'entremettre que bien reserveement d'escrire de la Religion à tous autres qu'à ceux qui en font expresse profession, n'auroit pas faute de quelque image d'utilité et de justice ; et, à moy avecq, *à l'avanture*, de m'en taire.[39] (p. 323)

Seuls les théologiens, « ceux qui en font expresse profession », sont exempts de l'« ordonnance » d'écrire « bien reserveement » sur la religion. Ce contenu, pris à la lettre, représente en fait une sorte d'autocensure, car l'ordonnance ne frappe pas seulement « tous autres », mais aussi « moy ». En outre, la restriction imposée

39. L'édition Villey-Saulnier ajoute ici un point d'interrogation, montrant qu'on a interprété l'énoncé comme une interrogation. Pour le problème du mode de l'énoncé, voir la première partie de notre analyse.

à « moy » n'est pas celle de la réserve seulement ; elle va jusqu'au silence.

L'exemple présente pourtant une complexité dans la forme qui suggère qu'une telle interprétation est moins évidente qu'elle ne paraît. Cette complexité est surtout liée au nombre des éléments de réserve, qui comprend plusieurs négations syntaxiques (*ne...pas...ne...pas*) et lexicales (*sans apparence, faute*)[40], des modes conditionnels (*diroit, aurait*), l'adjectif indéfini *quelque*, et enfin la locution adverbiale *à l'avanture*. À cela s'ajoute que l'inversion complexe (verbe-sujet) « ne diroit on pas » semble indiquer qu'il s'agit d'une question totale, plus précisément d'une « interronégative », donc d'un énoncé qui combine l'interrogation avec la négation syntaxique[41]. Permettons-nous dans un premier temps de faire l'hypothèse qu'on a effectivement affaire à une interronégative. Cette structure, qui est d'ailleurs conforme à la ponctuation de l'édition Villey-Saulnier, présente un intérêt particulier dans notre perspective. Dans la mesure où elle marque, au niveau de la phrase, un conflit d'orientations – la trace donc d'un débat intérieur du locuteur entre deux réponses possibles, l'une positive et l'autre négative –, elle se révèle précisément comme un phénomène polyphonique[42]. Cette double orientation de l'interronégative, sa capacité d'appeler à la fois une réponse oui et une réponse non, se résout pourtant le plus souvent au niveau de

40. Pour la question de l'emploi de la négation chez Montaigne, voir l'article de Z. Samaras, « La fonction de la négation dans le "Troisième Livre" ». L'une des sources théoriques de cet article est la théorie linguistique de polyphonie (version Ducrot). Les analyses de l'article adoptent pourtant une approche plutôt psychologique et/ou philosophique que sémantico-pragmatique, et ne considèrent pas, en conséquence, la fonction des négations par rapport au contexte.

41. Pour un traitement détaillé du fonctionnement de l'interronégative, voir B. Callebaut, *La négation en français contemporain. Une analyse pragmatique et discursive*, Bruxelles, AwlsK, 1991.

42. Callebaut fait appel à la notion de polyphonie à plusieurs reprises dans sa description.

l'énoncé[43], où elle sera définie tantôt comme une interronégative à valeur « argumentative », qui appelle une réponse positive, tantôt comme une interronégative à valeur « vraie » qui, elle, appelle une réponse négative. Dans notre exemple, il s'agirait de la première orientation, celle à valeur argumentative, qui appelle donc une réponse oui ; celle-ci serait en fait marquée linguistiquement par l'inversion complexe (verbe-sujet) et le terme à polarité positive *aussi*[44]. On pourrait donc conclure qu'il s'agit d'une structure de polyphonie interne (non stricte)[45], c'est-à-dire d'un point de vue que le locuteur accepte, ce qui implique qu'il demande un assentiment relatif à la valeur positive de sa question. Selon cette analyse, le locuteur approuverait (et demande à son interlocuteur de le faire aussi) une loi qui non seulement restreint la liberté d'expression dans le domaine religieux à ceux qui n'en sont pas des experts, mais qui va jusqu'à imposer au locuteur lui-même, au « moy », de se taire. On remarque pourtant que cette analyse est contredite par la locution adverbiale *à l'avanture* qui, rappelons-le, entraîne la polyphonie externe lorsqu'elle est attachée à une construction elliptique, ce qui dénoterait plutôt un refus du point de vue de la part du locuteur. Ainsi, l'exemple ne serait pas moins complexe au niveau polyphonique qu'il ne l'est au niveau syntaxique.

Telle était l'interprétation que nous proposions dans une première version de ce travail. Elle présente pourtant un sérieux désa-

43. Cela n'est pourtant pas toujours le cas. Certaines interronégatives peuvent orienter dans les deux sens, même au niveau de l'énoncé. Dans le cas de « Tu n'es pas de mon avis ? », par exemple, c'est l'intonation qui est l'élément discriminatif.

44. Je renvoie au livre de B. Callebaut, voir note 41, pour une description détaillée des éléments formels susceptibles de préciser l'orientation de l'interronégative.

45. Le terme « non stricte » renvoie ici au fait que la réduction à une seule orientation (tout à fait nécessaire sur le plan interlocutif) ne modifie en rien le caractère d'orientation à double sens des interronégatives, qui subsiste même après désambiguïsation, c'est-à-dire au niveau de la phrase.

vantage du fait que l'inversion complexe n'implique pas automatiquement une interrogation à l'époque ; la conjonction *et* en tête de phrase entraîne souvent l'inversion verbe-sujet, sans qu'il soit question d'une interrogation[46]. La présence de cette conjonction dans notre exemple exclut la possibilité d'interpréter celui-ci comme une interrogation. À cette objection s'en ajoute une autre : pour maintenir l'hypothèse de l'interronégative, il faut supposer la présence d'un morphème négatif *non*, associé à la négation lexicale *sans apparence*, qui est pourtant absent de l'énoncé. Sans cet élément négatif, qui aurait permis de transformer la double négation *non sans apparence* en une tournure positive *assez plausible[ment]*[47], il conviendrait en fait d'interpréter la question comme s'ensuit : Et ne serait-il pas aussi sans apparence (peu plausible) de dire que l'ordonnance ... ne manquerait pas d'avoir quelque apparence de justice ? Autrement dit, l'énoncé demanderait à l'interlocuteur d'admettre que oui, il est en effet peu plausible de dire que l'ordonnance a quelque apparence de justice. On aurait là une lecture qui dans le contexte semble sinon contradictoire, du moins peu probable[48]. Pour obtenir l'interprétation souhaitée de l'énoncé, qui permet de dire ce « oui » non pas sans, mais *avec* apparence, nous avons été obligée de supposer qu'un hasard de l'écriture ou de l'impression avait fait tomber le morphème négatif

46. Voir l'appendice grammatical, règle 29, dans l'édition de 1595 (J. Céard et collaborateurs), p. 1756.

47. C'est ce que fait une annotation de l'édition du texte de 1595 par J. Céard et collaborateurs (voir p. 523, note 12) : « Et ne serait-il pas aussi assez plausible de dire... ». Cette paraphrase de l'exemple semble suggérer qu'on l'a interprété, à l'instar de l'édition Villey-Saulnier, comme une interronégative, sans qu'on soit allé pourtant jusqu'à ajouter un point d'interrogation dans le texte.

48. La plupart de ceux qui ont commenté l'expression (surtout les traducteurs) l'ont transformée en tournure positive comme l'édition de 1595 (J. Céard et collaborateurs). Cela est le cas de la traduction anglaise : « apparently reasonably » (M. Screech) et danoise : « med rimelighed » (E. Henneberg Pedersen). D'autres l'ont carrément supprimée, comme la traduction suédoise (J. Stolpe) par exemple.

non, et de restituer celui-ci conjecturalement au texte[49]. Cette démarche, suspecte en elle-même, devenait pourtant superflue dès qu'on reconnaissait la structure « et + inversion », et nous avons fini par admettre que notre première lecture était mal fondée.

Supposer qu'il s'agit d'un énoncé négatif simple, plutôt que d'une interronégative, présente tout de suite un avantage dans la mesure où les différents marqueurs de polyphonie n'entrent plus en conflit dans l'énoncé ; la négation syntaxique aussi bien que la locution adverbiale – la dernière par sa position – signaleraient maintenant la polyphonie externe. Cette interprétation aurait donc été tout à fait convaincante, à une difficulté près : il ne s'agit pas en fait d'un énoncé négatif simple. On a en revanche affaire à un énoncé complexe qui, rappelons-le, ne renferme pas seulement une négation syntaxique, mais deux : « Et *ne* diroit on *pas* ... que l'ordonnance ... *n'*aurait *pas* quelque faute... ». Aussi, si l'on ne peut pas parler de double négation par rapport à *sans apparence*, on le peut en revanche par rapport à la forme globale de l'énoncé, qui est bel et bien une double négation. On n'a ainsi pas affaire à un énoncé négatif simple, mais à une double négation qu'on peut transformer en l'énoncé positif suivant : Et il serait aussi peu plausible de dire que l'ordonnance ... manquerait quelque apparence de justice. Le fait qu'il s'agit d'une négation double a également des conséquences sur le plan polyphonique, car une telle construction ne peut pas, comme la négation syntaxique, introduire deux points de vue opposés dans l'énoncé, mais seulement signaler une réserve à l'égard du point de vue du contenu. Aussi n'introduit-elle pas une structure de polyphonie externe (stricte), mais simplement une

49. On aurait pu penser que *ne*, partie de la négation syntaxique *ne...pas* de la principale (« Et *ne* diroit on *pas*... »), assure la fonction de double négation de *sans apparence*. Mais si ce morphème modifiait *sans apparence*, cela effectuerait une réduction de la négation syntaxique, ce qui est incompatible avec la forme interronégative qui en exige la forme pleine.

structure de polyphonie interne (non stricte), soit un effet atténuatif plutôt que réfutatif[50]. On en vient ainsi par cette seconde interprétation exactement au même résultat que si l'on avait eu affaire à une interronégative (à valeur argumentative), qui elle aussi, rappelons-le, aurait marqué une structure de polyphonie interne (non stricte). Le locuteur accepterait donc en principe la validité du contenu positif de l'énoncé (il serait peu plausible de dire que l'ordonnance ... manquerait quelque apparence de justice[51]). Pourtant, comme on l'a vu, cette seconde interprétation ne parvient, elle non plus, à resoudre le problème des différents marqueurs de polyphonie – double négation et locution adverbiale – qui entrent en conflit dans l'énoncé. L'accord du locuteur au point de vue du contenu est en fait tellement entaché de réserves sur le plan formel (double négation, modes conditionnels, locution adverbiale etc.), qu'il semble légitime de se poser la question de savoir s'il s'agit d'un accord réel ou s'il n'est pas simplement apparent.

Cette question nous permet enfin d'aborder le constituant contenant la locution adverbiale *à l'avanture* : « et, à moy avecq, *à l'avanture*, de m'en taire ». Puisqu'elle est précisément un élément de réserve, l'un des objectifs de son analyse est de situer sa fonction par rapport aux éléments de réserve déjà traités. Nous remarquons qu'elle fait partie d'une construction tres elliptique[52], qui

50. Pour la distinction entre la négation polémique (fondamentale) et les négations (dérivées) descriptives, métalinguistiques, voir O. Ducrot, *Le dire et le dit*, p. 214 sqq., ainsi que H. Nølke, *Le regard du locuteur*, pp. 213-259 ; *Linguistique modulaire*, pp. 223-258.

51. Il serait sans doute possible d'argumenter que si l'on transforme les négations lexicales *peu plausible* et *manquerait* en des locutions positives (il serait assez plausible de dire que l'ordonnance s'investirait de quelque apparence de justice), on en viendra au même résultat que si le morphème négatif *non* était présent dans le texte (et qui effectivement est la solution de l'édition de 1595 (J. Céard et collaborateurs), mais cela n'est plus de la linguistique.

52. Expression empruntée à l'édition de 1595, p. 524, note 4.

s'accroche à la fin de l'énoncé. Commentons donc d'abord cette position qui paraît en fait peu habituelle. Les nombreux parallélismes avec les constituants qui qualifient le sujet (« l'ordonnance ») – tous introduits par la même préposition *à*, tous contenant des infinitifs, la présence (dans plusieurs) de l'adverbe pronominal *en* – suggèrent en effet que sa position normale serait non pas à la fin, mais plutôt coordonnée à ceux-ci : « que l'ordonnance de ne s'*entremettre* que bien reserveement d'*escrire* de la Religion *à* tous autres qu'*à* ceux qui *en* font expresse profession, et, *à* moy avecq, à l'avanture, de m'*en taire*, n'aurait pas faute... ». Nous remarquons pourtant que le constituant ne reçoit pas d'accent particulier dans cette position, ce qu'il fait en revanche lorsqu'il occupe la postposition. Cela permet de formuler une hyphothèse selon laquelle le constituant est mis en postposition parce que le locuteur a voulu en faire l'élément focalisé de la phrase[53]. Plusieurs arguments viennent à l'appui de cette hypothèse. D'abord, c'est bien connu que le dernier segment d'une phrase en français constitue normalement l'élément focalisé[54]. Ce sont ensuite précisément des éléments non focalisés de la phrase qui « tombent » dans des constructions elliptiques[55]. La présence de *à l'avanture* constitue enfin un dernier argument ; l'une de ses propriétés est précisément de s'attacher facilement à l'élément focalisé de la phrase[56].

Avant de relever les implications que cette postposition de la construction elliptique aura pour l'interprétation du sens de l'énoncé, nous remarquons que sa coordination avec les consti-

53. En latin, la position de « tête », soit ante-, soit postposition, était également une manière de faire un élément de la phrase l'élément central.

54. Voir H. Nølke, *Le Regard du locuteur*, chapitre 3, 1.3.

55. H. Nølke, *Linguistique modulaire*, p. 39. On suggère que le type d'ellipse dont il s'agit ici relève du groupe « coordinations de constituants du même type », H. Nølke, *Le regard du locuteur 2. Pour une linguistique des traces énonciatives*, Paris, Kimé, 2001, p. 304.

56. H. Nølke, *Le Regard du locuteur*, p. 149.

tuants auquel il « appartient », met très bien en évidence le caractère « scalaire » du prédicat[57]. L'expression écrite de la religion se répartit sur une échelle qui va de la liberté d'expression sans restriction, passe par l'expression réservée, et aboutit au silence. Les théologiens, « ceux qui en font expresse profession », qui bénéficient d'une liberté totale d'expression en matière de religion, occupent notamment l'un des extrêmes de l'échelle, alors que « tous autres » doivent se contenter « d'escrire bien reserveement », donc de la position moyenne. Enfin, comme il a été remarqué au début de l'analyse, ce n'est que « moy » qui est frappé de silence. Il se situe donc à l'autre extrême de l'échelle, celle qui supprime toute liberté d'expression. Cette position au bout de l'échelle fait en effet pendant à la position du constituant contenant « moy » dans l'énoncé. Ne se trouvant pas à sa place habituelle dans l'enchaînement qui établit l'échelle, mais tout à la fin, ce déplacement crée un effet de relief par rapport aux autres éléments de l'énoncé. La place de « moy » dans l'énoncé, à l'extrême bout, souligne sa place, aussi à l'extrême bout, sur l'échelle par laquelle se répartira l'expression écrite de la religion, conférant un accent très fort à cette position. C'est donc précisément « moy » qui, réduit au silence, enlevé de sa place habituelle dans l'enchaînement et placé à la fin, constitue l'élément focalisé de l'énoncé.

Passons maintenant à la locution adverbiale *à l'avanture* dont on sait qu'elle s'attache facilement à l'élément focalisé d'une phrase. La théorie polyphonique affirme que dans une telle position, la locution assume souvent la fonction de provocateur de polyphonie externe, c'est-à-dire que le point de vue présenté est attribué à un autre être discursif que le locuteur. Une telle situation peut survenir si, par exemple, l'élément focalisé est une construction elliptique, ce qui est précisément le cas de notre exemple.

57. Nous traiterons le phénomène de la gradation de manière plus détaillée, aux niveaux formel et rhétorique, dans le chapitre 4, deuxième section.

Aussi la structure polyphonique déclenchée par la locution serait-elle celle de la polyphonie externe. Le cotexte de l'exemple permet normalement de vérifier s'il s'agit vraiment d'une telle structure. Rappelons cependant, avant de continuer, que notre analyse de la structure de double négation de l'énoncé avait suggéré qu'il s'agit d'une structure de polyphonie interne au sens non strict. L'analyse que nous venons de faire de la locution adverbiale serait donc – comme nous l'avons indiqué à plusieurs reprises déjà – en contradiction avec cette analyse. À cela s'ajoute le fait que l'enchaînement de l'exemple présente des problèmes particuliers qui compliquent la vérification de sa structure à partir du cotexte. L'exemple lui-même relève de la couche (b), donc d'un texte ajouté entre 1580 et 1588. Son enchaînement, en revanche, reprend la couche (a), dont la date de composition est incertaine ; Villey la situe entre 1572 et 1580. Quant au texte qui précède l'exemple, c'est une addition (c), qui s'ajoute donc après 1588. Cette addition est à son tour précédée par d'autres additions (b) et (c). Ce bricolage montre en effet que la réflexion sur l'expression *écrite* de la religion se trouve uniquement dans des additions, ajoutées à différentes époques. Commençant par la critique des traductions de la Bible (une addition (c)) à la page 321 : « Plaisantes gens, qui pensent l'avoir rendue maniable au peuple, pour l'avoir mise en langage populaire! », cette réflexion s'arrête avec l'« ordonnance » de notre exemple ; on dirait que son exigence de silence joue sur plusieurs plans. Ailleurs dans le chapitre on a affaire uniquement à l'énonciation orale de « la parole de Dieu »[58]. L'enchaînement de l'exemple, qui relève de la couche (a), approuve par exemple le fait

58. A l'exception de l'introduction du chapitre, « Je propose des fantasies informes et irresolues... » (p. 317). Pourtant, bien qu'elle relève de la couche (a), cette introduction est quand même une addition, ajoutée par Montaigne en 1582 (elle apparaît dans l'édition de cette année) après l'inspection du texte par le Vatican, lors de son voyage à Rome.

que les protestants prohibent « l'usage du nom de Dieu en leurs propos communs ». On est donc renvoyé au texte qui précède l'exemple pour trouver des indices susceptibles de vérifier la structure polyphonique externe déclenchée par la locution adverbiale.

Ce texte, qui commence deux pages auparavant par la critique contre les traductions de la Bible, est ainsi constitué par une addition (b) dans laquelle s'intercalent des ajouts (c). Si cela rend plus difficile de trouver des indices qui confirment la structure polyphonique de notre exemple, il est toujours possible d'établir des rapports (ne fût-ce que sous-jacents) entre les arguments qui précèdent l'exemple et le contenu de celui-ci, formulant l'« ordonnance » qui limite la liberté d'écrire sur la religion. La crainte de la diffusion sans restrictions de la parole de Dieu, exprimée à partir d'un point de vue subjectif (« Je crois aussi ... », p. 321), en est précisément un exemple. On trouve cependant des rapports plus explicites au contenu de l'exemple dans le texte qui précède immédiatement celui-ci. Ce passage, en recommandant un style exclusif pour l'expression de la religion (« Que les raisons divines se considerent plus venerablement et reveramment seules et en leur stile... »), semble s'en prendre à des théologiens qui « escrivent trop humainement ». Mais plutôt que de constituer une critique d'écrits qui mêlent théologie et philosophie, la distinction que fait le passage entre deux « langages », le « dire humain » et le « parler divin », représente une exposition de la nature différente de l'autorité qui leur sert de garantie. Tandis que le « parler divin » est investi de « dignité, majesté, regence », le « dire humain » se sert de « ses formes plus basses », « fortune », « d'estinée », « accident » etc. L'addition tardive précise en quoi consiste cette différence d'autorité : là où les expressions du parler divin sont « incapables de doubte et d'altercation », celles du dire humain ne peuvent que s'y exposer. Aussi la distinction en deux « langages » ou « stiles », l'un réservé au « parler divin », l'autre au « dire humain », démontrera-t-elle la nécessité d'une « ordonnance » qui impose des restrictions à ce dernier. Le premier est réservé aux théologiens, exprimant « ce qu'[on] croi[t] selon Dieu », le dernier à « tous autres », exprimant des « fantasies humaines » qui, si elles sont marquées de réserve, montrent qu'elles n'échappent pas au « doubte et altercation ». La réserve ne s'impose donc pas au niveau du vocabulaire, restreignant le choix des mots, excluant les mots « fortune », « d'estinée » etc., mais concerne le statut de l'autorité « humaine » qui leur sert de garantie[59].

Bien que ce passage présente, à cause des ajouts (c), un aspect morcelé, il est toujours possible d'y repérer un point de vue qui ne soit pas en contradiction avec celui de l'exemple. Le passage réfuterait donc l'idée qu'il s'agit d'une structure de polyphonie externe dans l'exemple[60], à savoir d'un point de vue avec lequel le locuteur est en désaccord, comme l'indique la présence de la locution adverbiale. Pourtant, si l'on retourne encore une fois au passage, on voit qu'il s'opère en fait une inclusion de « moy » dans la catégorie de « tous autres », car c'est précisément « moy » qui se sert de « formes plus basses » : « *Je* luy laisse, pour *moy*, dire [...] fortune, d'estinée, accident... »[61]. Dans l'exemple, en revanche, « moy » est, comme on l'a vu, exclu de cette catégorie, étant le seul qui en soit extrait et frappé de silence. Il existe donc quand même une contradiction entre le point de vue du passage et celui de l'exemple, mais qui ne touche qu'une partie de l'énoncé, notamment celle qui frappe « moy » de silence. Aussi la locution adverbiale assumerait-elle la fonction de provocateur de polyphonie

59. Ceci à la différence du Vatican qui a censuré de tels mots en examinant les *Essais* lors du stage de Montaigne à Rome en 1580-81.

60. Ce qui serait tout à fait en conformité d'ailleurs avec l'analyse de la structure globale de l'exemple, selon laquelle, rappelons le, il s'agit d'une structure polyphonique interne.

61. C'est nous qui soulignons.

externe, fonction qui implique un désaccord, ou lien de dissociation, entre le locuteur et le point de vue qu'il présente. Mais cette dissociation ne s'opère que sur le membre de l'énoncé qui contient la locution (et « moy »), à savoir l'élément focalisé. Quant au reste de l'énoncé, son contenu confirme que ce ne sont que les actions de « moy » qui sont en contradiction avec le cotexte de l'exemple. Cette partie, qui concerne « tous autres » et les théologiens, s'enchaîne sans problème à partir de la distinction en langage « divin » et « humain » ; dans cette partie l'enchaînement entre le cotexte et l'exemple est donc parfaitement logique. Il n'y a ainsi aucun problème à établir une structure polyphonique interne non stricte pour cette partie.

On aura remarqué que les résultats de cette dernière analyse sont parfaitement en accord avec les propriétés polyphoniques de la double négation qui détermine la structure globale de l'énoncé. Cela nous permet de suggérer que l'exemple est composé en effet de *deux* structures polyphoniques différentes : celle de la polyphonie externe, correspondant à l'ellipse contenant la locution adverbiale, et celle de la polyphonie interne, correspondant au reste de l'énoncé. C'est sans doute la structure syntaxique particulière de l'exemple, qui n'intègre qu'à peine la construction elliptique, qui permet une telle hypothèse. On pourrait peut-être argumenter en faveur de cette hypothèse également à la lumière de la structure polyphonique de l'énoncé global. Du fait que celle-ci est interne au sens *non* strict, non simplement interne au sens strict, elle comporterait une plus grande possibilité de faire intervenir un point de vue qui s'oppose à celui du contenu[62]. Cela semble du moins être suggéré par la densité des éléments de réserve, qui pour ainsi dire

62. On se souvient que le terme *sens non strict* implique la présence d'autres êtres discursifs (à côté de celui que représente le locuteur) dans l'énoncé, qui sont coresponsables (ou participent à la création) du point de vue, alors que le terme *sens strict* n'implique que les deux images du locuteur.

« poussent » la polyphonie interne non stricte vers une polyphonie externe ; autrement dit, ces éléments poussent le locuteur à transformer sa réserve à l'égard du point de vue en un désaccord. Nous ne parlons pas ici exclusivement en termes métaphoriques car, comme nos analyses viennent de le démontrer, un point de vue qui s'oppose, du moins en partie, à celui du contenu est inséré *dans* l'énoncé même. À la différence de l'exemple précédent donc, où la possibilité d'introduire un tel point de vue dans l'énoncé n'était indiquée que par le contexte global du chapitre, cette possibilité est en fait réalisée ici, dans la partie de l'énoncé contenant « moy ». L'introduction d'un point de vue opposé, marqué ou provoqué par la locution adverbiale *à l'avanture*, confirme ainsi que le locuteur ne donne pas son accord à la totalité du point de vue (du contenu), seulement à une partie de ce dernier. Puisque ce point de vue représente une scalarité, allant de l'expression libre à travers l'expression réservée jusqu'au silence total, le locuteur n'accepte donc qu'une partie de cette scalarité. Selon nos analyses le désaccord porte justement sur l'extrême bout de l'échelle, c'est-à-dire sur l'imposition du silence au « moy ». Il ne s'agit donc pas ici d'une interprétation selon laquelle le silence de « moy » relèverait du paradoxe (ou de l'ironie).

La présence de la locution adverbiale dans l'énoncé est donc avant tout une indication du caractère partiel de l'accord entre le locuteur et le point de vue qu'il présente, excluant l'instauration du paradoxe d'un « moy » silencieux ou muet. Cette exclusion d'une partie du prédicat scalaire ne réduit pourtant en rien l'accord du locuteur au « reste » ; il accepte bien la partie qui concerne l'expression libre des théologiens et l'expression réservée de « tous autres ». Résumons : la structure polyphonique mixte (à la fois interne et externe) et scalaire de notre exemple démontre que le locuteur accepte le point de vue (positif) de l'énoncé, tout en introduisant en même temps un deuxième point de vue qui le réfute en partie. Le désaccord porte plus précisément sur l'extrême bout de l'échelle, celui qui réduit « moy » au silence. La fonction de provocateur de polyphonie externe de la locution *à l'avanture* a donc comme effet d'inclure « moy » dans la catégorie de « tous autres », ceux qui ont droit de s'exprimer « bien reserveement » sur la religion. Le cotexte ne va pas à l'encontre de cette interprétation, car « moy » n'est pas du tout réduit au silence ; c'est précisément lui qui se sert des « formes basses » du « dire humain ». On le mettra donc volontiers dans la catégorie de « tous autres », parmi ceux qui ont le droit d'une expression réservée sur la religion. Ne représentant pas une restriction au niveau du vocabulaire (les mots « fortune », « d'estinée » etc., n'en sont pas du tout bannis), mais plutôt un marquage ou une explicitation du fondement qui leur sert de garantie, cette forme d'expression présenterait à bien des égards un parallèle avec la notion d'authenticité dans l'analyse du premier exemple. Une expression qui inscrit dans sa formulation même une réserve concernant sa propre validité ne se fonde en aucune manière sur des autorités orthodoxes, réformatrices ou autres, mais repose en revanche sur une forme de sincérité qui, précisément parce qu'elle ne prétend pas à un statut incontestable, est d'autant plus authentique.

La structure polyphonique hybride de l'exemple, interne et externe, montre ainsi qu'il est possible de se servir d'un « autre » langage que le « divin » en écrivant sur la religion. Là où ce dernier ne serait qu'une confirmation des dogmes, réservé aux théologiens, l'autre, le « dire humain », autoriserait une critique des pratiques religieuses[63]. Mais parce que cet autre langage est un langage ou « dire humain », reposant, à la différence du « parler divin », sur une autorité qui à tout moment risque d'être réfutée, toute assertion, toute forme de critique doit inscrire dans sa for-

63. Je pense notamment à l'exigence de l'authenticité (d'avoir « l'ame nette ») au moment de la prière qui est un thème central du chapitre qui nous concerne.

mulation même une réserve à l'égard de sa propre validité. Cette manière de se prononcer sur la religion est réservée aux « non experts », ou à « tous autres ». À cela s'ajoute que « moy » s'acquiert, au même titre que « tous autres », le droit de s'exprimer « reserveement » de la religion. Car l'enlèvement de la sanction du silence à « moy », opéré par la locution adverbiale, inclura également « moy » dans la catégorie de « tous autres ». En instaurant une structure de polyphonie externe dans l'élément focalisé, la fonction de *à l'avanture* permet ainsi à « moy » l'accès, ne serait-ce que de manière implicite, à un tel langage. Comme l'inscription enfin d'une réserve dans l'expression (ou l'opinion) sur la religion représente l'une des formes que revêt la notion d'authenticité, la structure mixte de notre exemple, au moyen de laquelle « moy » se permet à la fois d'écrire sur la religion et de sanctionner cet acte, serait précisément sa manière de réaliser un langage qui, tout en ne cessant jamais d'être humain, parlerait authentiquement de la religion.

5. Conclusions

Avant de passer à la deuxième section de ce chapitre, il convient, en résumant les points principaux de la première, de se poser la question de savoir si ou dans quelle mesure une approche polyphonique peut fournir des apports à la connaissance générale du texte. Un certain nombre d'apports semblent en effet déjà établis à partir de la première section. On constatera en premier lieu qu'une analyse limitée à certains éléments formels du texte semble offrir un accès à l'extrême complexité du champ des croyances tel qu'il se présente dans les *Essais*. Cet accès, précisément à cause de sa limitation, permet de ne se prononcer ni sur l'épineuse question de la foi de Montaigne, ni sur la nature de son expérience religieuse[64]. En revanche, l'analyse se propose de relever quelques aspects de la curiosité qu'éprouve Montaigne à l'égard de ce champ. Dans *Des Prières*, cette curiosité concerne notamment le rapport entre l'homme et Dieu, les différentes façons de s'approcher et/ou de se faire une image de la divinité. C'est ce que montre l'analyse des deux exemples, sur le mode oral dans le premier, sur l'écrit dans le deuxième.

Notre approche, fondée sur le concept de polyphonie, permet en deuxième lieu de préciser la fonction sur le plan formel de la notion de réserve, remarquée par bien des critiques comme un aspect caractéristique de la curiosité de Montaigne par rapport au champ de la croyance[65]. Les expressions analysées sont caractérisées par le fait qu'elles reflètent une réserve de la part du locuteur sur ce qu'il dit. Ainsi, dans notre perspective, la notion de réserve liée à la curiosité de Montaigne ne représente pas seulement une critique des pratiques religieuses, ou abstention de traiter certains sujets religieux (dogmes etc.), mais aussi un marquage des contraintes qui pèsent sur l'expression dans ce champ. L'analyse des deux exemples démontre par exemple que ces marqueurs de « contrainte » sont plus nombreux dans le mode écrit que dans le mode oral. En les comparant, on constate dans le premier, qui concerne une relation orale entre l'homme et Dieu, seulement un marqueur de réserve (*il semble que*). Dans l'autre, en revanche, qui impose des contraintes à l'expression écrite de la « parole divine », la présence de ces marqueurs est extrêmement dense (double négation, modes conditionnels, adjectif indéfini etc.). L'impression

64. A. Tournon suggère, par exemple, en se tenant strictement dans le cadre des *Essais*, l'hypothèse d'un parallèle entre l'expérience religieuse de Montaigne et l'amitié avec La Boétie (« Que c'est que croire », p. 177). Pour d'autres suggestions, voir F. Garavini, « Quel malheur de douter qu'on croit », *BSAM*, 33-34 (juillet-décembre 1993), pp. 109-131.

65. Voir p. 128, ainsi que la note 22.

qu'il pèse plus de contraintes au mode écrit qu'à l'oral est également confirmée par une comparaison du contenu des exemples : si tranchante que soit la critique contre la pratique des prières (ex. 1), ce n'est que le mode écrit qui subira des restrictions de liberté d'expression (ex. 2)[66]. Même la place accordée à ce dernier dans le chapitre, limitée comme elle l'est à un petit ensemble d'additions, semble confirmer ce fait. L'intérêt de Montaigne pour la prière tiendrait peut-être précisément à sa nature de rapport oral avec la divinité. À la différence du mode écrit, les traductions de la Bible, où l'homme met ses interprétations de la « parole divine » à la portée de tous, la prière orale lui permet de s'approcher de Dieu à partir d'une postulation individuelle, sans conséquences pour autrui.

Un dernier apport relevé par nos analyses se résume dans la capacité d'une approche polyphonique à préciser la notion d'authenticité. Les deux exemples analysés démontrent en effet une réalisation ou actualisation de deux sens différents de cette notion : d'une part parce qu'ils envisagent une possibilité de fonder le rapport de l'homme à Dieu sur l'authenticité (sens moral) ; d'autre part parce qu'ils évoquent la possibilité de se servir d'un langage humain authentique sur la divinité (sens épistémologique). Si l'on considère d'abord le point de vue du premier exemple, celui-ci présente une image des prières comme des « sorcelleries et effects magiciens », soulignant le fossé qui existe entre le domaine humain et le domaine divin. Le marqueur *il semble que* signale cependant que le locuteur s'attache à ce point de vue par un lien d'accord, ce qui n'exclut pas de s'imaginer un éventuel passage d'un domaine à l'autre. Il existe notamment une prière – le Notre Père – qui pourrait réaliser une telle possibilité. Il ne suffit pas pour

66. Cf. également la critique contre les traductions de la Bible, plus dangereuses que le « prechant et parlant », p. 323.

autant de l'avoir « continuellement en la bouche », elle doit être accompagnée d'une « ame nette », exigence formulée à deux reprises dans le chapitre. En d'autres termes, si l'âme de celui qui prie est exempte de vice au moment de la prière, le locuteur ne considère plus la pratique des prières comme des « sorcelleries et effects magiciens », mais comme une pratique authentique ou sincère. Ce rapprochement entre le contenu de l'exemple et la notion d'authenticité au sens moral est possible précisément à cause de sa structure polyphonique. Interne au sens non strict, cette structure permet non seulement d'envisager un éventuel passage du domaine humain au domaine divin ; elle montre « au doigt », pour ainsi dire, que l'expression réservée serait l'un des chemins pour y arriver.

La notion d'authenticité dans le premier exemple concerne ainsi le comportement moral de celui qui prie : son rapport à Dieu sera authentique s'il est exempt de vice au moment de la prière. Dans le deuxième exemple, en revanche, la notion ne se rapporte plus à un comportement moral, mais à la possibilité de trouver une manière authentique de s'exprimer sur la divinité en langage (ou « dire ») « humain ». Selon nos analyses, écrire « bien reserveement » de la religion ne signifierait pas une restriction au niveau du vocabulaire, mais plutôt une explicitation du fondement qui leur sert de garantie. Dans cette perspective, la notion de réserve (« reserveement ») ne renvoie pas au contenu descriptif des mots, mais à la présence du locuteur dans l'énoncé, plus précisément à son commentaire, représenté par la locution adverbiale *à l'avanture*, du point de vue qu'il présente. Tel que le démontrent nos analyses de la structure polyphonique de l'exemple, ce commentaire réfute la partie du point de vue qui impose le silence à « moy », ayant comme effet d'enlever la censure qui porte sur l'écrit. Marquant la réserve du locuteur par rapport à ce qu'il dit, ce commentaire effectue donc une libération implicite de la parole. Seule une analyse polyphonique est en mesure de révéler ce mouvement double, simultané, de réduction au silence et d'enlèvement de la censure, au moyen duquel « moy » se donne le droit de parler.

C'est enfin cette manière oblique dont « moy » se donne le droit de se prononcer sur la religion tout en admettant qu'il en est incapable, qui permet d'établir un rapport entre la notion d'authenticité (au sens épistémologique) et une expression réservée. Le commentaire réservé représente précisément une sorte d'authenticité ou sincérité, une reconnaissance du caractère des « formes basses » du langage humain ; reposant sur des fondements précaires, elles ne sont pas à l'abri d'une critique. Les deux axes de la connaissance et de la religion selon lesquels se construira notre argument, se recoupent ainsi dans ce rapport avec expression réservée et notion d'authenticité (ou sincérité). S'opérant dans le double mouvement de sanction de silence et enlèvement de la censure, ce recoupement n'exprime rien sur la divinité en elle-même, mais explicite en revanche les conditions sur lesquelles repose un langage qui veut s'exprimer sur le domaine transcendantal. Impliquant une reconnaissance des limites de la pensée humaine, le décalage ou la distance qui sépare un « dire humain » du « parler divin », un langage « humain » authentique sur la divinité représente ainsi une forme d'expression qui ne prétend pas à l'universalité. Loin d'épuiser la parole sur la divinité, le double mouvement qu'on vient d'évoquer, selon lequel on reconnaît ses propres limites tout en se permettant une tentative pour les dépasser, libère cette parole. Comme ce mouvement semble avoir comme effet précisément de garder intact le domaine transcendantal, à l'abri de la contamination et de la corruption humaine, il rend possible une pensée critique qui préserve ou n'attaque pas les mystères de la grâce.

L'emploi d'une approche polyphonique dans l'analyse du chapitre *Des Prières* n'apporterait donc rien qui soit susceptible d'éclairer les questions épineuses de la foi de Montaigne ou de son expérience religieuse. Si elle avait des mérites à cet égard, ce ne serait que de souligner les aspects intentionnellement « tres-religieu[x] » de ses « fantaisies », aspects déjà bien établis même par les porte-paroles d'un Montaigne incroyant ou indifférent à la religion. Une approche polyphonique serait en revanche susceptible de préciser la fonction de quelques-unes des conditions ou des « contraintes » qui semblent peser sur l'expression relative au champ des croyances dans les *Essais*. Découlant de la fonction de la notion de réserve sur le plan formel, la « contrainte » représente, puisqu'elle évoque la possibilité d'un rapport authentique entre celui qui prie et Dieu, une possible modification du contenu dans le premier exemple. Dans le deuxième en revanche la ou plutôt les « contraintes » n'auraient qu'un rapport indirect au contenu, dans la mesure où ils mettent au jour une forme de suspension qui ne condamne pas le locuteur au silence, mais qui au contraire libère sa parole. Cette suspension, qui investit une forme très particulière de l'insécurité dans « moy », instance de la première personne, représenterait l'effort de trouver un « dire humain » alternatif au « parler divin » qui ne consiste pas seulement à exprimer (ou répéter) les paroles de la divinité mais combinerait un regard critique avec la piété.

DEUXIÈME SECTION

SOURCES DE SAVOIR DANS L'*APOLOGIE DE RAIMOND SEBOND*

1. Introduction

En passant à l'analyse de deux exemples de l'*Apologie de Raimond Sebond* (II, 12), nous abordons un chapitre d'accent thématique très différent du chapitre *Des Prières.* Ce dernier, en traitant le rapport qui s'établit entre l'homme priant et Dieu, fixe l'attention sur un aspect très précis du champ de la croyance ; l'*Apologie* ne s'y réfère que dans la mesure où elle constitue la défense d'une œuvre théologique, la *Théologie naturelle* de Raimond Sebond[1]. À cela s'ajoute le caractère très particulier de cette défense qui a conduit certains critiques à conférer à la dimension religieuse du chapitre une place centrale, tandis que d'autres lui ont assigné un rôle secondaire ou l'ont même évacuée complètement. Agencée comme une réponse aux deux principales objections adressées à la *Théologie naturelle*[2], la démarche apologétique de la défense ne tarde pas en fait à montrer un aspect très différent de celui d'une apologie habituelle. L'effet d'anomalie se remarque d'abord par l'étonnante facilité avec laquelle Montaigne se débarrasse de la première « répréhension » ; une dizaine de pages plus tard il n'est plus question en effet de la piété ou caractère inspiré de la *Théologie naturelle*, mais seulement de la valeur des « argumens humains » qui y sont exposés. La quasi totalité du chapitre est

1. Ecrite en 1434-36, et publiée à Lyon en 1484. Comme on le sait, Montaigne publie sa propre traduction de cette œuvre en 1569, ainsi qu'une version corrigée en 1581.

2. Résumées brièvement : la première objection réfute la démonstration rationnelle des vérités de la foi du livre, la deuxième la valeur des arguments de Sebond, lesquels « sont foibles et ineptes à verifier ce qu'il veut » (p. 448).

consacrée à la réponse au deuxième groupe d'adversaires de Sebond, qui ne fait intervenir que des « armes humaines ». Cette deuxième riposte, consistant en une exposition impressionnante d'arguments sceptiques, risque cependant de réinscrire le chapitre dans un cadre religieux. Passant au fil de l'épée non seulement les arguments des adversaires de Sebond mais aussi ceux de Sebond lui-même, l'*Apologie* en deviendrait l'une des expressions d'un « scepticisme chrétien », analogue au fidéisme présent dans le camp des catholiques aussi bien que des protestants à l'époque. Donc si Montaigne sacrifie Sebond, ce ne serait que pour mettre l'homme en position de recevoir la grâce. Telle que l'a démontrée notre présentation de trois interprétations-clés de l'*Apologie* dans l'introduction de ce chapitre[3], pourtant, l'anomalie de la défense se réduirait difficilement à l'expression d'un « scepticisme chrétien ». Mais ce constat ne permet pas non plus de conclure à l'inverse, à savoir que le chapitre adopte les objectifs du pyrrhonisme antique. Plutôt que d'évacuer la dimension religieuse, l'*Apologie* dégagerait à cet égard, avec encore plus d'acuité que *Des prières*, les problèmes qui se posent pour celui qui veut se prononcer sur le champ de la croyance, en dehors d'un cadre cautionné par l'Eglise et, partant, sans ses garanties.

Il sera clair qu'il n'est pas question ici de s'engager dans le débat extrêmement complexe sur le projet apologétique du chapitre. Il ne s'agit pas de déterminer si ce projet n'est qu'une sorte de leurre derrière lequel se « cachent » d'autres projets, comme celui par exemple d'une attaque dirigée contre les prétentions d'un rationalisme irréligieux[4] ; ou s'il se combine avec d'autres encore, tels que l'élaboration d'« une philosophie de

3. Voir la première section, point 2 : « Le problème de la croyance : quelques approches », p. 116 sqq.

4. D. Frame, « Did Montaigne betray Sebond ? », *The Romanic Review* (Dec. 1947), pp. 297-329.

l'incertitude »[5]. Il a récemment été suggéré que le mouvement paradoxal de l'*Apologie* – celui qui, selon A. Tournon, transforme le plaidoyer en réquisitoire – « n'est qu'un cas particulier de cette stratégie auto-destructrice qu'est le pyrrhonisme »[6], et qu'on peut y repérer encore d'autres cas, notamment au moyen de la figure de l'antipéristase. Notre analyse prendra également en considération des cas de cette stratégie « auto-destructrice » (ou autocritique) du pyrrhonisme dans l'*Apologie*, quoique toujours à partir d'une perspective linguistique. Nous nous intéresserons plus précisément à deux exemples contenant les expressions *il semble que* et *à l'avanture*, provenant de la première et de la deuxième partie du chapitre respectivement. Ces deux exemples présentent un intérêt particulier pour notre perspective, car ils concernent ce que nous appelons, utilisant une expression théorique, « sources de savoir », soit des sources susceptibles de garantir l'information transmise par un énoncé. Dans le premier cas nous avons affaire à la notion d'inspiration divine, garante des vérités de la foi ; dans le deuxième il s'agit de la notion de hasard, proposée comme garante, ainsi que nous allons le voir, d'une connaissance certaine (« notice veritable »).

Selon la littérature théorique développée récemment au sujet des sources de savoir linguistiques, le locuteur dispose de moyens morphologiques et lexicalisés, notamment de « marqueurs évidentiels », qui signalent la source ou la provenance de l'information transmise par un énoncé[7]. Cette capacité du locuteur

5. A. Tournon, *La glose et l'essai*, p. 244.

6. T. Cave, *Pré-histoires*, p. 40.

7. « Présentation. L'évidentialité ou le marquage des sources de savoir », *Langue française* (mai 1994), *Les sources du savoir et leurs marques linguistiques*, éd. P. Dendale, et L. Tasmowski, pp. 3-8. Voir également notre chapitre théorique, point 3. On remarque que pour Dendale et Tasmowski, c'est la langue elle-même qui signale la source de l'information transmise par un énoncé.

à marquer linguistiquement la source de l'information, constitue en fait un double intérêt dans notre perspective, car elle est en mesure non seulement de révéler le caractère polyphonique de la langue (l'existence de plusieurs points de vue ou de « voix » dans un énoncé), mais aussi de rejoindre un aspect central du pyrrhonisme, philosophie qui se constitue en explicitant ses conditions d'énonciation[8]. Aussi le concept « source de savoir » présente-t-il un intérêt pour notre perspective à la fois sur le plan de la linguistique et sur celui de l'argumentation pyrrhonienne.

Les sources le plus souvent mentionnées comme susceptibles d'être marquées linguistiquement sont l'emprunt, l'inférence et la perception. Dans ces domaines, il y aurait peu de raison de mettre les notions d'inspiration divine et de hasard, telles qu'elles paraissent dans notre texte, en rapport avec une théorie sur les sources de savoir linguistiques. À ces sources quelque peu techniques s'ajoute cependant le rêve, provenance plus exotique (dans un cadre linguistique) de l'information[9]. Dans l'*Apologie* justement, le rêve est, avec la « fureur »[10], mis en avant comme source susceptible de garantir une connaissance d'ordre divin : « Les deux voies naturelles pour entrer au cabinet des Dieux et y preveoir le cours des destinées sont la fureur et le sommeil » (p. 568). Cette allusion au rêve est donc ce qui nous permet dans un premier temps de proposer le terme technique « source de savoir » également pour les notions d'inspiration divine et de hasard. La première se présente dans le passage déjà cité comme la contrepartie divine des sources « naturelles », le rêve et la « fureur » (« C'est un pur enthousiasme que la saincte verité a

Mais comme la langue ne peut pas être l'auteur des énoncés – elle n'en est qu'une prémisse – c'est plutôt le locuteur qui dispose de cette capacité.

8. Voir notamment F. Cossuta, *Le scepticisme*, pp. 103-104.

9. Voir encore « Présentation. L'évidentialité ou le marquage des sources de savoir », p. 3.

10. C'est-à-dire au sens de l'inspiration divine.

inspiré en l'esprit philosophique... »), alors que la deuxième révèle son statut de source de savoir, comme nous allons le voir, en revêtant une figure de l'abondance épistémique. L'application du terme « source de savoir » à ces deux notions permet en outre de déceler un trait commun entre elles : si différentes qu'elles soient l'une de l'autre (en apparence), elles sont toutes les deux externes à l'homme, relevant d'une sphère transcendante et du monde sublunaire respectivement.

Ce rapport entre ce qui est susceptible de constituer une source de savoir dans un cadre linguistique et dans le texte de Montaigne, nous permet de justifier la décision que nous avons prise de considérer les notions d'inspiration divine et de hasard dans la perspective d'une théorie sur les sources de savoir linguistiques. En premier lieu, cette décision est liée au fait que toutes les expressions soumises à nos analyses à l'exception de *à l'avanture*, à savoir *il semble que*, *il me semble que*, *je pense que* et *je trouve que*, se rangent à l'intérieur d'un tel cadre théorique. Marquant la manière dont le locuteur a créé et/ou récolté les informations qu'il met en avant – par l'inférence, la réflexion[11] et la perception respectivement – ces expressions lexicalisées reçoivent sans problème l'appellation de « marqueur évidentiel ». Il convient également de mentionner, pour préciser notre perspective, la liaison étroite qui existe entre cet aspect épistémique, qui révèle donc le mode de création et/ou de récolte de l'information transmise par un énoncé, et l'aspect modal des marqueurs évidentiels. Ce dernier aspect constitue une sorte de conséquence du premier ; la conséquence modale (si l'on peut dire) du marqueur évidentiel résulte du fait qu'il « signale de quel type d'indice on dispose quant à la fiabilité de l'énoncé dans lequel ce marqueur est

11. Pour le sens de la réflexion fondée sur un emprunt (ou un jugement externe), voir notre chapitre théorique, p. 106 sqq.

utilisé »[12]. Ce point permet justement d'introduire la locution adverbiale *à l'avanture* dont il sera question dans la deuxième analyse de cette section et qui, puisqu'il ne marque pas la source de savoir, mais simplement la source du point de vue, ne constitue pas un marqueur évidentiel au sens strict. Mais comme sa capacité à identifier la source du point de vue implique le locuteur, et, partant, son jugement quant à la fiabilité de ce qu'il présente, il s'ensuit que *à l'avanture* rejoint *il semble que* (sujet de la première analyse) sur ce point de modalité, point qui justement nous intéresse dans nos analyses. Signalant les contraintes épistémiques, les conditions d'énonciation, qui s'imposent à l'énonciation des deux sources de savoir « inspiration divine » et « hasard », une analyse des marqueurs *à l'avanture* et *il semble que*, présents dans le cotexte, peuvent ainsi renseigner indirectement sur le statut épistémologique de ces sources dans le chapitre.

Une dernière remarque s'impose avant que nous abordions l'analyse proprement dite. Notre commentaire sur ces deux « sources de savoir », dont l'une est susceptible de garantir une connaissance divine (« les verités de la creance »), l'autre une connaissance certaine (« notice veritable »), présuppose une séparation en deux domaines épistémologiques différents, le champ de la croyance d'un côté, le champ de tout autre connaissance, humaine, laïque etc., de l'autre. À cet égard nos exemples soulèvent l'une des difficultés persistantes de ce chapitre, celle de savoir comment discerner l'aspect apologétique d'un texte qui dès le préambule ne traite plus des « verités de la creance », mais au contraire passe en revue toutes sortes de « vérités » humaines, différentes conceptions de la divinité, de l'âme, des lois naturelles etc. Cette difficulté est susceptible de confirmer que Montaigne ne poursuit dans la quasi totalité du chapitre que ses propres objectifs,

12. B. J. Hoff, « Evidentiality in the Carib : particles, affixes and a variant of Wackernagel's Law », *Lingua*, 69 (1986), p. 49.

consistant en particulier dans l'élaboration d'une critique incisive de la connaissance. Mais la séparation du chapitre en deux parties traitant de champs épistémologiques différents – nos exemples sont précisément une illustration de cette séparation – justifierait pourtant difficilement l'absence de la dimension religieuse dans la deuxième partie. Lorsque Montaigne se propose de se demander « si l'homme a en sa puissance [...] d'arriver à aucune certitude par argument et par discours » p. 449), cela implique plutôt l'extension d'une perspective dans laquelle toute démonstration qui « loge » une connaissance dans l'homme, de n'importe quelle nature, représente une preuve de sa part de divinité (s'il a accès à des connaissances certaines, cela inclut aussi des connaissances sur la divinité). En conséquence cette séparation serait reliée plutôt à la structuration du chapitre, au fait que la première réponse traite d'arguments qui sont censés être garantis par la divinité, alors que la deuxième considère des arguments qui en sont dépourvus (« Considerons donq pour cette heure l'homme seul, sans secours estranger, armé seulement de ses armes, et despourveu de la grace et cognoissance divine » p. 449). Ainsi, s'il n'existe aucune référence explicite au champ de la croyance, ni dans le contenu sémantique, ni dans le cotexte immédiat de notre deuxième exemple, c'est parce la plus grande partie de l'*Apologie* est construite comme un argument *a fortiori* : tant que l'homme peut « loger » une « notice veritable », il peut prétendre à la possibilité d'un accès à la divinité ; sinon, force est qu'il perde cette possibilité.

2. « ... une inspiration particuliere de la grace divine... »

La première analyse de cette section considérera donc quelques aspects de la notion d'inspiration dans l'*Apologie*, plus précisément son statut de « source de savoir » divine. Nous nous limiterons ici à la première partie du chapitre, au « préambule » où Montaigne répond aux premiers adversaires de Sebond, soit à une critique qui refuse de mêler arguments rationnels et divinité : « les Chretiens se font tort de vouloir appuyer leur creance par des raisons humaines, qui ne se conçoit que par foy et par une inspiration particuliere de la grace divine » (p. 440). La deuxième partie s'en exclut de manière naturelle, puisqu'elle ne concerne que la faiblesse des arguments de Sebond (« ses argumens sont foibles et ineptes à vérifier ce qu'il veut », p. 448). La séparation, ou plutôt la transition entre ces deux parties ou domaines épistémologiques du chapitre (voir le paragraphe précédent), revêt en revanche un certain intérêt pour notre perspective. S'effectuant par une suspension de la garantie divine pour les arguments de la deuxième partie (« Considerons donq pour cette heure l'homme seul [...] *despourveu* de la grace et cognoissance divine »)[13], cette transition entre le champ de la croyance et celui de toute autre connaissance offre en effet une excellente voie d'approche à la fonction assignée par nos analyses à la notion d'inspiration divine. Par cette transition, « la grace et cognoissance divine » assume sa fonction en se suspendant, permettant par là la libération d'un jugement critique de la connaissance, libération largement confirmée par la deuxième partie de l'*Apologie*. Donnant lieu à cet égard à un double mouvement de suspension suivie (en corollaire) d'un jugement critique, l'inspiration divine fonctionne dans cette perspective plutôt comme un principe qui structure tout le chapitre que comme une « source de savoir » divine.

On pourrait objecter à cette perspective qu'elle s'accorde mal avec la première partie où l'inspiration divine semble bien sous-tendre les arguments humains (« La foy venant à teindre et illustrer les argumens de Sebon », p. 447). Nous allons pourtant argumenter, à partir d'une analyse de la formule qui inaugure la réponse de Montaigne, que justement à ce point où il entreprend sa

13. C'est nous qui soulignons.

défense de Sebond, il est possible de discerner dans l'inspiration divine une fonction identique à celle que nous avons définie comme principe structurant du chapitre. À la différence cependant de la suspension explicite opérée par la transition entre les deux parties de l'*Apologie* (« despourveu de la grace et cognoissance divine »), celle dont il s'agit dans la première partie n'est marquée qu'implicitement, au moyen d'un marqueur linguistique, *il semble que*. Opérée donc non pas directement, mais par une explicitation de la source interne, non divine, qui sous-tend les arguments censés défendre Sebond, cette suspension implicite (par le marqueur) de la garantie divine aura comme effet de libérer un jugement qui, tout en n'excluant pas les points de vue de Sebond et de ses adversaires, permet l'introduction d'un troisième point de vue, celui du « je », qui est différent des deux autres. On assiste donc dans le préambule au même double mouvement que nous avons vu présider à la structure globale du chapitre : suspension de l'inspiration divine – libération d'un jugement critique, à ceci près que dans cette première partie la suspension se fait sur le mode implicite. Puisque nos analyses prendront en compte non seulement les conditions qui réalisent la suspension implicite de la garantie divine, mais aussi le type de critique qui s'ensuit, nous nous efforcerons de suivre ce double mouvement. Nous argumenterons d'ailleurs en faveur d'une hypothèse selon laquelle la première étape de ce mouvement donne la parole à un « homme [non] versé en la Théologie », tandis que la deuxième formule une critique implicite du statut de l'inspiration en tant que source de savoir divine.

On remarquera en premier lieu la structure linéaire de l'exemple qui, puisqu'il place en tête une partie de la complétive, est susceptible d'influencer la fonction du marqueur évidentiel *il semble que* :

> En cette objection *il semble qu'*il y ait quelque zele de pieté, ... (p. 440)

En ancien français cette structure relève du phénomène de la prolepse. Selon P. Ménard, « La prolepse est un phénomène expressif qui semble précipiter dans la principale un élément de la complétive. L'élément ainsi détaché est toujours repris par un pronom ou un adverbe dans la subordonnée » (dans la nôtre par l'adverbe pronominal *y*), si bien qu'« on a affaire à une véritable anticipation et à une mise en relief expressive »[14]. Cette explication très intéressante, qui démontre à quel point l'ordre des mots d'un énoncé peut servir aux visées discursives du locuteur, ne nous permettrait cependant pas d'aller au-delà du niveau stylistique. Interprétée dans un cadre constitué par la théorie de la focalisation, en revanche[15], la structure « proleptique » de l'exemple est susceptible de déceler des informations plus détaillées sur les visées discursives du locuteur. La structure de l'exemple consiste, selon ce cadre, en deux foyers, dont l'un est spécialisé et l'autre simple[16] (« En cette objection » et « pieté » respectivement) ; ce mode d'analyse peut donc, à mon avis, révéler un rapport (un parallèle même) entre la structuration du contenu et la fonction épistémique du marqueur *il semble que*.

Essayons de voir un peu plus clair. La fonction du marqueur consiste à expliciter la source de l'information transmise comme interne, plus précisément comme la conclusion d'un raisonnement interne, « déductible à partir d'un nombre d'indices, même

14. P. Ménard, *Syntaxe de l'ancien français*, Bordeaux, Editions Bière, 1994, p. 204, § 222.

15. Dans *Linguistique modulaire*, H. Nølke situe sa mise au point de la théorie de la focalisation à l'intérieur du module pragmatico-sémantique, pp. 127-145.

16. Alors que le foyer simple est toujours marqué dans la structure de la phrase, le foyer spécialisé peut revêtir aussi bien une forme marquée que non marquée. Dans le premier cas le foyer (spécialisé) est marqué par des focalisateurs lexicaux, ou (plus rarement) syntaxiques ; dans le deuxième cas, il est assisté uniquement de l'accentuation d'insistance. Pour plus de détails, voir Nølke, *Linguistique modulaire*, p. 130 sqq.

inconscients »[17]. Cela correspond, rappelons-le, à un cas de polyphonie interne non stricte, c'est-à-dire à un rapport entre locuteur et point de vue selon lequel le locuteur hésite à prendre la responsabilité du point de vue à titre définitif, tout en étant prêt à l'accepter provisoirement. Plutôt que de porter directement sur le contenu du point de vue donc, ce type de suspension des responsabilités du locuteur indique simplement que celui-ci refuse de les prendre définitivement. Nous allons argumenter que la structuration en deux foyers prépare une suspension analogue à celle opérée par le marqueur. Plus précisément, là où l'enchaînement de l'exemple, si celui-ci avait suivi l'ordre normal[18], aurait passé directement à la réponse, la structure de double focalisation permet, *avant* de passer à la réponse proprement dite, d'expliciter et d'évaluer le fondement qui lui sert de garantie. Dans cette perspective, la formule qui inaugure la réponse aux premiers adversaires de Sebond ne représente pas seulement une simple formule de politesse, ou un jugement de leurs intentions pieuses ; elle annonce également une explicitation et évaluation des conditions d'énonciation de ce jugement. À cet égard, la structure de double focalisation traduit ce même souci de concilier avec la piété un discours humain sur le domaine divin, que nous avons dégagé dans notre analyse du chapitre *Des prières*.

Comme le suggère nos remarques précédentes, l'analogie entre la fonction du marqueur et celle de la structure de double focalisation, ou entre les deux actes de suspension qu'elles opèrent,

17. H. Nølke, « La dilution linguistique des responsabilités », p. 93. Voir également notre première analyse de ce marqueur, ainsi que le chapitre théorique.

18. L'ordre normal correspond plus précisément à une structure de thème-rhème spécialisée (c'est-à-dire inversée), introduite par le présentatif *il y a* : « Il semble qu'il y ait quelque zele de pieté (rhème) en cette objection (thème) ». Pour un traitement des structures thème-rhème, voir H. Nølke, *Linguistique modulaire*, chapitre IV, 1.4.1 sqq., ainsi que *Le regard du locuteur*, chapitre 1, « Les adverbes contextuels et la focalisation ».

se montre à travers l'enchaînement. Nous constatons dans un premier temps qu'il s'agit effectivement d'un cas de polyphonie interne (non stricte) dans l'exemple, car le texte s'enchaîne sur le point de vue de celui-ci : « et pour cette raison nous faut-il avec autant plus de douceur et de respect essayer de satisfaire à ceux qui la mettent en avant ». Le marqueur n'implique donc pas du tout la possibilité de réfuter le point de vue ; la distance qui s'insère entre locuteur et point de vue relève de la simple réserve, ce qui est d'ailleurs tout à fait conforme à la fonction habituelle du marqueur. Montaigne accepte donc, quoique avec une certaine réserve, que les adversaires de Sebond ont eu une intention pieuse en formulant leur objection contre son livre. Cette réserve à peine visible, dans la mesure où elle n'est véhiculée que par *il semble que*, se dégage mieux dès qu'on compare le point de vue de l'exemple avec le jugement de l'intention de Sebond formulé juste avant : « Je trouvay ... son dessein plein de pieté », p. 440)[19]. Alors que l'intention des adversaires n'a que « quelque pieté », celle de Sebond est « plein[e] de pieté ». Comme le montre cette comparaison, l'adjectif indéfini *quelque* vient prolonger, et même intensifie, la réserve marquée d'abord par *il semble que*. À partir de ces observations, on pourrait formuler une hypothèse selon laquelle la réserve connotée par *il semble que* (et *quelque*), s'inscrirait dans le projet apologétique : on est plus porté à se méfier des intentions de ceux contre qui on va argumenter, que de celles de la personne qu'on va défendre. Il serait également possible d'imaginer que la réserve fait partie d'une velléité de modestie, dans la mesure où Montaigne a dû trouver plus facile de juger de l'intention d'un auteur qu'il connaissait très bien – en tant que traducteur de son livre – que de celle de ses adversaires, dont il connaissait certainement les arguments, mais sans doute moins bien que ceux

19. Il est cependant à noter qu'en remplaçant l'inspiration divine par la piété on remplace une source divine par une source bien humaine.

de Sebond. Montaigne semble poursuivre cette rhétorique de la modestie également dans l'enchaînement, mais cette fois elle est retournée vers lui-même, car l'*Apologie* ne s'annonce pas comme une riposte polémique aux arguments contre la *Théologie naturelle*, mais simplement comme un *essai*, une tentative pour y répondre aussi respectueusement que possible. La réserve connotée par *il semble que* ferait ainsi partie d'une rhétorique de la modestie – qu'elle soit sincère ou non – tout à fait convenable dans un cadre apologétique.

C'est pourtant justement le mot *essai* (ou *essayer*) qui met en garde contre de telles interprétations. Il suffit sans doute de renvoyer au titre du livre de Montaigne pour souligner l'importance toute particulière de ce mot, mais rappelons aussi l'argument de A. Tournon selon lequel la structure de l'essai (ou l'essai pyrrhonien) consiste en un retour critique sur ses propres propos. Dans cette perspective de démarche réflexive, on ne s'étonnera pas de découvrir qu'il n'est plus question par la suite des intentions pieuses des adversaires de Sebond[20], mais d'une disqualification de la personne qui parle : « Ce seroit mieux la charge d'un homme versé en la Theologie que de moy qui n'y sçay rien. » L'accord du locuteur sur le contenu de l'exemple (selon lequel l'intention des adversaires de Sebond a quelque piété) ne semble en fait, dans cette perspective, qu'un prétexte pour passer à un investissement dans la première personne d'une certaine insécurité, semblable à celui que nous avons analysé dans le deuxième exemple de I, 56. On se rappelle que le discrédit de la première personne dans cet exemple n'imposait pas le silence à « moy », mais constituait plutôt une libération de la parole, opérée

20. H. Nølke remarque à l'égard de la présence de deux foyers dans un énoncé dont l'un est neutre (ou simple), que ce dernier a tendance à glisser sur l'arrière-plan, à devenir redondant, sans pour autant s'effacer (*Linguistique modulaire*, p. 137).

par la locution adverbiale *à l'avanture*, qui lui permettait, au même titre que la catégorie « tous autres », une expression réservée de la religion. La disqualification de la parole de « moy » dans le présent exemple effectue exactement le même déblocage, à ceci près que dans *Des Prières*, il s'opère sur le mode implicite (par la locution *à l'avanture*), tandis qu'ici il s'opère sur le mode explicite, notamment par le terme « toutefois » : « Toutefois je juge ainsi... ».

L'enchaînement montre effectivement, donc, un certain rapport entre la fonction du marqueur *il semble que* et celle la structuration du contenu ; celui-ci se manifeste plus précisément au moment où l'évaluation portée sur l'intention pieuse des adversaires de Sebond passe à une auto-évaluation. Ce geste d'enrayer explicitement l'autorité de l'instance d'énonciation (« moy qui n'y sçay rien ») trouve précisément sa contrepartie implicite dans la fonction du marqueur. Car situer (comme le fait le marqueur) la provenance de l'information transmise par l'énoncé dans une source interne, composée « d'un certain nombre d'indices inconscients »[21], cela diminue bien la valeur de vérité de cette information[22]. Ce double marquage de doute se présente donc moins comme une critique implicite des intentions des adversaires de Sebond, ou comme une formule de modestie, qu'un rappel de la part du locuteur, au même titre que celui qu'on a vu dans *Des Prières*, du problème de trouver une expression adéquate en matière de religion. Avant de pouvoir s'exprimer dans ce domaine, et tant qu'on n'est pas théologien, il faut marquer l'absence de toute autorité extérieure à l'expression, signaler qu'on ne parle qu'en son propre nom. Cet acte de sincérité est le seul qui permette d'énoncer « je juge ainsi... » dans le champ des croyances ; chose que devraient savoir les adversaires de Sebond aussi. Réalisant ainsi une suspension implicite et

21. H. Nølke, « La dilution linguistique des responsabilités », pp. 87-88.

22. Cela correspond, en termes polyphoniques, à un point de vue auquel le locuteur donne son accord, mais nullement à titre définitif.

extrêmement complexe de l'inspiration divine, ce double marquage du doute est aussi ce qui permet la mise en rapport de ces effets discursifs avec la stratégie auto-destructrice du pyrrhonisme. La constatation préalable de son incapacité à transmettre des informations certaines par ses énoncés constitue en fait, pour un pyrrhonien, l'une des plus importantes formes de la suspension du jugement, notion centrale du pyrrhonisme[23]. Cette stratégie, enfin, selon laquelle « la parole [peut] se contester elle-même sans s'annuler »[24], confirmée par le terme « toutefois », associerait ce passage, ainsi que l'exemple précédent, à ce que A. Tournon appelle l'« écriture pyrrhonienne » des *Essais*[25]. Ennemie de « propositions affirmatives », comme le dira Montaigne plus loin dans l'*Apologie*, c'est une écriture qui se veut non-assertive.

D'après ces analyses, donc, la provenance de ce qui garantit effectivement les arguments de « moy » est indiquée par le marqueur évidentiel *il semble que*. Ce marqueur vérifie plus précisément que ce n'est pas l'inspiration divine mais une source interne, humaine, et partant « infiable », qui occupe cette fonction. Notre description de la stratégie complexe, composée du marqueur *il semble que* et de la structure de double focalisation, a ainsi tracé le premier mouvement de la suspension implicite d'une garantie divine. Le reste de l'analyse sera consacré en conséquence au deuxième mouvement auquel cette suspension donne lieu, celui qui développe la réponse au contenu de l'objection. Comme nous l'avons déjà indiqué, elle consiste en un jugement qui accorde, par

23. Voir à cet égard Sextus Empiricus, *Esquisses pyrrhoniennes*, trad. Pellegrin, Paris, Seuil, 1997, I, 28, p. 171 : « en ce qui concerne toutes les expressions sceptiques il faut comprendre *au préalable* que nous n'assurons pas qu'elles sont dans tous les cas vraies, puisque nous disons qu'elles peuvent être annulées par elles-mêmes, étant supprimées en même temps que ce à propos de quoi elles sont dites » (c'est nous qui soulignons).

24. A. Tournon, « Images pyrrhoniennes », p. 34.

25. *Ibid.*, p. 36.

un argument gradué, le point de vue de Sebond et celui de ses adversaires, ainsi qu'un troisième point de vue qui leur est contraire. Pour décrire cet argument gradué, qui se construit autour de deux occurrences de *mais*[26], nous allons nous servir de la description générale de la structure concessive *p mais q* de O. Ducrot[27]. Selon cette description, qui repose sur un concept considéré comme fondamental pour la signification, à savoir « l'orientation argumentative », les segments *p* et *q* orientent dans des sens opposés : alors que *p* oriente toujours vers une conclusion *c* (*p* donc *c*), *q* s'oppose de différentes manières à cette conclusion[28]. En outre, tout en envisageant la possibilité de conclure *c* à partir de *p*, l'orientation du discours total *p mais q* est conforme à l'orientation de *q* (donc à *non-c*). Reliant ainsi deux points de vue opposés, il s'ensuit de cette description de *mais* qu'il est un indicateur de polyphonie[29].

Appliquée à notre contexte, cette description permet de voir dans un premier temps que *p* correspond à l'objection des adversaires de Sebond : « C'est la foy seule qui embrasse vivement et certainement les hauts mysteres de nostre Religion [*p*] » (p. 441), alors que *q* correspond au projet de Sebond : « Mais ce n'est pas à dire que ce ne soit une tresbelle et tresloüable entreprise d'accommoder encore au service de nostre foy les utils naturels et humains que Dieu nous a donnez [*q*]. » (*ibid.*). La première structure *p mais q* constitue donc une sorte de résumé des points de

26. *Mais* appartient à la classe de mots que O. Ducrot appelle « mots du discours ».

27. Cf. *Les mots du discours*, chapitre 3, ainsi que « Sémantique linguistique et analyse de textes », pp. 104-125.

28. O. Ducrot opère avec une « typologie » de trois cas différents, voir *infra* p. 201.

29. Dans la théorie polyphonique (version Nølke) *mais* compte plus précisément parmi les mots « polyphoniquement grammaticaux », c'est-à-dire qui « participent à la structuration polyphonique sans qu'aucun être discursif ne soit responsable de cette fonction structurante » (*Linguistique modulaire*, p. 160).

vue de Sebond et de ses adversaires[30]. La conclusion de *p*, suggérant que l'homme ne conçoit pas la foi sans l'inspiration divine, se trouve en tête du raisonnement : « il est bien besoin que [Dieu] nous preste encore son secours, d'une faveur extraordinaire et privilegée, pour pouvoir concevoir et loger [la foy] en nous ». *Q*, en suggérant que l'homme peut malgré cela se servir de ses « utils naturels et humains » en matière de foi, apparaît cependant comme l'exacte négation de cette conclusion (donc *non-c*)[31]. Que l'argument *q* ait effectivement cette fonction se vérifie justement par la possibilité de remplacer *mais* par *malgré cela* (ou *pourtant*). Permettons-nous de rappeler encore la description de Ducrot selon laquelle le discours total *p mais q* est orienté vers *non-c*. Ayant comme effet de conférer à *q* une supériorité à l'égard de *p* (dans une perspective polyphonique, le locuteur se lie notamment à cet argument, c'est-à-dire à *q*), nous concluons à partir de l'analyse de cette première structure *p mais q* que Montaigne défend bien le projet de Sebond[32].

Cette conclusion ne correspond cependant qu'à un premier échelon d'analyse ; pour repérer la conclusion globale de l'argument gradué du passage, il faut également considérer la deuxième structure *p mais q* : « Il ... faut ... accompaigner nostre

30. On reconnaît également l'inspiration augustinienne de ce passage. Montaigne revient à Augustin dans une addition (c) vers la fin du préambule, définissant sa réponse comme une sorte de relais de ce dernier: « Car Sainct Augustin plaidant contre ces gens icy [...] Il faut plus faire... » (p. 449). Le texte (a) suivant prend soin de souligner cependant que Montaigne ne « plaide contre ces gens icy » qu'avec l'« arme » de la raison: « Mais ceux icy veulent estre foitez à leurs propres despens et ne veulent souffrir qu'on combatte leur raison que par elle mesme » (*ibid.*).

31. Ce fait est également souligné par la présence du mot *bien* dans la conclusion de *p* (« il est bien besoin... »), qui en français contemporain équivaudrait à *sans doute*, et qui accentue la valeur concessive de *p*.

32. O. Ducrot, « Sémantique linguistique et analyse de textes », p. 109. La structure relève du cas 1 de la typologie de Ducrot ; voir *infra* p. 203.

foy de toute la raison qui est en nous [*p*], mais tousjours avec cette reservation de n'estimer pas que ce soit de nous qu'elle dépende, ny que nos efforts et argumens puissent atteindre à une si supernaturelle et divine science [*q*]. » Nous remarquons d'abord que l'argument *q* de la première structure occupe ici la place de *p* ; ayant eu la position supérieure dans la première structure, il a passé maintenant à la position inférieure. Cela confirme bien que la conclusion de la première *p mais q* n'était que provisoire, prête à être abandonnée à la suite de nouvelles informations. En ce qui concerne *q*, on se rappelle qu'il constituait dans la première structure l'exacte négation de la conclusion de *p*, ce qui le faisait identique à *non-c*. Ici, en revanche, il apparaît plutôt comme un argument contre la conclusion de *p* (dont on se rappelle qu'il correspond à *q* ou à la *non-c* de la première *p mais q*), que son exacte négation. Celle-ci s'identifie cependant dans l'enchaînement : « Et certes je crains pourtant que nous ne jouyssions [de la foy] que par cette voye », c'est-à-dire par « discours » et « moyens humains »[33]. Sans lui être identique, donc, c'est vers cette *non-c*, précisément la conclusion globale de l'argument gradué du passage, que *q* de la deuxième *p mais q* argumente.

Dans une perspective plus large, notre description des deux structures *p mais q* du passage serait enfin susceptible d'éclairer quelques aspects du projet apologétique de Montaigne. Il sera clair, par exemple, à partir de ces analyses, que l'argument en faveur des adversaires de Sebond (la position *p*), notamment de par sa position inférieure dans la première *p mais q*, serait difficilement attribuable au locuteur. Celui en faveur de Sebond, en revanche, *q* ou la conclusion du discours total, est admis, ce qui démontre que

33. L'édition Villey-Saulnier introduit un nouveau paragraphe ici. Mon analyse présuppose cependant un argument suivi, ce qui est conforme aux éditions du temps de Montaigne (vérifié sur l'Exemplaire de Bordeaux).

Montaigne défend Sebond sur ce point dans son argumentation. La deuxième *p mais q* infléchit cependant cette conclusion, démontrant qu'elle n'est que provisoire. Infirmée d'abord (puisqu'elle occupe la position *p*), elle cédera enfin à la conclusion globale de l'argumentation du passage, conclusion qui exclut toute possibilité que l'inspiration divine représente une « voye » (ou source) « à une si supernaturelle et divine science ». Il est significatif que cette conclusion (*non-c*) vers laquelle argumente la deuxième *p mais q* (a fortiori l'argumentation globale du passage), est prise en charge par un je explicite (« Certes, *je* crains pourtant... »). Cette opinion, de portée très critique, risque en effet de faire apparaître le rédacteur de l'*Apologie* comme quelqu'un qui n'admet pas la part des mystères de la foi. Si l'on se rappelle la première partie de l'analyse pourtant, ce jugement repose sur une source interne, « infiable » (« moy qui n'y sçay rien »), ce qui lui confère le statut d'un jugement qui ne prétend pas à l'universalité. Valable seulement pour celui qui le présente et seulement en ce moment, la possibilité de sa rétractation à un moment postérieur ne serait aucunement exclue.

Il s'ensuit de cette dernière remarque que si la conclusion globale de l'argumentation, prise en charge par le rédacteur de l'*Apologie*, a plus de force que les arguments des structures *p mais q* qui ne sont accordés que par autorité (celle de Sebond et de ses adversaires), cela ne lui confère pas pour autant une certitude supérieure. L'adverbe *certes* et le verbe *craindre* en sont précisément des indices ; si la « foy » ne se conçoit que par « discours » et « moyens humains », ce point de vue ne se présente nullement comme une affirmation, mais comme une concession explicite[34], dont le degré de certitude est partant inférieur. Même dans des arguments gradués comme celui qu'on vient d'analyser,

34. Voir *infra*, p. 189.

qui oriente vers une conclusion singulière, l'image de la balance n'est jamais loin. Démontrant que le préambule est construit sur un paradoxe, au même titre que le reste du chapitre, l'analyse démontre également à quel point chaque énoncé du texte de Montaigne exige d'être interprété en contexte ; sa pensée ne peut pas s'interpréter sous forme de maximes[35]. Ce qui compte dans notre perspective, pourtant, c'est l'importance de la conclusion globale du passage, non seulement parce qu'elle réfute les arguments des structures *p mais q*, tel l'effet d'un boomerang, mais parce qu'elle confirme le statut suspendu de l'inspiration divine. En fait, l'enchaînement à partir de la conclusion globale relègue l'« infusion extraordinaire » de l'inspiration divine à un domaine hypothétique par une série d'irréels du présent[36]. Aussi, si l'on ne peut tirer de l'expérience aucun indice d'une capacité à concevoir la foi par des moyens autres que strictement humains, l'éventualité d'une telle capacité est marquée dans des formes d'irréels du

35. Quelque banale que soit cette remarque, toujours est-il que les *Essais*, dans la mesure où ils sont considérés comme un texte fragmenté, digressif, peu cohérent etc., se prêtent à des interprétations susceptibles de les réduire à un ensemble de maximes.

36. Notamment: « Si nous tenions à Dieu par l'entremise d'une foy vive; si nous tenions à Dieu par luy, non par nous [...] nostre fort ne seroit pas pour se rendre à une si foible batterie » (441); « Si ce rayon de la divinité nous touchoit aucunement, il y paroistroit par tout » (p. 442); « Si nous le croyons, je ne dy pas par foy, mais d'une simple croyance, voire (et je le dis à nostre grande confusion) si nous le croyons et cognoissions comme une autre histoire, comme l'un de nos compaignons, nous l'aimerions au dessus de toutes autres choses » (p. 444); « Ces grandes promesses de la beatitude eternelle, si nous les recevions de pareille authorité qu'un discours philosophique, nous n'aurions pas la mort en telle horreur que nous avons. » (p. 445). On remarque également vers la fin du préambule où il s'agit de la possibilité de dégager la présence de la divinité dans la nature (précisément le projet de Sebond), que cette partie entasse des éléments atténuatifs: « Aussi *n*'est il *pas* croyable que toute cette machine *n*'ait *quelques* marques empreintes de la main de ce grand architecte, et qu'il *n*'y ait *quelque* image és choses du monde, raportant *aucunement* à l'ouvrier qui les a basties et formées. » (p. 446). Cela est encore un indice de la présence *indirecte* de l'inspiration divine dans le texte.

présent ; elle est donc présente dans le texte, mais seulement sur un plan virtuel.

Si l'on admet l'hypothèse que l'inspiration divine ne serait présente que sur le plan virtuel dans le texte, cela nous permet de suggérer que Montaigne s'intéresse davantage au caractère polyphonique de la notion d'inspiration divine, en particulier à sa fonction de marqueur de polyphonie externe, qu'à sa fonction de garantie d'une connaissance divine. L'avantage d'une telle hypothèse, comme le démontrent bien nos analyses du cotexte de notre exemple, c'est qu'elle permet une approche de l'inspiration divine qui préserve son aspect extérieur, son inaccessibilité à l'homme, tout en testant les limites de ce qu'on peut dire à son sujet, ou bien les capacités de l'homme à la concevoir. La conséquence en serait, du moins pour « moy », rédacteur de l'*Apologie*, de reconnaître que si l'on veut décrire une foi « inspirée » (« La foy venant à *teindre* et *illustrer* les argumens de Sebon », p. 447) ou une raison capable d'« *embellir, estandre et amplifier* la vérité de [la] creance » (p. 441), on n'a à sa disposition en fin de compte que des techniques rhétoriques, des « discours » et « moyens humains », des signes visibles de l'inspiration. Loin de dénier à l'inspiration un statut de source de connaissance divine, cette reconnaissance anticiperait tout de même sur un autre passage plus loin dans l'*Apologie*. Dans ce passage, la « voix » (philosophique) qui transforme l'esprit humain, normalement « terrestre, ignorant et ténébreux », en un esprit « clairvoyant, « grand » et « parfait » sous l'effet du délire inspiré, se démentit par sa propre énonciation, elle-même « terrestre », puisqu'elle ne fait qu'accentuer les aspects « infiable[s] et incroyable[s] » de la parole humaine (p. 568). Ce démenti ironique, bien souligné par la répétition des adjectifs « terrestre », « ignorant », « ténébreux », montrerait ainsi que quand on engage la parole en religion, on peut bien présenter, mais nullement engager l'inspiration divine comme garantie de ce qu'on dit ; seule sa propre parole peut se charger de cet engagement, information qui est contenue, précisément, dans le marqueur *il semble que*, source interne de savoir.

3. Le hasard, source de connaissance

> *c'est grande temerité de vous perdre vous mesme pour perdre un autre*
>
> II, 12, p. 558

Selon nos analyses du double mouvement du préambule, l'inspiration divine occupe dans cette partie une fonction analogue à celle qu'elle occupe en tant que principe structurant du chapitre : une fonction générée par son absence, permettant dans les deux cas la libération d'un jugement critique. Le parallèle entre les deux cas quant à la suspension de la garantie divine du savoir se limite cependant à ce niveau de structure : explicite dans le deuxième, cette suspension enchaîne une critique de la connaissance ; implicite dans le premier, elle déclenche une mise en question du statut de l'inspiration en tant que source ou garantie de savoir. En effet, un tel statut ne pourrait être acquis qu'indirectement, et serait confiné à des irréels du présent. À la différence de la deuxième partie du chapitre donc, où l'inspiration divine se réduit à n'être plus qu'un principe structurant, il s'agit toujours dans la première de sa part dans la conception humaine de la foi, même si elle n'est marquée que comme appartenant à un plan hypothétique. Indiquant plus précisément que le locuteur accorde un statut de source divine de savoir à l'inspiration sans pour autant s'en servir pour son propre compte, ce marquage rappelle encore la distinction entre les deux langages, le « parler divin » et le « dire humain » dans I, 56, dont le premier se présentait comme des expressions « incapables de doubte et altercation », le deuxième comme des « fantasies humaines ... matiere d'opinion non de foy » (p. 323)[37]. Comme l'ont démontré nos analyses du préambule, l'argumentation de l'*Apologie* se situe dans le « dire humain », même lorsqu'il s'agit d'arguments susceptibles de faire partie d'un « parler divin » ; en conséquence cette argumentation confère à l'inspiration le statut de source de savoir sur un plan uniquement hypothétique, plan où la foi seule compte.

Cet emplacement de l'argumentation dans le « dire humain » est, comme on le sait, explicite dans la seconde partie de l'*Apologie*, qui constitue la réponse à la seconde objection : « Mais ceux-ci veulent être fouettés à leur propres dépens, et ne veulent souffrir qu'on combatte leur raison que par elle-même » (p. 449). En passant à l'analyse du deuxième exemple, on s'attendrait à ce que la valeur de cet exemple se mesure relativement à un système de validation interne, résultant d'une opération mentale, logique ou déductive, ou même inconsciente, irrationnelle. On peut citer à titre d'exemple, à côté de *il semble que*, l'allusion au rêve et à la fureur, sources de savoir « naturelles » (p. 568). Mais l'exemple que nous allons considérer maintenant représente en fait, au même titre que celui qu'on vient d'analyser, une source externe de savoir. Ce qui la distingue de la source considérée jusqu'ici (l'inspiration divine), c'est qu'elle ne représente pas une sphère transcendantale, mais plutôt un domaine de la déchéance[38], celui qui met l'homme en position de concevoir accidentellement ou spontanément une connaissance certaine :

37. En ce qui concerne ce dernier, le « dire humain », Montaigne instaure, selon le point de vue de A. Tournon, son propre système de validation, en ne le fondant pas sur la déduction et/ou l'expérience, mais sur des preuves testimoniales personnelles. Voir p. 121 sqq.

38. Au XVIe siècle, ce domaine était assimilé à la sphère « sublunaire », royaume de la Fortune.

> Il n'est pas, *à l'avanture*, que quelque notice veritable ne loge chez nous, mais c'est par hazard. (p. 561)

Cet énoncé présente le hasard comme une sorte de « source » de connaissance. Avant d'entamer l'analyse polyphonique de la locution adverbiale *à l'avanture*, nous allons nous intéresser à cette « source », et plus précisément aux raisons qui permettent d'accorder à une notion polysémique comme le hasard, dénotant le sens pluriel de *cas/événement*, *fortuit/accidentel,* ainsi que *risque/danger*, le statut de source de connaissance.

On se souviendra que, dans *Des prières*, il était permis au « dire humain » de « dire » les *verba indisciplinata* : « Je luy laisse, pour moy, dire, (c) *verbis indisciplinatis*, (b) fortune, d'estinée, accident, heur et malheur, et les Dieux et autres frases, selon sa mode » (p. 323). Puisque le complément d'agent *par hazard*, dans notre exemple, est susceptible de faire partie précisément du réseau sémantique constitué par ces *verba indisciplinata*, il apparaît moins étrange que le hasard soit « source » de ce langage. Mais ce qui servira le mieux à justifier l'application à cette notion du terme « source de connaissance » (ou « de savoir »), c'est la présence, deux pages plus loin, d'une autre notion appartenant à ce même réseau sémantique, à savoir la fortune, cause de ce qui arrive sans raison apparente (donc synonyme du hasard)[39]. Représentée sous forme d'une figure de l'abondance épistémologique, elle apparaît ici précisément comme une source de connaissance :

> Toutesfois, que la fortune nous remue cinq cens fois de place, qu'elle ne face que vuyder et remplir sans cesse, comme dans un vaisseau, dans nostre croyance autres et autres opinions, tousjours la presente et la derniere c'est la certaine et infaillible. (p. 563)

39. A. Rey, le *Robert Historique*, art. « hasard ».

Présentant la même double face, de plénitude et de vacuité (« vuyder et remplir sans cesse »), que d'autres figures de l'abondance dans les *Essais*, on remarque qu'elle régit aussi, dans sa forme épistémologique, un « mouvement cornucopien » ou d'éternelle répétition de transvasement, caractéristique pour ces figures dans les *Essais*[40]. On remarque également qu'aux prises avec la fortune, « nostre croyance » apparaît comme un contenu instable et fluctuant dont nous ne sommes que le contenant ; certitude et infaillibilité se réduisent alors à une simple fonction de nouveauté (« tousjours la presente et la derniere c'est la certaine et infaillible »). En tant que figure de l'abondance de forme épistémique ou de source de connaissance, la fonction de la fortune semble ainsi souligner que l'âme (« nostre croyance ») est incapable de distinguer entre vérité et erreur ; image décisive, nous allons le voir, pour la détermination de la pertinence de notre exemple.

Ce qui nous intéresse en premier lieu, pourtant, à l'égard du réseau sémantique susceptible de caractériser le « dire humain », ce qui rend ces *verba indisciplinata* si intéressants pour nos analyses, c'est que la locution adverbiale *à l'avanture* s'inscrit elle aussi à plusieurs égards dans ce réseau sémantique « indiscipliné ». D'abord, elle admet (à côté du sens modal) plusieurs acceptions au XVIe siècle, dont l'une est justement *par hasard*[41]. À cela s'ajoute que le sème *hasard* semble présent même dans l'acception modale de *à l'avanture*. Comme Montaigne se sert rarement de l'acception *par/au hasard* de la locution[42], c'est justement ce point, qui distingue celle-ci, d'ailleurs, de sa variante *peut-être*, qui va retenir

40. Voir T. Cave, *Cornucopia*, p. 277 sqq.

41. Voir chapitre 1.

42. Il y a 9 occurrences de l'adverbe au sens de *au/par hasard*, par rapport à 127 au sens de *peut-être*.

notre attention. La présence du sème *hasard* dans l'acception modale de *à l'avanture* semble permettre d'établir dans l'exemple une relation au niveau sémantique entre cette locution et le complément d'agent *par hazard.* Nous avons déjà proposé des hypothèses sur la raison pour laquelle Montaigne se sert de *à l'avanture* pour exprimer la modalité adverbiale, et non de la forme *peut-être*, plus courante à l'époque[43]. Sans qu'il y ait besoin de revenir sur cette question ici, ce rapprochement (au niveau sémantique) entre une locution adverbiale apportant un commentaire sur la valeur de vérité de l'énoncé, et un complément d'agent renvoyant à une source de connaissance, semble pouvoir apporter des précisions à la question de savoir pourquoi Montaigne préfère *à l'avanture* à *peut-être*, dans lequel ce sème est absent, pour exprimer la modalité adverbiale. À cet égard une considération liminaire sur le complément *par hazard* ne constitue pas une digression par rapport à notre perspective centrale.

Nous avons déjà remarqué à plusieurs reprises que la source de savoir à laquelle renvoie *par hazard* représente, au même titre que l'inspiration divine, une source de savoir externe à l'homme. À cela s'ajoute en outre une certaine tendance à établir une liaison quasiment synonymique entre ces deux notions[44]. Un tel rapport

43. Voir chapitre 1, p. 54 sqq.

44. En commentant la préface d'Henri Estienne à la traduction des *Hypotyposes* de Sextus Empiricus, E. Naya établit notamment un tel rapport entre le hasard et la Providence. Le hasard qui fit entrer Estienne dans sa bibliothèque et lui fit redécouvrir les *Hypotyposes* représente, selon Naya, « une petite mise en scène de la Providence » (« Traduire les *Hypotyposes pyrrhoniennes* : Henri Estienne entre la fièvre quarte et la folie chrétienne », in *Le scepticisme aux XVIe et XVIIe siècles*, éd. P.-F. Moreau, Paris, Albin Michel, 2001, pp. 48-94). A mon avis, la présence de cette notion dans la préface renvoie plutôt à l'effet de hasard, à la « péripétie imprévue » qui provoque la suspension du jugement et l'ataraxie, décrit dans l'anecdote « L'éponge d'Apelle » ; voir T. Cave *Pré-histoires*, p. 23. Cela dit, il est possible de voir un étroit rapport entre le hasard et la Providence dans la préface de la traduction partielle des œuvres de Sextus (*Examen vanitatis doctrinae gentium, et veritatis Christianae disciplinae*, 1520), de Jean François

semble cependant peu probable dans notre exemple ; s'il y a une parenté entre les deux sources, celle-ci se limite à ce qu'elles sont toutes les deux externes à l'homme. Nous allons proposer que la notion de hasard dans l'exemple, doublement actualisée à travers *par hazard* et *à l'avanture*, ne se définit pas relativement au topos de la Fortune[45], mais à un cadre philosophique, notamment celui du scepticisme. Nous avons déjà évoqué ailleurs que *à l'avanture* aurait des affinités avec le vocabulaire sceptique[46] ; à cela s'ajoute que la partie de l'*Apologie* qui nous concerne reprend la tripartition, proposée par Sextus Empiricus, de la philosophie en dogmatiques, académiciens et pyrrhoniens (présentée pour la première fois aux pp. 502-506). Nous remarquons d'abord que cette reprise ne se limite pas, comme dans la présentation initiale, à une simple description des trois « genres » de la philosophie ; ici nous avons affaire plutôt à une évaluation des écoles philosophiques.

Le caractère extrêmement insolite de cette évaluation est également à remarquer ; elle ne conteste pas seulement l'opinion « moyenne et douce » (investissant l'homme d'une connaissance limitée) du dogmatique Théophraste par un étonnant éloge du progrès[47], mais fait aussi ressortir à quel point le probabilisme des académiciens est proche de la doctrine des dogmatiques[48]. Cette

Pic de la Mirandole (Cave, *ibid*, p. 29). On remarque également un rapport similaire dans la critique par le Vatican des *Essais* en 1581, entre « fortune » et « Providence » ; la censure du Vatican notait un emploi extensif du mot « fortune » dans les *Essais* et exigea qu'il fût remplacé par « Providence » (voir la préface de I, 56 par Villey).

45. Au moyen âge du moins, il était convenu que Dieu laissait la déesse Fortuna régner sur le monde sublunaire.

46. Voir le chapitre 1, p. 59.

47. Voir T. Cave, *Pré-histoires*, pp. 47-48.

48. « Cette apparence de verisimilitude qui les faict pendre plustost à gauche qu'à droite, augmentez la; cette once de verisimilitude qui incline la balance,

évaluation insolite, qui renverse aussi bien la position des dogmatiques que celle des académiciens, conclut en outre (et paradoxalement) à la prééminence des pyrrhoniens : si l'« advis des Pyrrhoniens est plus hardy et, quant et quant, plus vraysemblable » (p. 561), c'est parce que « la plus seure assiete de nostre entendement, et la plus heureuse, ce seroit celle là où il se maintiendroit rassis, droit, inflexible, sans branle et sans agitation » (p. 562). Notre exemple se situe ainsi à l'intérieur d'une partie de l'*Apologie* qui établit la supériorité du pyrrhonisme sur les autres courants philosophiques, en les situant sur une échelle (argumentative) déterminée par le critère du « vraysemblable », échelle sur laquelle le pyrrhonisme occupe donc la position supérieure[49], les autres courants les positions inférieures[50]. Nos analyses se concentrent plus précisément sur le passage qui suit directement la réfutation[51], par l'éloge du progrès, de la position dogmatique, l'opinion « moyenne et douce » de Théophraste. À travers un vocabulaire académique, ce passage pose d'abord la

multipliez la de cent, de mille onces, il en adviendra en fin que la balance prendra party tout à faict, et arrestera un chois et une verité entiere. » (p. 562).

49. La notion d'échelle concerne donc la relation d'ordre entre des arguments qui visent la même conclusion (constituée dans notre cas par « vraysemblable »). Ceux-ci constituent en outre ce qu'on appelle une « classe argumentative », indiquée par le comparatif « plus » qui qualifie « vraysemblable ». Cette « classe », constituée donc des arguments relatifs aux trois courants philosophiques, n'assigne pas au pyrrhonisme la position extrême sur l'échelle, mais simplement une position supérieure aux autres membres de la classe (voir nos analyses du premier exemple, chapitre 4, deuxième section). Le fait que la supériorité du pyrrhonisme n'est pas établie de façon absolue est également souligné par le vocabulaire académique (« vraysemblable ») qui constitue l'échelle. Effets de renversement ou d'argumentation autocritique, ils sont précisément caractéristiques du pyrrhonisme.

50. On serait tenté de placer les académiques dans la position moyenne et les dogmatiques dans la position inférieure, mais comme on a vu, l'évaluation de ces courants philosophiques prête aussi à un renversement de leurs positions.

51. Ce qui lui confère, en conséquence, une position inférieure sur l'échelle déterminée par « vraysemblable ».

connaissance de soi comme préalable à toute autre connaissance : « Or il est vraysemblable que, si l'ame sçavoit quelque chose, elle se sçauroit premierement elle mesme » (p. 562). Il précise ensuite la valeur d'une connaissance certaine pour l'homme en localisant sa source (le contenu de notre exemple), et se termine enfin en constatant l'incapacité de l'âme à choisir entre vérité et erreur. Notre analyse consiste ainsi dans un premier temps en une considération de la portée sceptique de la notion de hasard, source (ou manière de concevoir) d'une connaissance certaine ; son objectif principal, cependant, sera de préciser la fonction de la locution adverbiale *à l'avanture* ; précision qui permet de proposer la locution comme composante fondamentale d'une structure argumentative pyrrhonienne. La reconnaissance de l'éloge du progrès comme partie de cette structure argumentative est un autre effet, secondaire sans doute, de cette analyse.

C'est précisément chez Sextus, dans l'anecdote de « l'éponge d'Apelle », qu'est précisée la valeur de la notion de hasard pour le scepticisme. Dans son commentaire de l'anecdote, T. Cave démontre que c'est l'*epochè*, la suspension du jugement, et non l'ataraxie, qui constitue l'élément central de l'anecdote[52]. Dans la mise en parallèle entre le geste de jeter l'éponge et l'exercice intellectuel des sceptiques, c'est avant tout l'*epochè* qui se cristallise « comme l'effet du hasard, voire d'une *passion* momentanée (énervement, colère »), *ibid.* À côté de cet « accident » perçu, selon Cave, « rétrospectivement comme la démarche fondatrice de toute une philosophie [...], l'ataraxie même finit par n'être plus qu'un effet secondaire » (*ibid.*). Cet accent sur le côté épistémologique du pyrrhonisme plutôt que sur son côté moral, permet ainsi de lier la notion de hasard à l'*epochè*. Se présentant comme moyen d'accès accidentel à une connaissance

52. *Pré-histoires*, p. 23.

« veritable », la notion de hasard dans notre exemple paraît proche de cet « accident », décrit par Sextus, qui avait fait découvrir au sceptique l'élément fondateur de sa philosophie. C'est ainsi le sème *accidentel* (dans la notion du hasard) qui permet d'attacher cette notion à un contexte sceptique.

Nous passons maintenant à l'objectif principal de l'analyse, à la fonction de la locution adverbiale *à l'avanture*. Même en limitant l'analyse à un plan rigoureusement fonctionnel, nous croyons pouvoir démontrer que la locution s'attache à une perspective sceptique en tant que composante d'une structure argumentative pyrrhonienne ; et en outre, qu'elle actualise, ne fût-ce que par un effet secondaire, les autres sèmes inhérents à la notion de hasard, surtout ceux de *risque* et de *danger*.

Nous connaissons déjà par les analyses précédentes la structure *p mais q* dans laquelle s'insère la locution adverbiale *à l'avanture* (« Il *n*'est *pas* à *l'avanture* que *quelque* notice veritable *ne* loge chez nous [*p*], mais c'est par hazard [*q*] »), et nous savons donc qu'elle a trait à la polyphonie, surtout en raison du mot pivot *mais*, « polyphoniquement grammatic[al] »[53]. Polyphonique en elle-même (pour ainsi dire), la construction se prête ainsi particulièrement bien à démontrer les effets polyphoniques inhérents à l'emploi de *à l'avanture*. Ceux-ci peuvent être d'ordre polémique, comme dans l'exemple suivant : « Peut-être que tu n'as pas dormi, mais, en tout cas, tu as sacrément ronflé »[54]. Dans ce cas ouvertement polémique, où « le locuteur feint d'accepter la vérité de *p* seulement pour affirmer tout de suite *q* qui implique la fausseté de *p* »[55], *q* ou la correction de *p* (introduite par *mais*)

53. Voir note 29. A *mais* s'ajoute en outre la double négation *ne...pas...ne* et l'adjectif indéfini *quelque* qui ne seront pas étudiés en détail ici, mais qui sont également des indices de la complexité du lien entre le locuteur et le point de vue qu'il présente.

54. O. Ducrot, *Le dire et le dit*, p. 192.

55. H. Nølke, *Le regard du locuteur*, p. 156

apparaît comme une réfutation de *p*. Bien plus fréquents cependant sont les effets qui se résument sous le terme de « concession réservée » et qui peuvent être démontrés par une comparaison avec le comportement de l'adverbe *certes*[56]. Dans ces constructions, *peut-être* introduit au même titre que *certes* une distance par rapport à *p*, qui permet au locuteur de ne pas affirmer le contenu (de *p*) pour son propre compte. Le comportement des deux adverbes ne diffère en effet que sur un point : en se servant de *certes* le locuteur reconnaît la vérité de *p*, alors qu'avec *peut-être* il se contente d'admettre la possibilité de *p*. Dans le premier cas il s'agit donc d'une concession explicite (le locuteur concède explicitement *p*), alors que dans le deuxième la concession est réservée, signifiant que le locuteur émet des réserves quant à la vérité de *p*. Les deux adverbes servent donc à réaliser la structure argumentative habituelle de *p mais q*, selon laquelle la correction de *p* n'est pas fondée sur sa fausseté, mais sur son impertinence pour la conclusion de l'argumentation, c'est-à-dire la conclusion du discours total *p mais q*.

Les effets polyphoniques qu'introduisent *peut-être* peuvent être caractérisés par l'expression « concession réservée ». Ils s'avèrent toutefois bien plus subtils que ceux de *certes*. Selon les analyses de notre exemple, *peut-être* diffère de *certes* non seulement parce qu'il permet des effets ouvertement polémiques (cf. l'exemple donné ci-dessus)[57], mais encore des effets argumentatifs bien plus complexes que ceux qui sont habituels pour la structure *p mais q*. Plus précisément nous présenterons deux interprétations des effets de *à l'avanture*[58] dans notre exemple ; l'une qui les situe dans la perspective d'une concession réservée, l'autre qui les mettra en

56. Voir Nølke, *ibid.*, p. 156.

57. Ce qui n'est pas possible avec *certes*, car on ne peut pas concéder explicitement quelque chose qu'on tient pour faux.

58. Qui est, nous le rappelons, synonyme de *peut-être* sur le plan fonctionnel.

rapport avec une perspective pyrrhonienne. Selon la première, la correction apportée par *q* (« mais c'est par hazard ») à *p* (« Il n'est pas à l'avanture que quelque notice veritable ne loge chez nous »), n'implique pas la fausseté de *p*[59], mais une *précision* de la provenance ou la source de cette connaissance qui peut éventuellement loger chez l'homme, source qui précisément est identifiée comme (ou localisée dans) la notion de hasard. La locution adverbiale fait donc partie d'une structure argumentative où le locuteur concède à son opposant qu'une connaissance « veritable » peut très bien loger chez l'homme, mais où il précise que ce fait n'est pas pertinent pour la conclusion, vu qu'elle (la connaissance) provient du hasard. La conclusion à laquelle vise l'argumentation constitue justement l'enchaînement de l'exemple : « Et d'autant que par mesme voye, mesme façon et conduite, les erreurs se reçoivent en nostre ame, elle n'a pas dequoy les distinguer, ny dequoy choisir la verité du mensonge » (*ibid.*). Tant que l'appareil humain, l'âme, ne sait pas distinguer entre vérité et erreur, la source de connaissance constituée par le hasard ne saura être une source fiable. Selon cette interprétation le locuteur se sert de *à l'avanture* pour exprimer une concession réservée à l'égard de *p* ; s'il ne le tient pas pour faux, il le considère comme impertinent pour la conclusion. C'est là la structure habituelle de la construction concessive *p mais q*[60].

Or nos analyses permettent de suggérer que l'exemple se prête à une lecture encore plus complexe. Si l'on remonte au texte qui précède l'exemple, on voit que le point de vue exprimé par *p* a déjà été présenté et pris en charge par le locuteur auparavant. Commençant à la page précédente par « il est malaisé de donner bornes à nostre esprit... » (p. 560), la manière dont l'homme peut

59. Ce qui exclut le cas polémique ouvert.

60. Dans « Sémantique linguistique et analyse de textes », O. Ducrot propose une « typologie » plus détaillée; nous y faisons référence dans l'analyse suivante.

progressivement acquérir une connaissance « veritable » (même illimitée car « L'homme est capable de toutes choses... » p. 561), est développée à travers un passage entier, et ne laisse aucun doute sur le fait qu'il s'agit de l'expérience propre du locuteur[61] : « Ayant essayé par experience », « je ne laisse pas de le sonder et essayer », « j'ouvre à celuy qui me suit quelque facilité », etc. Dans cette perspective, le locuteur fait semblant de mettre en doute la vérité de *p* (à l'aide de *à l'avanture*), bien qu'il sache que *p* est vrai (étant justement le fruit de sa propre expérience). L'effet de cette manœuvre n'est donc pas de mettre en doute *p*, mais *la valeur même* de l'argument (en tant que tel) : qui argumente de cette façon ne peut guère avoir raison. Puisque l'opposant à qui le locuteur concède la vérité de *p* est précisément lui-même – si étonnant que cela soit, tout le passage précédent le démontre[62] – la fonction de la locution adverbiale consiste ainsi à démontrer comment le locuteur met en doute sa propre argumentation. Exemple d'une stratégie argumentative qui permet au locuteur de diriger le doute non seulement contre le point de vue de son opposant, mais aussi contre le sien propre, l'énoncé contenant *à l'avanture* assumerait sans doute la fonction d'une concession réservée. Mais avant tout il est un bel exemple de l'argumentation pyrrhonienne, définie par les

61. Contrairement à ce que semble penser A. Tournon qui rapporte ce point de vue à Théophraste (*La glose et l'essai*, p. 251). A mon avis, ce n'est pas Théophraste qui propose la « théorie de l'investigation » (ou « l'éloge du progrès »), mais Montaigne lui-même (qui en *sondant* et *essayant* s'accumule des connaissances) ; ce n'est pas non plus « nostre esprit » qui ne sait pas renoncer à la recherche des « principes », mais ceux qui acceptent, comme Théophraste, que l'homme n'a accès qu'à une connaissance limitée. Voir également le commentaire de ce passage par T. Cave, selon qui le renversement (positif) du passage est « accompli sur le plan énonciatif par un usage fortement marqué de la première personne et, sur le plan rhétorique, par la *lexis* montaignienne de l'expérience et de l'essai » (*Pré-histoires*, pp. 47-48).

62. L'un des critères qui permet d'attribuer un point de vue au locuteur (de l'énoncé) est justement que ce même point de vue est exprimé dans le passage précédent.

pyrrhoniens eux-mêmes comme un remède « qui pousse hors les mauvaises humeurs et s'emporte hors quant et quant elle mesmes » (p. 527).

Cet exemple, composé d'une structure concessive dans laquelle s'insère la locution adverbiale *à l'avanture*, fournit ainsi une démonstration excellente de la force corrosive de l'argumentation pyrrhonienne, de sa capacité à apprivoiser l'adversaire par une stratégie qui ne réfute pas le contenu de ses arguments mais leur valeur même. Cet aspect émerge notamment dans le cadre d'une théorie fondée sur le concept de polyphonie. Allons donc un peu plus loin dans ce sens et considérons à la lumière d'une telle analyse un des passages les plus déconcertants et paradoxaux de l'*Apologie*. Il s'agit du passage immédiatement précédent, selon lequel l'homme est investi d'une capacité illimitée à accumuler des connaissances[63]. Devant ce passage, imprégné d'un optimisme épistémologique tout étranger au reste du chapitre, certains critiques ont exprimé de la surprise : « on ne s'attendrait vraiment pas à entendre, surtout dans ce chapitre des *Essais*, un éloge du progrès »[64], tandis que d'autres ont cherché à neutraliser l'optimisme[65]. Dans notre perspective cependant, ce passage n'apparaît pas comme paradoxal, car il s'inscrit précisément comme argument dans une stratégie qui permet au locuteur de présenter un point de vue (ou opinion) dont il ne conteste pas le contenu, mais la valeur. En tant que composant d'une stratégie argumentative pyrrhonienne, le passage apparaît en effet comme parfaitement cohérent, car la stratégie n'autorise pas le débattant à se prononcer sur la valeur de vérité des faits – l'homme ne possède

63. Déconcertant précisément parce qu'il risque de révéler un Montaigne plus dogmatique que les dogmatiques eux-mêmes.

64. T. Cave, *Pré-histoires*, p. 48. Cet auteur propose cependant de voir l'éloge du progrès comme une recherche illimitée de connaissance, donc comme une expression de la zététique pyrrhonienne.

65. Cf. note 61.

aucun moyen de prouver s'il peut accumuler ou loger des connaissances – mais seulement sur la pertinence des arguments qui présentent les faits. Le doute jeté sur l'argument *p* ne laisse pas entendre qu'il soit faux (sa vérité a même été éprouvée par l'expérience propre), ce qui présupposerait que son contraire est vrai, mais que sa valeur de vérité ne peut jamais être prouvée de manière définitive. Dans cette perspective, la stratégie mise en œuvre par la combinaison entre la locution adverbiale et la structure concessive est en tous points conforme aux procédés des pyrrhoniens.

Mais le trait le plus intéressant de l'analyse, dans la perspective du pyrrhonisme, serait la transformation, opérée par l'exemple, du débatteur en son propre opposant, transformation qui le met en position littéralement de « battre » sa propre opinion. Excellente démonstration de la manière dont le pyrrhonien se « perd soi-même pour perdre un autre », elle révèle l'aspect le plus caractéristique de l'argumentation pyrrhonienne, sa stratégie autocritique (ou autodestructrice) ; dirigé contre soi-même, l'effet purgatif qu'opère le doute apparaît avant tout comme réflexif[66]. Le passage précédant l'exemple, qui présente la capacité de l'homme à accumuler des connaissances comme une expérience propre au locuteur, confirme qu'il s'agit effectivement d'une autocensure. Son sens plein se révèle dans cette mise en évidence du danger inhérent à la stratégie argumentative pyrrhonienne, son effet de faire détruire (ou invalider) des arguments par celui même qui s'en sert. Il est à remarquer que les « voyes extravagantes » du pyrrhonisme, déconseillées à la princesse dans l'apostrophe, se caractérisent précisément par un réseau métaphorique qui dénote le danger

66. Ainsi A. Tournon : « il s'agit de neutraliser la propension interne à tenir pour définitif le jugement qu'on vient de formuler, pour universelles les lois du lieu où l'on se trouve ; à se fier aux significations qu'on extrait des textes, aux apparences sensibles que l'on prélève dans le réel » (*La glose et l'essai*, p. 251).

(« coup désespéré », « c'est grande temerité de vous perdre vous mesme pour perdre un autre », p. 558). Ce rattachement explicite de l'argumentation pyrrhonienne à un contexte dangereux, à travers des métaphores de guerre (« armes et conditions de combat si desésperée... »), permet de rappeler une dernière fois la nature polysémique de la locution adverbiale *à l'avanture*, comptant justement le sème *danger* parmi ses sens. Ce serait là encore un indice de l'intérêt de Montaigne pour cette locution, et en même temps une nouvelle démonstration de sa pertinence pour une perspective pyrrhonienne.

Dans le cadre de nos analyses, ce dernier exemple, composé d'une structure concessive *p mais q* à laquelle s'ajoute *à l'avanture*, serait donc un cas particulier, une illustration en micro-perspective, de cette stratégie argumentative auto-destructrice qu'est le pyrrhonisme. On pourrait même aller jusqu'à affirmer que Montaigne lui-même a mis en avant un argument en faveur d'une telle interprétation. Dans l'apostrophe à la princesse, en effet, il caractérise la stratégie dont il se sert comme « un tour *secret* ». Or, celle qui est révélée par nos analyses est précisément une forme d'argumentation *cachée*, dans la mesure où elle aurait difficilement pu être découverte en dehors d'un cadre théorique fondé sur le concept de polyphonie. Car notre interprétation de la structure *p mais q* est destinée à repérer non seulement le rapport entre le locuteur et ses arguments, mais aussi le rapport entre lui et les conclusions (souvent sous-entendues) que visent ceux-ci. Notre cadre théorique se prête donc particulièrement bien à démontrer la capacité de l'argumentation pyrrhonienne à faire non seulement tenir successivement deux attitudes ou opinions contraires, mais encore de les tenir simultanément. Ce cadre permet de démontrer comment le locuteur peut formuler une critique contre sa propre opinion *p*, sans pour autant la tenir pour fausse (sa vérité a même été essayée par expérience), mais pour impertinente à l'égard de la conclusion à laquelle vise l'argumentation. Cette critique qui ne concerne donc pas la valeur de vérité de l'opinion, mais sa pertinence, semble bien correspondre à une présentation simultanée de deux opinions ou attitudes contraires, mais de valeur (de vérité) égale.

Le cas particulier d'argumentation autocritique que nous venons d'analyser dans l'*Apologie* fournit ainsi un exemple très sophistiqué d'investissement de l'insécurité dans la première personne. Susceptible d'être vu à cet égard comme l'un des préalables à l'énonciation, comme l'une des conditions d'emploi exigées par les pyrrhoniens, et dont on a déjà vu d'autres cas dans les exemples précédents, le présent cas apparaît sans doute comme le plus proche de ce « nouveau langage » que les pyrrhoniens recherchaient, langage qui leur permettrait de formuler leur message sans le démentir. Le fait que l'exemple opère avec le concept de hasard comme source ou garantie de la connaissance – celle-ci serait le résultat d'une sorte de récolte ou de création accidentelle – ne réduit en rien cette hypothèse. En rappelant nos analyses du début, ce concept est attaché à la démarche fondamentale du pyrrhonisme, l'*epochè* ou la suspension du jugement. C'est précisément parce que l'exemple cherche ses limites ou ses contraintes épistémiques – au niveau et du contenu (par le complément *par hasard*) et de l'énonciation (par la locution adverbiale *à l'avanture*) – non dans une source divine, mais dans une source « profane » pour ainsi dire, qu'on peut se permettre de définir explicitement la stratégie discursive de l'exemple dans le cadre du pyrrhonisme. Les effets discursifs d'une telle stratégie représenteraient ainsi des contraintes épistémiques qui s'imposent à toute communication d'une information, d'une « notice veritable », partant aussi celles du champ de la croyance. Comme il fait partie d'un passage d'évaluation des arguments philosophiques, l'exemple est une illustration de l'élargissement de la perspective épistémologique qui caractérise la deuxième réponse aux adversaires de Sebond, perspective qui considère « l'homme seul, sans secours estranger, armé seulement de ses armes, et despourveu de la grace et cognoissance divine » (p. 449). Exemple donc de l'affaiblissement du rapport entre les axes de la religion et de l'épistémologie, il anticiperait à cet égard l'analyse de l'exemple suivant, choisi dans le chapitre *Du repentir* (III, 2), dans lequel ce rapport ne sera exprimé que sur le plan implicite. Ce nouvel exemple, par lequel nous terminons ce chapitre d'analyses d'exemples qui tous se définissent, d'une manière ou d'une autre, par rapport au champ de la croyance, présente la même structure concessive et la même locution adverbiale que l'exemple précédent, ce qui permet d'appliquer une approche analytique identique dans les deux exemples. En effet, ils ne se distinguent l'un de l'autre que sur le plan du contenu : alors que celui-là s'insère dans une exposition générale d'arguments sceptiques dans l'*Apologie*, celui-ci apparaît dans un texte qui, sanctionné par un titre quasi-chrétien, serait une sorte de transformation (ou reprise) laïque du récit pénitentiel[67].

67. Voir T. Cave, *Pré-histoires*, p. 164 sqq.

TROISIÈME SECTION

DU REPENTIR, OU COMMENT S'EXCUSER DE SES CONTRADICTIONS

1. Introduction

L'exemple qui terminera ce chapitre accentue donc une tendance déjà manifeste dans l'exemple précédent, notamment la disparition progressive du rapport entre les exemples analysés et le champ de la croyance. Bien qu'il traite d'un aspect très précis de la croyance, tout comme *Des prières*, le texte dont relève le présent exemple ne semble s'y référer que de façon oblique ou détournée. Alors que dans *Des prières* le « patenostre » comporte la possibilité d'une transformation intérieure du sujet priant, dans *Du repentir* la *conversio* du sujet repentant est, sinon complètement absente, du moins reléguée dans l'irréel (« Si la repentance pesoit sur la balance, elle en-porteroit le peché », p. 813). En fait, plutôt que d'investir dans l'homme une capacité de reconnaître ses péchés, condition nécessaire pour s'en déculpabiliser par le repentir, le chapitre met en doute ou va carrément jusqu'à nier que l'homme soit en possession d'une telle capacité (« Le repentir n'est qu'une desditte de nostre volonté et opposition de nos fantaisies », p. 808) ; la seule déculpabilisation « réussie » pour ainsi dire dans le chapitre est d'ordre laïc, et s'aménage sans repentance (voir l'anecdote du larron, pp. 811-812). À cela s'ajoute que dans la mesure où le « je », narrateur de ces deux chapitres sur la prière et sur le repentir, est susceptible de se reconnaître ou de refléter une image de soi-même dans son récit, en tant que sujet priant et/ou se repentant, ce serait davantage comme le premier que comme le dernier[1]. Pour que cela devienne évident, on n'a qu'à comparer la remarque que fait Montaigne dans I, 56 au sujet du « patenostre » (« C'est l'unique priere de quoy je me sers par tout », p. 318) avec le « je me repens rarement » (p. 808) de III, 2. Dans cette perspective, le chapitre *Du repentir* apparaît comme plus proche de l'*Apologie*, qui ne touche le champ de la croyance qu'à travers une défense assez étrange, d'ailleurs, d'une œuvre théologique, que de *Des prières*.

Etant donné cette « laïcisation » du thème du repentir dans le chapitre, on aurait pu rapporter l'exemple de *Du repentir* à notre prochain chapitre d'analyse, dont les exemples sont sans références au champ de la croyance. Permettons-nous de recourir encore une fois aux arguments de T. Cave pour justifier le choix de maintenir quand même notre analyse de *Du repentir* dans une perspective qui la définit par rapport à ce champ. L'auteur remarque à l'égard du « récit » dont il s'agit dans ce chapitre (récit « sans repentir »), qu'il « obéit à la loi de prétérition : ce qui est nié ou écarté n'en est pas moins articulé, modifiant en conséquence le sens du geste déculpabilisant »[2]. Cette remarque sur le double mouvement de la prétérition est extrêmement pertinente pour notre perspective, et cela sous deux aspects. D'une part elle explicite le caractère polyphonique de la négation, laquelle véhicule non seulement un point de vue négatif, mais aussi un point de vue positif, l'assertion sous-jacente du fait nié ; d'autre part c'est justement cette remarque qui permet au critique d'avancer ensuite que « ce qui se passe dans *Du repentir* est rigoureusement analogue à la démarche pyrrhonienne telle qu'elle est décrite dans l'*Apologie de Raimond Sebond* » (*ibid.*). Ces observations serviront en effet de point de départ à nos propres analyses, qui s'élaborent toujours à partir du concept de

1. Dans la mesure où, comme la prière, le repentir désigne un lieu privilégié où l'on puisse établir une relation individuelle, personnelle à Dieu.

2. T. Cave, *Pré-histoires*, p. 165.

polyphonie. Car il s'agit pour nous d'une part de décrire formellement la modification du sens du « geste déculpabilisant » entraînée par le mouvement de la prétérition, d'autre part de démontrer la manière dont l'exemple s'inscrit comme composante de la démarche de *Du repentir* en entier. C'est précisément cette démarche particulière de *Du repentir*, rigoureusement analogue à la démarche pyrrhonienne de l'*Apologie*, qui permet de garder l'analyse de l'exemple dans la perspective du présent chapitre.

2. Analyse

Il convient de préciser toute de suite une limite à l'égard de ces remarques préliminaires, qui portaient sur tout le chapitre en question. Notre exemple se trouve dans le préambule, partie « théorique » du chapitre, qui ne touche pas explicitement au thème du repentir, mais qui présente l'une des images ou représentations, d'ailleurs fréquentes dans les *Essais*, de leur mouvement d'écriture, *a fortiori* du processus qui leur donne forme, à savoir la pensée ou le jugement montaigniens. Le préambule du chapitre dont fait partie l'exemple est donc susceptible de porter sur tous les *Essais*. Dans la mesure où il touche au phénomène de la contradiction, l'exemple est précisément exemplaire à cet égard ; nul trait des *Essais*, de leur écriture, ne semble plus saillant, et c'est sur lui que la critique a éprouvé le besoin le plus constant de se prononcer ; nos propres analyses ne constituent pas une exception. Aussi, lorsque nous nous proposerons de décrire formellement ce qui « modifie [...] le sens du geste déculpabilisant », c'est en faisant porter ce geste non sur le repentir, mais sur la contradiction ; geste donc de quelqu'un qui admet qu'il se contredit : « je me contredits bien à l'adventure... » (p. 806). Il va sans dire que cela rend les références au champ de la croyance encore plus tacites ; toujours est-il, à notre avis, qu'il existe une relation entre le geste déculpabilisant portant sur les contradictions et celui portant sur le repentir, permettant de supposer qu'une description de l'un de ces gestes serait révélatrice également de l'autre. Conférant à l'exemple, en fait, un statut de mise en abyme de la démarche de *Du repentir* en entier, le dernier point de l'analyse sera consacré à démontrer cette relation ou parenté entre les deux gestes.

Portant sur le chapitre *Du repentir*, cette section consiste ainsi en une analyse d'un exemple décrivant le geste d'un locuteur qui admet ses propres contradictions, tout en modifiant cet aveu par la forme même de son énonciation :

> Tant y a que je me contredits bien *à l'adventure*, mais la verité, comme disoit Demades, je ne la contredy point. (p. 806)

Nous considérerons les effets discursifs dont cette modification est composée comme constitutifs pour une stratégie discursive qui aurait des affinités avec l'argumentation pyrrhonienne. Dans cette perspective, il est d'autant plus significatif que le contenu propositionnel de l'exemple établit également un rapport à cette philosophie : que l'on se rappelle, par exemple, sa formule centrale, le *ou mallon*[3]. Cette formule, qui vise une mise en équilibre des contraires, condition et de l'epochè et de l'ataraxie[4], constitue à bien des égards l'arrière-plan du contenu de l'exemple. Dans cette perspective, l'aveu par le locuteur de ses propres contradictions n'apparaît

3. Dont les propos de Timon (disciple de Pyrrhon) offrent la formulation la plus ample : « Il ne faut pas accorder (aux choses) la moindre confiance, mais être sans jugement, sans inclination d'aucun côté, inébranlable, disant de chaque chose (1) qu'elle n'est pas plus qu'elle n'est pas, ou (2) qu'elle est et n'est pas, ou (3) qu'elle n'est ni n'est pas »; citée dans E. Naya, « Ne sceptique ne dogmatique, et tous les deux ensemble », p. 87.

4. Et que Montaigne décrit de la manière suivante : « la plus *seure* assiete de nostre entendement, et la plus *heureuse*, ce seroit celle là où il se maintiendroit rassis, droit, inflexible, sans bransle et sans agitation. » (p. 562) ; c'est nous qui soulignons.

pas comme un aveu d'impuissance, mais plutôt comme un indice de ce mode d'expression, proche de l'argumentation pyrrhonienne, auquel on a affaire dans le chapitre, partant dans tous les *Essais*. C'est cependant moins ce contenu lui-même qui révèle une parenté avec cette argumentation, que les éléments formels qui l'organisent, ainsi que les effets discursifs qui en résultent. Dans l'analyse de ces effets discursifs, nous allons suivre la même démarche que dans l'exemple précédent, c'est-à-dire considérer la fonction qu'assume la locution adverbiale *à l'adventure* dans une structure concessive.

Bien que de forme équivalente, les deux exemples, celui qu'on vient d'analyser et celui soumis à l'attention maintenant, ne signalent pas pour autant les mêmes effets discursifs. Dans l'analyse précédente, nous avons résumé les effets polyphoniques de *peut-être* dans ces structures par l'expression « concession réservée », tout en soulignant que la réserve peut aller jusqu'à la réfutation. Pour distinguer entre les deux exemples, permettons-nous de recourir à la description (proposée par O. Ducrot) de *p mais q* fondée sur le concept d'orientation argumentative (voir plus haut p. 174). Résumée brièvement, elle présente les arguments *p* et *q* comme orientant dans des sens opposés, c'est-à-dire que *p* argumente vers une conclusion *c*, à laquelle *q* de son côté s'oppose. En ce qui concerne l'orientation du discours total *p mais q*, elle est conforme à l'orientation de *q* (donc à *non-c*). Cette description permet à Ducrot de distinguer trois cas différents : (1) *q* conteste la conclusion envisagée par *p* ; (2) *q*, sans être équivalent à *non-c* oriente vers une telle conclusion ; (3) *q* prive *p* de son orientation vers la conclusion *c*[5]. En suivant ce schéma, il est effectivement possible de démontrer que nos exemples se rangent (grosso modo) dans le cas 2 et 1 respectivement. Sans reprendre l'analyse du premier ici

5. « Sémantique linguistique et analyse de textes », 1999, p. 109.

(« Il n'est pas à l'avanture que quelque notice veritable ne loge chez nous [*p*], mais c'est par hazard [*q*] »)[6], l'argument *p* évoquerait (en suivant la description de Ducrot) la conclusion « l'homme sait distinguer entre vérité et erreur ». On se rappellera ensuite que la conclusion du discours total de l'exemple laissait notamment entendre que l'homme ne sait pas distinguer entre vérité et erreur »[7], conclusion identique donc à *non-c* selon le schéma de Ducrot. Cette conclusion, à laquelle *q* n'est pas identique mais vers laquelle il oriente, suffit pour voir que l'emploi de *mais* dans l'exemple relève du cas 2. Passant à notre présent exemple, « Tant y a que je me contredits bien à l'adventure [*p*], mais la verité, comme disoit Demades, je ne la contredy point [*q*] »[8], on peut admettre que *p* évoque la conclusion « Je ne sais pas tenir un discours (logiquement) cohérent », dont *q* à son égard semble bien être la négation. Car quelqu'un qui ne contredit pas la vérité semble bien être quelqu'un qui sait la dire et qui, partant, sait la présenter de manière cohérente, ce qui constitue une réfutation de la conclusion de *p*. Puisque *q* conteste donc ici la conclusion envisagée par *p*, on serait en présence du cas 1. La possibilité de remplacer *mais* par *pourtant* (« je me contredits bien à l'adventure, pourtant la verité ... je ne la contredy pas »), confirme cette appartenance de l'exemple

6. Qui s'appuie, rappelons-le, non sur une description de *mais* fondée sur le concept d'orientation argumentative, mais sur les analyses de Nølke du comportement de *peut-être* dans les concessives. Ces analyses sont pourtant redevables aux travaux de Ducrot.

7. « Et d'autant que par mesme voye, mesme façon et conduite, les erreurs se reçoivent en nostre ame, elle n'a pas dequoy les distinguer, ny dequoy choisir la verité du mensonge » (p. 561).

8. A. Tournon présente une analyse de ce même exemple dans « Le maniement logique de l'illogisme : de Montaigne à Verville », in *Logique et littérature à la Renaissance*, éd. M.-L. Demonet et A. Tournon, Paris, Champion, 1994, et que nous commentons vers la fin de notre propre analyse.

au cas 1[9]. Comme le démontre la typologie de Ducrot, enfin, il est possible d'expliciter la nature d'opposition que *q* représente à *p*. Dans notre premier cas, *q* implique un obstacle à la conclusion de *p*, sous forme notamment de la notion de hasard, alors que, dans le deuxième, *q* apparaît comme la négation de la conclusion envisagée par *p*.

Ayant ainsi explicité, au moyen du schéma de Ducrot, la nature de l'opposition que représente *q* dans ces deux exemples, nous constatons que le premier se présente toujours comme un cas de concession réservée, alors que le second serait plutôt un cas ouvertement polémique (comme l'exemple du « ronfleur »). On est donc en présence d'un locuteur qui n'énonce *p* que pour le réfuter. Un argument en faveur de cette interprétation se présente un peu plus loin, où Montaigne défend son projet de « se rendre public en cognoissance » comme scientifiquement valable (« Aumoins j'ay cecy selon la discipline, que jamais homme ne traicta subject qu'il entendit ne congneust mieux que je fay celuy que j'ay entrepris, et qu'en celuy-là je suis le plus sçavant homme qui vive... » ; p. 805), et précise à quel degré il dit la vérité : « Je dy vray, non pas tout mon saoul, mais autant que je l'ose dire, et l'ose un peu plus en vieillissant » (p. 806). Les effets polyphoniques que la locution adverbiale met en évidence dans cet exemple seraient donc d'ordre externe plutôt que d'ordre interne, car *q* ne sert pas seulement d'obstacle à *p*, mais le réfute carrément. Permettons-nous de rappeler sur ce point notre chapitre théorique, où nous avons avancé que si l'on considère le segment *peut-être p* tout seul, celui-ci peut assumer aussi bien la polyphonie interne qu'externe non stricte[10]. Le type de structure en question ne pourra pas être déterminé avant

9. On a déjà remarqué cette possibilité à l'égard de la première *p mais q* considérée dans la section précédente et qui donc relevait également du cas 1 (voir p. 175, note 32).

10. Pp. 98.

que *p* ne soit attaché à *q*. Si l'on reconsidère notre exemple à la lumière de cette description, on peut conclure que *q* explicite la structure de *p* comme une structure de polyphonie externe (stricte), ce qui implique donc une réfutation de *p*. Pour résumer, le locuteur n'avoue sa tendance à se contredire que pour aussitôt la nier. Le seul désavantage de cette interprétation – pourtant sérieuse – est qu'elle se trouve, en effet, contredite par le cotexte de l'exemple.

Si l'on consulte d'abord le texte précédant l'exemple, il s'avère que le point de vue de *p* a déjà été pris en charge auparavant par le locuteur. Car les descriptions du « je » et de son histoire, « object » de l'écriture, est un « contrerolle de divers et muables accidents » qui peuvent être « quant il y echet, contraires ». Les contradictions sont ainsi un trait inhérent à ce « je » sujet à observation, et même voulues : « je pourray changer, non de fortune seulement, mais aussi d'intention ». On peut ainsi tracer dans le texte précédant l'exemple le même point de vue que dans *p*, qui donc présente un « je » qui se contredit. Ce même point de vue est également développé par l'enchaînement, car il semble précisément être ce trait de contradiction inhérent à « je » qui empêche l'âme de « prendre pied », qui incite donc à la recherche, à la poursuite de la connaissance de soi : « Si mon ame pouvoit prendre pied, je ne m'essaierois pas, je me resoudrois ». Aussi bien le texte précédant l'exemple que l'enchaînement confirment que le locuteur accorde le point de vue *p*, il ne le réfute pas. Le « je » qui avoue qu'il se contredit est donc le même « je » qui suspend cet aveu, ce qui est souligné également par la marque linguistique « je », présente dans les deux points de vue. On est donc en présence d'un cas de contradiction, car le même « je » qui ne contredit pas la vérité est aussi celui qui ne sait pas la dire de manière cohérente.

Cette espèce de contradiction est en fait proche de celui auquel on avait affaire dans l'exemple précédent (l'exemple du hasard). On se rappelle que là, tout à fait comme ici, c'était le même locuteur (L et l_n) qui se chargeait et de *p* et de *q*. La contradiction se résolvait pourtant par le fait que, même si le locuteur était d'accord avec le contenu de *p*, cela ne l'empêchait pas de mettre en doute, en se servant de *à l'avanture*, la valeur même de cet argument. Le présent cas est pourtant encore plus complexe, car ici il ne s'agit pas simplement d'une réserve de la part du locuteur quant à *p*, mais d'une réfutation de *p*. Il s'agit en fait ici d'une espèce de contradiction qui s'opère non seulement sur le plan sémantique, dénotant une contradiction entre expérience personnelle et refus de cette même expérience, mais aussi sur le plan de la forme. Selon la forme de la construction, le locuteur réfute *p*, alors qu'il l'accepte selon le cotexte. Il semble pourtant qu'on puisse néanmoins résoudre le problème de la même façon que dans l'exemple précédent, en proposant que si le locuteur admet la vérité de *p* (il ne peut guère faire autrement puisqu'il s'agit de sa propre expérience), il peut en revanche, notamment à l'aide de *à l'avanture*, mettre en doute la valeur même de cet argument ; celui qui argumente de cette façon-là (même s'il s'agit de lui-même), ne peut guère avoir raison. Cette démonstration de la manière dont un point de vue peut être admis et réfuté simultanément serait donc un exemple, aussi complexe que le précédent, de l'investissement d'insécurité dans la première personne. Mais si cette interprétation réussit à démêler la contradiction dénotée sur le plan sémantique, cela n'est pas le cas sur le plan formel, où la contradiction subsiste. En effet, la forme de la construction *p mais q* investit dans *à l'avanture* des effets de polyphonie externes, alors qu'il s'agit, selon le cotexte, d'effets de polyphonie internes. On aurait là, sans doute, un exemple dont la complexité est telle que la valeur explicative ou prédictive de la théorie de la polyphonie linguistique perd de sa force, car les instructions d'interprétation qui, selon elle, sont investies dans la locution, sont contredites par les informations cotextuelles.

Il semble donc que les informations véhiculées par *à l'avanture* et *mais* ne puissent guère servir de guides de l'interprétation dans ce cas, et que ce qui est communiqué implicitement par l'exemple l'emporte sur la communication explicite[11]. Une telle situation est tout à fait possible dans le cadre de la pragmatique de la pertinence, pour laquelle – rappelons-le – la signification est subordonnée au contexte dans la mesure où elle ne livre qu'une des prémisses du processus de l'interprétation[12]. Essayons donc de voir s'il est possible d'élaborer une meilleure interprétation de notre exemple dans ce cadre. À première vue, cette tentative semble vouée à l'échec, car si l'on récupère l'interprétation à partir du cotexte, on est tout de suite renvoyé à *p*, donc à quelqu'un qui ne sait pas tenir un discours logiquement cohérent. Aussi la théorie de la pertinence ne nous avance-t-elle guère : une situation où *p* est plus fort que *q* ne semble pas plus vraisemblable que l'hypothèse contraire offerte par la théorie de la polyphonie. Si, en revanche, on élargit la notion de contexte – ce qui n'est pas seulement possible, mais est même exigé par la théorie de la pertinence –, en y incluant tous les *Essais*, par exemple, on verra qu'il s'agit d'un discours qui – bien qu'il ne suive pas toujours une logique compatible avec celle de la logique aristotélicienne[13], et bien qu'on puisse sans doute l'accuser assez souvent de manque de suite – n'est nullement incohérent sur le plan logique (« Les discours sont à moy et se tiennent par la preuve de la raison », I, 21, p. 105). Dans une telle perspective *p* n'est donc pas plus fort que *q*. Cela est même le cas si l'on examine de plus près le cotexte. Une inspection minutieuse de celui-ci révèle,

11. Comme dans l'exemple « Le café m'empêche de dormir », où seul le contexte peut déterminer s'il s'agit d'une réponse oui ou non à la question « Tu veux un café ? ».

12. Voir notre chapitre théorique, section 2.1.

13. Voir I. Maclean, « Le païs au delà : Montaigne on philosophical speculation », *Essays in memory of Richard Sayce*, éd. I. D. McFarlane et I. Maclean, Oxford, Oxford Clarendon Press, 1982, p. 127.

en effet, moins un locuteur qui ne sait parler selon une logique cohérente, que quelqu'un qui cherche à exprimer la réalité changeante du vécu : « soit que je sois autres moy-mesme, soit que je saisisse les subjects par autres circonstances et considérations » (*ibid.*).

Pourtant, bien que cette explication contextuelle rende compte des contradictions de manière extrêmement convaincante, elle ne peut, elle non plus, résoudre le problème de la contradiction sur le plan formel dans l'exemple. Il s'y opère au contraire une sorte de mise sur le même plan des points de vue *p* et *q*, ce qui rend difficile de déterminer lequel des deux est supérieur à l'autre. Plusieurs manières de résoudre ce problème ont été proposées. I. Maclean, par exemple, affirme qu'il s'agit d'une logique qui abolit ou transgresse les contraires[14], alors que A. Tournon renvoie le problème sur le compte du locuteur. Selon Tournon, l'illogisme des contradictions exhibe l'instance de l'énonciation, son manque d'unicité, comme problème central[15]. Cette explication de la présence des contradictions dans l'exemple s'avère en effet très intéressante pour notre perspective. Car en présentant le problème de l'identité du locuteur, son manque d'unicité, comme la possibilité pour lui de jouer un rôle de joker qui se substitue « aux différents énonciateurs responsables de l'une ou de l'autre des assertions », lesquelles peuvent aussi parfois être contraires, l'explication de Tournon correspond exactement à la définition donnée par Ducrot de la polyphonie linguistique. On remarque également que ce problème est résolu par Tournon de la même manière que par Ducrot : le manque d'unicité du locuteur n'est pas quelque chose qu'on peut attribuer à Montaigne lui-même, mais au sujet textuel : « Car le sujet des *Essais* n'est pas la personne concrète historique, Michel de

14. *Ibid.*
15. A. Tournon, « Le maniement logique de l'illogisme : de Montaigne à Verville », p. 224.

Montaigne, né en 1533 etc. ; il est incorporé au texte, et à sa logique, par les traces des énonciations successives qui s'y enregistrent » (*ibid.*). Par ses commentaires, ce sujet de l'*essai* textualise « l'écart entre l'instant de l'écriture et le passé immédiat ou lointain de l'écrit » (*ibid.*). On a donc affaire à un locuteur qui, tout à fait comme chez Ducrot, n'a d'autre existence que sur le papier.

Si nous avons rapproché les analyses de Tournon d'une perspective de polyphonie linguistique, c'est surtout pour montrer qu'on ne peut, après tout, expliquer la présence des contradictions dans l'exemple en se référant exclusivement aux informations contextuelles. Il convient également de prendre en compte l'information présentée par le système formel de l'exemple, c'est-à-dire par *mais* et *à l'adventure*, qui fonctionnent donc, tout de même, comme des guides de l'interprétation. Ce rapprochement permet en premier lieu de constater que le manque d'unicité du locuteur apparaît moins comme un problème d'identité que comme une capacité à exploiter les propriétés polyphoniques de la langue. Dans cette perspective, le contraste entre *p* et *q* n'est pas le reflet d'un locuteur qui se contredit, mais plutôt d'un locuteur « polyphone », qui sait exploiter la possibilité de proférer dans un même énoncé des points de vue différents. Contrairement à ce qu'affirment les polyphonistes (et Tournon), pourtant, nous n'attribuons pas cette capacité à exploiter les propriétés polyphoniques de la langue à un sujet purement textuel, mais directement à Montaigne, c'est-à-dire à son intention[16] ; pour reprendre une formule déjà citée : « je pourray changer, non de fortune seulement, mais aussi d'intention ». Nous inférons plus précisément, à partir de l'information contenue dans *mais* et *à l'avanture*, une intention de mettre en cause le site de l'autorité, ou de la responsabilité. Comme on le sait bien maintenant, ce type d'expressions permet au

16. Voir notre chapitre théorique, pp. 84-86, où nous argumentons ce point plus en détail.

locuteur de marquer différents degrés de réserve et, parfois, l'opposition. Dans notre exemple, cette intention est particulièrement complexe, car Montaigne vise sans doute un effet semblable à celui du *ou mallon* des pyrrhoniens, c'est-à-dire à un équilibre entre des arguments contraires. À une différence près pourtant : en remplaçant les formules sceptiques stéréotypées par des expressions modalisantes, Montaigne transforme l'argumentation rigide des pyrrhoniens en ce mode d'argumentation plus souple, auquel Tournon a donné à très juste titre le nom d'« écriture pyrrhonienne ».

Nous sommes enfin en mesure de proposer un rapport entre notre exemple sur les contradictions et la thématique du chapitre sur le repentir. Ce rapport se laisse déjà deviner par le décalage insolite qui s'instaure entre le titre du chapitre et son contenu. Car le fait que le titre annonce qu'il va s'agir du repentir alors que le contenu n'y fait référence qu'en le niant, ou propose une absolution bien laïque des péchés humains, se présente à bien des égards comme une contradiction. Sans pour autant l'évacuer, T. Cave a proposé de donner un sens à cette espèce de contradiction qui s'instaure entre l'attente d'une confession personnelle et son absence dans un récit où il s'agit précisément de « parler de soy » (voir plus haut, p. 198). Dans son optique, le « non dit », ce qui ne s'articule qu'en se niant, et représente une modification « du sens du geste déculpabilisant », « plane » tout au moins sur le récit, effet qui en outre est susceptible de lui conférer un sens très fort. On peut, il me semble, pousser un peu plus loin cette remarque en la mettant en rapport avec notre exemple, dans lequel la revendication de véracité est justement présentée sous forme de négation. Si nous inversons l'ordre de nos analyses précédentes et considérons en premier lieu l'influence de *p* sur *q*, nous remarquons que la négation est précédée par un aveu ou une concession : si le « je » ne contredit pas la vérité, il admet qu'il contredit quand même quelque chose, lui-même. Dans l'exemple, la négation est donc modifiée par la forme globale de l'énoncé dont elle fait partie, qui est justement une concession. Nos analyses ont montré la relation complexe entre les segments *p* et *q*, dont la locution adverbiale est l'indicateur, démontrant que l'aveu dont il s'agit est à la fois accordé et contesté. Mais ce qui est important dans cette perspective, c'est que la négation est précédée par cet aveu, comme si le « je » ne pouvait se déclarer capable de dire la vérité avant qu'il n'ait avoué ou concédé sa tendance à se contredire lui-même. Pareillement, le « récit sans repentir » semble également conditionné par un aveu, car si ce récit évacue la culpabilité de « moy », toujours est-il que le repentir n'est pas totalement absent (« Excusons icy ce que je dy souvent que je me repens rarement », p. 806). À cela s'ajoute en outre qu'il s'agit d'une parole « enquerant[e] et ignorant[e] » qui, partant, peut se tromper. Concession beaucoup plus limitée, il est vrai, que celle portant sur les contradictions, mais plus directe. Et pour citer Cave une dernière fois : « sans cet aveu préalable, l'histoire déculpabilisée du voleur ne peut s'écrire »[17]. À cet égard, la forme de notre exemple, suggérant que la modification « du sens du geste déculpabilisant » consiste avant tout en une concession, servirait de modèle au récit « sans repentir » du chapitre en entier ; si le « je » ne se repent pas, ou bien rarement, s'il se déclare capable de dire la vérité, cela ne veut pas dire pour autant qu'il soit exempt de culpabilité et de contradictions.

Nous avons dit au début de l'analyse que notre exemple constitue une sorte de mise en abyme de la démarche du chapitre en entier. À son terme, nous pouvons constater que cette démarche prend la forme d'une concession toute particulière : en effectuant un geste de réconciliation entre *p* et *q*, elle nous met en face d'un locuteur qui admet sa propre inconstance, sans que cet aveu entre

17. *Pré-histoires*, p. 165.

en conflit avec sa capacité à dire la vérité. Il y a pourtant un énoncé dans ce chapitre, souvent cité pour appuyer la thèse de la stabilité du locuteur des *Essais*, qui semble aller contre notre analyse : « Regardez un peu comment s'en porte nostre experience : il n'est personne, s'il s'escoute, qui ne descouvre en soy une forme sienne, une forme maistresse, qui luicte contre l'institution, et contre la tempeste des passions qui luy sont contraires » (p. 811). Dans la perspective de cet énoncé central, qui trace l'expérience de la vie elle-même, et qui serait bien conforme à la parole de quelqu'un qui sait dire la vérité, *q* remporterait tout de même la victoire. Si le « je » préserve son inconstance, sa tendance à se contredire, comme un trait inhérent à son idéntité dans l'exemple, ce trait s'efface telle une ride de la surface de l'eau dans la perspective globale du chapitre, qui véhicule, surtout par l'expression « forme maistresse », l'idée d'une identité profonde et stable. On pourra pourtant remarquer contre un tel point de vue que cette expression importante n'implique pas l'exclusion des contradictions ; *p* est, rappelons-le, lui aussi fondé sur l'expérience, une forme d'expérience qui se trace le mieux peut-être à travers l'écriture. On ne s'étonne pas dans cette perspective que Montaigne associe cette identité profonde (« forme sienne »), qu'il appelle « maistresse », au doute (I, 50, 302), fait qui, d'ailleurs, n'a pas échappé à Pascal[18]. Nous concluons donc que *q* ne saurait remporter la victoire sur *p*, sans en même temps lui reconnaître sa vérité. Sans ce geste concessif envers soi-même, reconnaissant les contradictions comme un trait inhérent à l'identité[19], on ne peut s'écouter, avoir accès à sa forme maîtresse ; ces deux expériences, celle de la vie et

18. *L'entretien de Pascal avec M. de Sacy*, éd. A. Gounelle, Paris, PUF, 1966, p. 5.

19. On serait tenté de les inclure comme l'un des « propres » de Michel de Montaigne, du moins de l'auteur des *Essais* ; voir M.-L. Demonet, « Les propres de l'homme chez Montaigne et Charron, in *Montaigne et la question de l'homme*, Paris, PUF, 1999, pp. 47-84 (en particulier pp. 64-66).

celle de l'écriture, sont inextricablement liées : « qui touche l'un[e] touche l'autre » (p. 808). La structure *p à l'adventure, mais q*, sert donc à merveille à « contrebalancer et compenser » vérité et contradiction, balancement qui enlève justement le besoin de se repentir de ses contradictions[20].

3. Conclusions

Il ressort des analyses de ces trois exemples, composant la deuxième et troisième section de ce chapitre, qu'ils portent tous, d'une manière ou d'une autre, sur le champ de la croyance. À cet égard ils ne se distinguent pas des deux exemples de la première section, relevant *Des prières*. À la différence de ces derniers, pourtant, qui se définissent rigoureusement par rapport à ce champ, les exemples dernièrement analysés en sont de plus en plus éloignés. Cette tendance se trace même dans le premier des trois qui, parti du préambule d'une apologie censée défendre la « pieté » ou le caractère inspiré des arguments de Sebond, aurait le plus affaire à ce champ. Nos analyses de l'inspiration divine dans cette partie, plus précisément de son statut de source de savoir, révèlent cependant des stratégies discursives qui en suspendent implicitement ce statut, notamment au moyen de la structure de double focalisation et du marqueur *il semble que*. On en déduira deux conséquences : la première consiste à donner la parole à « moy » (« l'homme [non] versé en la Theologie ») dans le champ de la croyance ; la deuxième à conférer un statut épistémique à l'inspiration sur le plan virtuel seulement. N'ayant donc pas pour objectif d'enlever la

20. Dans cette perspective il serait intéressant de remarquer la structure particulière de *q* dans laquelle la focalisation sur le terme « verité », indice de l'importance que le locuteur accorde à ce terme, semble « contrebalancée » par son trait de citation (explicitée par l'incise), lequel souligne la distance entre le locuteur et *q*. On observera dans cet énoncé même un effet de balancement entre la négation et le contenu sémantique du verbe *contredire*.

possibilité aux arguments de Sebond, ni même à ceux de ses adversaires, d'être garantis par la divinité, cette critique implicite de l'inspiration rappelle une règle que pourtant Montaigne est le seul à appliquer, celle de juger le fondement des paroles avant de les énoncer. Aussi, si défense de Sebond il y a dans cette partie, elle serait au mieux indirecte ; d'où le rapport éloigné de ce premier exemple au champ de la croyance.

On constatera plus facilement une distance par rapport à ce champ dans les deux derniers exemples : dans le premier, parce qu'il paraît répondre à la question posée au début de la deuxième partie de l'*Apologie*, de savoir si l'homme peut « arriver à aucune certitude par argument et par discours » (p. 449), question à laquelle seulement une réponse positive attacherait cette partie au champ des croyances ; dans le second, parce qu'il fait partie d'un chapitre qui transforme en le laïcisant le récit pénitentiel. N'ayant donc qu'un rapport très indirect au champ des croyances, ces deux exemples se composent d'une structure concessive dans laquelle deux arguments orientent en sens opposés, *p mais q*, et dans laquelle la locution adverbiale *à l'avanture* fait partie du premier. Selon la description générale de *mais*, *q* est supérieur à *p* dans le discours total *p mais q*, signifiant dans une perspective polyphonique que le locuteur prend la responsabilité de *q* alors qu'il établit une distance à *p*, soit en accordant ce point de vue, soit en s'en dissociant. Selon nos analyses, la construction aura comme effet dans les deux exemples, de mettre le locuteur dans une position où il se constitue lui-même en son propre opposant, c'est-à-dire qu'en se chargeant de *q* il écarte comme impertinent (dans le premier cas) et réfute (dans le deuxième) un argument *p* qui est aussi le sien, ou qu'il a fait sien (à une époque antérieure). Si proche d'une autocontradiction que cela puisse être, les effets de *à l'avanture* suggéreraient pourtant que la relation entre ces deux arguments, *p* et *q*, ou entre ces deux « images » du même locuteur, est bien plus subtile. La locution adverbiale démontre plus précisément la manière dont l'une, celle qui est responsable de *q*, se sert de son argument pour mettre en doute non pas le contenu de l'argument de l'autre, *p*, mais sa valeur même. Cet effet instaure une relation entre les deux arguments qui les équilibre au niveau du contenu (les deux sont vrais au même titre), alors qu'au niveau de l'argumentation *q* est supérieur à *p*. Or dans le dernier exemple, rappelons-le, nous croyons en fait pouvoir dégager une sorte d'équilibre entre les arguments même au niveau de la forme.

On déduira enfin de nos analyses un dernier aspect du rapport de ces trois exemples avec le champ de la croyance : plus il y a de distance à ce champ, plus des traits d'argumentation pyrrhonienne deviennent apparents. Cela est évident en particulier dans les deux derniers exemples qui, puisqu'ils s'analysent comme des cas d'argumentation autocritique, réalisent l'un des traits les plus caractéristiques du pyrrhonisme. Nos analyses sont ainsi en mesure de dégager les aspects pyrrhoniens du texte avec des moyens interprétatifs linguistiques plutôt que littéraires (ou rhétoriques), moyens qui rendent compte du rapport entre le locuteur, le rédacteur des *Essais*, et les différents points de vue qui se croisent dans le texte. Elles démontrent ainsi la pertinence d'un cadre théorique fondé sur le concept de polyphonie (et d'orientation argumentative). Notre démarche semble pourtant signaler également les limites d'une analyse qui prendra son point de départ exclusivement dans des éléments linguistiques à l'égard d'un texte aussi complexe que les *Essais*. Nous avons argumenté que les arguments *p* et *q* des exemples sont équivalents au niveau du contenu, alors que *q* garde sa supériorité au niveau de l'argumentation. À cet égard nos analyses sont conformes à la description qu'en donnent les théories de la polyphonie et de l'orientation argumentative. Dans le cadre des exemples que nous avons considérés pourtant, il semble nettement plus facile d'accepter la supériorité de *q* à *p* dans le premier que dans le second. Alors que l'argument qui dénie à l'homme la capacité de « loger » une « notice veritable » s'inscrit sans problème dans le développement général de la deuxième partie de l'*Apologie*, celui qui réfute l'aveu par le locuteur de ses propres contradictions se comprend difficilement dans un texte où celles-ci font partie intégrante de son style ou même de son mode de pensée. À moins que le concept de vérité dont il s'agit soit de nature à ne pas exclure les contradictions, sortes de comptes rendus d'un réel diversifié ou en changement constant[21]. Mais même si on étend le cadre théorique à celui, plus résolument pragmatique, de la pertinence, qui permet d'agencer *p* et *q* sur les différents plans de l'écriture et de la vie respectivement, on reste dans le tourniquet, sans possibilité d'arrêter tout à fait le balancement. Ou, pour citer J.-Y. Pouilloux : « une contradiction irrésolue semble au cœur de l'entreprise obstinément énigmatique »[22].

Après avoir noté l'une des complexités irréductibles du texte, qui se conforme à la fascination de Montaigne pour l'argumentation par opposition, passons au prochain chapitre dont les exemples ne portent plus sur le champ de la croyance mais sur d'autres thèmes. Parmi les plus importants est la relation complexe, d'une part, entre les deux catégories morales qui sont interrogées dans *De l'utile et de l'honneste* (III, 1) et, d'autre part, entre dissimulation et dévoilement dans *Sur des vers de Virgile* (III, 5). Une des analyses de ce chapitre concerne également le rapport entre texte et citation, ce qui l'apparente à notre toute dernière analyse portant sur le chapitre *De l'institution des enfans* (I, 26). Nous retournerons également dans une des analyses à l'*Apologie* pour considérer le jugement porté par Montaigne sur le livre de Sebond. Mais il est à remarquer que le dédoublement des points de vue mis

21. Dont fait partie « moy », chose humaine, aussi.

22. J.-Y. Pouilloux, « La forme maîtresse », in *Montaigne et la question de l'homme*, p. 40

en jeu par les expressions soumises à l'attention dans le prochain chapitre comporte moins d'allusions au pyrrhonisme que ne font celles considérées dans le chapitre présent ; les seuls exemples qu'on peut déceler sont plutôt indirects ou discrets. Ainsi ce dernier chapitre d'analyse vise à montrer que notre cadre pragmatico-linguistique peut élucider, à côté du pyrrhonisme, d'autres aspects importants du texte montaignien, confirmant que ce cadre peut porter, en principe, sur tous les énoncés des *Essais*.

CHAPITRE 4

ANALYSE II

PREMIÈRE SECTION : L'UTILE PEUT-IL S'EXCUSER ?

1. Introduction

La locution adverbiale *à l'avanture* continue à jouer un rôle important dans ce second chapitre d'analyse. Nous considérerons dans la première section les deux occurrences de la locution dans *De l'utile et de l'honneste*, alors que trois des quatre analyses de la troisième section seront consacrées à des occurrences dans *Sur des vers de Virgile* (dont une prend d'ailleurs la forme de *peut-être*). Il sera donc clair que le plus grand nombre de nos analyses se construisent autour de cette expression. Ce choix est redevable, moins aux divers contextes des exemples relevés (quoique ces contextes ne soient pas dépourvus d'intérêt, tant s'en faut!), qu'à la complexité de l'analyse théorique à laquelle ils se prêtent. Le reste du chapitre concernera en revanche les marqueurs évidentiels dont nous ne nous sommes pas occupés jusqu'ici. Nous analyserons dans la deuxième section trois occurrences de *je trouve que* dans un passage *De l'utile et de l'honneste*, et, retournant à l'*Apologie*, un énoncé contenant trois occurrences de marqueurs différents : *je trouve que*, *je pense que* et *je crois que*[1] respectivement. La troisième section, enfin, consiste, à côté de celles déjà mentionnées, en l'analyse de la présence d'un *il me semble que* dans une citation.

1. Pour des raisons de place surtout, ce dernier ne compte pas parmi les expressions analysées dans ce travail. Puisqu'il est présent dans l'exemple en question cependant, et en raison de sa parenté avec les autres expressions, il convient de le considérer par rapport à elles.

Nous nous pencherons donc, dans cette première section, sur les deux occurrences de la locution adverbiale *à l'avanture* dans le chapitre *De l'utile et de l'honneste*, dont le titre laisse bien prévoir le sujet : une action utile sera-t-elle honnête si elle a pour fin le bien de la société? Cette question remonte à l'Antiquité, en particulier à Cicéron et aux Stoïciens ; au XVIe siècle c'est Machiavel ou sa légende qui la renouvelle[2]. Avec les guerres civiles à arrière-plan, *De l'utile et de l'honneste* est considéré en fait comme « l'un des chapitres les plus graves des *Essais* »[3]. Ce sont pourtant quelques remarques sur la structure du chapitre qui constituent plutôt le point de départ de nos analyses. Dans sa brève analyse du chapitre III, 1, A. Tournon note « une sorte d'oscillation entre les options et les règles, qu'une lecture attentive peut déceler dans chaque page, et parfois à l'intérieur d'une même phrase »[4]. Pour H. Friedrich, de son côté, *De l'utile et de l'honneste* serait l'exemple même de ce « jeu de contradictions » constitutif du style de Montaigne[5]. Friedrich se sert des équivoques du chapitre en fait pour appuyer l'hypothèse centrale de son livre *Montaigne*[6], notamment que la pensée des *Essais*, en raison de la faiblesse humaine, « a pour fondement la séparation entre théorie et pratique »[7], hypothèse qui le conduit en effet à voir dans le rédacteur de ce chapitre une sorte

2. Voir H. Friedrich, *Montaigne*, pp. 194-201.

3. A. Tournon, *La glose et l'essai*, p. 273.

4. *La glose et l'essai*, p. 271. Et cela notamment en relation avec le développement de l'examen que fait Montaigne de sa conduite dans les affaires publiques, qui constitue près de la moitié du chapitre dans sa première version (pp. 791-95). Selon Tournon cette oscillation entre les options et les règles est justement ce qui définit la structure de l'*essai* du texte.

5. « Le jeu de contradictions dont cet essai est un exemple particulièrement instructif, consiste dans le changement de perspective et d'éclairage auquel, alternant le pour et le contre, il soumet son sujet » (H. Friedrich, *Montaigne*, p. 200).

6. Cette hypothèse est présentée pour la première fois lors du traitement de la question de la foi de Montaigne, chapitre III, p. 126. Voir à cet égard notre chapitre 2, p. 117 sqq.

7. *Montaigne*, p. 195.

d'adepte de Machiavel[8]. En opposition à l'interprétation de Friedrich, qui relève donc dans ce chapitre une certaine complicité avec les idées machiaveliennes, se range celle de Tournon : « si des équivoques subsistent, ce n'est certainement pas pour donner lieu à une interprétation qui y soupçonnerait quelque complaisance envers la raison d'État et les manœuvres qu'elle couvre »[9]. Il n'est pas question ici de trancher entre ces interprétations contrastées, mais simplement de remarquer pour l'instant qu'un aspect singulier du chapitre *De l'utile et de l'honneste*, notamment ses équivoques ou ses ambiguïtés, peut donner lieu à des interprétations diamétralement opposées.

À première vue, cette divergence d'interprétation rappelle la notion de polyphonie. Car la possibilité de rapporter à un seul locuteur – au rédacteur du chapitre – des points de vue complètement opposés, laisserait supposer, précisément, que ce chapitre est en quelque sorte « polyphonique ». Or, le fait qu'on puisse interpréter différemment les intentions de l'auteur d'un texte n'est pas nécessairement indice de polyphonie[10], au moins au sens où nous entendons ce concept[11]. Ce qui nous intéresse en revanche à l'égard de ces deux interprétations, c'est que l'aspect d'équivocité ou d'ambiguïté du chapitre, bien marqué dans les deux cas, sert non seulement, semble-t-il, de base à l'interprétation, mais aussi de compagnon de route en quelque sorte[12]. Permettons-nous à cet

8. Limité, on le suppose, au plan théorique, voir *ibid.*, p. 198.

9. A. Tournon, *La glose et l'essai*, p. 272.

10. Une des interprétations peut être erronée, ce qui est l'avis de Tournon sur l'interprétation de Friedrich (voir *La glose et l'essai*, chapitre VI, note 19, p. 400).

11. Dans le cadre de notre travail le concept de polyphonie est, rappelons-le, un trait de langue, inscrit ou marqué à ce niveau.

12. C'est-à-dire que cet aspect est remarqué tout au long des deux analyses. Celle de Tournon commence par noter une sorte d'oscillation entre les options et les règles et termine par admettre que les équivoques subsistent, alors que celle de Friedrich veut bien faire une distinction nette entre l'utile et l'honnête : « [Montaigne] voit l'incompatibilité de la sphère pratique, l'utile, et du domaine

égard de rappeler l'exemple qui termine nos analyses du chapitre précédent (« je me contredits bien à l'aventure, mais la verité ... je ne la contredy point »). Cet exemple, au moyen duquel le locuteur admet qu'il se contredit tout en niant que cet aveu porte sur sa capacité de dire la vérité, dénoterait, selon nos analyses, une contradiction irréductible entre contenu et forme. Dans cette perspective le chapitre *De l'utile et de l'honneste* serait en fait, avec son « jeu de contradictions » ou ses « équivoques [qui] subsistent », une illustration ou sorte de mise en pratique de cet exemple. Particulièrement instructif donc de ce que la notion de contradiction est susceptible de signifier dans les *Essais*, l'exemple signale son importance pour ce travail, non seulement parce qu'il permet de lier nos deux chapitres d'analyse, mais encore parce qu'il met en place le cadre dans lequel se situe notre propre interprétation du chapitre III, 1. Construite donc à base d'une analyse de deux occurrences de *à l'avanture*, une telle interprétation permettrait, en abordant le « jeu de contradictions » d'un point de vue purement formel, de dépasser une simple constatation des équivoques, des hésitations ou des contradictions du chapitre.

2. Justice au pluriel

Les nombreux changements de perspective, alternant des points de vue pour et contre, qui déconcertent les lecteurs du chapitre *De l'utile et de l'honneste*, sont dus, en partie, au nombre des additions ; comme nous allons le voir, les contextes dans lesquels s'insèrent nos exemples ne font pas exception. À ce trait de l'organisation du texte, caractéristique pour les *Essais* en entier, s'ajoute cet autre : une tendance marquée vers l'emploi de la néga-

moral, idéal, l'honnête » (*Montaigne*, p. 200), mais finit par admettre qu'il n'y en ait pas : « Mais Montaigne semble pris de hésitation [...] Mais l'hésitation était dans les premières pages de l'essai... » (*ibid.*, pp. 200-201).

tion ; dans le chapitre qui nous concerne on a fait remarquer les effets subtils de la négation double, et même triple (« Mais il n'y a rien d'inutile en nature ; non pas l'inutilité mesme », p. 790)[13]. Ces traits formels contribuent à créer un schéma oscillant entre une perspective « réaliste » (machiavélienne) initiale, qui fera de certaines actions moralement suspectes partie intégrante d'une société : « en toute police, il y a des offices necessaires, non seulement abjects, mais encore vicieux » (p. 791), et une perspective finale qui interdit de déclarer honnête de telles actions : « On argumente mal l'honnesteté et la beauté d'une action par son utilité » (p. 803). À partir de la disposition de ces deux perspectives – qui exemplifieraient les deux formes de justice, « universelle » et « nationale », nettement distinguées dans le chapitre (« La justice en soy, naturelle et universelle, est *autrement reiglée, et plus noblement*, que n'est cette autre justice speciale, nationale, et contrainte au besoing de nos polices » p. 796)[14] –, on pourrait supposer que la perspective machiavélienne serait progressivement abandonnée, ou inversement la justice « universelle » finirait par être valorisée. À cette interprétation brève du chapitre s'opposent pourtant nos exemples d'analyse et leurs contextes, lesquels vont dessiner une relation beaucoup plus nuancée entre l'utile et l'honnête. Le premier exemple considère cette relation dans certains cas-limites, où une deuxième trahison s'ajoute à une première dans le but d'effacer ou de neutraliser celle-ci. Le deuxième exemple, de son côté, considère la possibilité d'évaluer au même titre deux actions de portée morale différente, possibilité qui est illustrée à travers le choix que devra faire le prince, lors d'une situation difficile, entre une action utile ou honnête. Plutôt que de mettre en scène un locuteur qui se contredit lui-même, ou qui cherche à pallier les problèmes que

13. Voir Z. Samaras, « La fonction de la négation dans le "Troisième Livre" ».

14. C'est nous qui soulignons.

soulèvent les catégories morales en question sur le plan pratique, nos exemples dévoileront un locuteur qui au contraire cherche à exposer les problèmes liés à leur application sur ce plan.

Formé comme une sorte de double négation – de deux actions déshonnêtes résulte une certaine honnêteté – le premier exemple présente un cas particulièrement complexe de la relation entre l'utile et l'honnête :

> Et ne sera pas nouveau, ny *à l'avanture* sans quelque air de Justice, que celuy mesme vous en chastie, qui vous aura mis en besogne (p. 797).

Remarquons d'abord une certaine complexité au niveau du contenu : on a affaire à un traître (« l'homme double » par excellence) puni par l'instigateur même de son action, donc à une duplicité qui se multiplie sur plusieurs plans. Or, cette duplicité est reflétée dans la structure même de l'exemple, qui déploie tout une gamme de marqueurs polyphoniques : la négation syntaxique *ne...pas*, la double négation *ny...sans*, l'adjectif indéfini *quelque* et la locution adverbiale *à l'avanture*. Cette dernière s'insère donc dans un énoncé qui, déjà, contient plusieurs points de vue.

Commentons d'abord la négation syntaxique qui marque la polyphonie dans la syntaxe même de l'énoncé. Nous rappelons qu'un énoncé négatif introduit deux points de vue, dont l'un est positif (sous-jacent) et l'autre négatif, associant le locuteur au dernier[15]. Appliquée à notre exemple, cette analyse nous présente un locuteur

15. Pour plus de détails, voir notre chapitre théorique p. 90 sqq. Précisons également que la négation syntaxique peut introduire plusieurs types de négations : à celle « polémique » dont il est question ici, et qui d'ailleurs est la plus habituelle, s'ajoute les négations « dérivées » (métalinguistiques et descriptives). Pour la distinction entre celles-ci, voir O. Ducrot, *Le dire et le dit*, p. 214 sqq., ainsi que H. Nølke, *Le regard du locuteur*, pp. 213-259 ; *Linguistique modulaire*, pp. 223-258.

qui s'oppose (par sa négation) à un point de vue positif sous-jacent selon lequel la « double » perfidie[16] serait une pratique récente[17], dépourvue de justice, alors qu'il défend (toujours par sa négation) le point de vue explicite selon lequel elle serait au contraire une pratique bien établie et justifiable. Ce point de vue peut justement être rapporté à une perspective machiavélienne ; dans le *Prince* notamment est louée la résolution de César Borgia qui, dans le but de calmer le mécontentement du peuple, tua et exposa publiquement un de ses serviteurs (Rimirro de Orco) pour une trahison dont il avait lui-même été instigateur[18]. Il s'ensuit que le locuteur (Montaigne) adopte une perspective semblable à celle de Machiavel, qui ne considère pas comme déshonnête une action de « double » perfidie, puisqu'elle a pour fin le bien de la société[19].

À cette interprétation, selon laquelle le locuteur prend la responsabilité du point de vue négatif (la double perfidie est une pratique bien établie et justifiable), alors qu'il réfute le point de vue positif sous-jacent (elle est récente et dépourvue de justice), s'opposent pourtant les autres marqueurs polyphoniques de l'énoncé. Car ceux-ci, qui tous se trouvent dans le segment introduit par *ny* (« *ny à l'avanture sans quelque* air de Justice »), signalent plutôt un rapport d'accord entre le locuteur et le point de vue exprimé par ce segment, qu'un rapport de responsabilité. L'analyse habituelle de la négation doit donc se modifier par rapport à ce segment : ici le locuteur se sert des marqueurs polyphoniques (né-

16. Double, on le rappelle, parce que le traître est trahi par l'instigateur même de son action.

17. Stratagème peut-être d'un nouveau régime de politique (machiavélien).

18. Q. Skinner, *Machiavel*, Oxford, Oxford University Press, 1981, pp. 17-18.

19. La négation syntaxique contribue en effet à renforcer cette perspective pro-machiavélienne, car présenter la pratique de « double » perfidie comme quelque chose d'habituel ou de normal, qui a toujours été fait, empêche de l'utiliser comme d'argument en faveur d'une nouvelle conception de la morale en politique.

gation double etc.) non pas pour se dissocier du point de vue sous-jacent, mais pour se distancer du point de vue négatif explicite. On en déduit en conséquence une structure polyphonique complexe par rapport à notre exemple, selon laquelle le locuteur s'associe bien au point de vue négatif de l'énoncé (global), mais n'accorde qu'avec réserve celui du segment introduit par *ny*. Les marqueurs polyphoniques dans ce segment présenteraient ainsi une distance très intéressante entre le locuteur et le point de vue du segment, suggérant que s'il accorde la perspective machiavélienne, ce n'est qu'à distance ou provisoirement.

On aurait pu s'arrêter sur ce point de l'analyse, et conclure de la présence de ces marqueurs que Montaigne se contente ici d'exprimer une certaine réserve envers la perspective machiavélienne, comme si son réalisme dans la politique l'interdisait de la soumettre à une critique directe. Nous allons pourtant poursuivre nos analyses en argumentant que si la critique contre cette perspective se formule bien sur le mode implicite, elle relève néanmoins de la réfutation plutôt que de la réserve. Ce qui permet de suggérer une telle hypothèse est le placement dans l'exemple de la locution adverbiale *à l'avanture* qui, selon nous, fait partie d'une construction elliptique. On pourra objecter à notre hypothèse qu'on n'a pas l'habitude de parler d'ellipse dans les constructions *ne...pas, ni...* ; il s'agit tout simplement d'une négation à laquelle s'ajoute un segment contenant *ni* (comme dans « On n'a rien vu, ni rien entendu »). Mais puisque ce segment se place en incise entre la principale (« Et ne sera pas nouveau ... ») et la subordonnée (« ... que celuy mesme... »), ce qui en fait l'élément focalisé de l'énoncé, il y a tout lieu de croire qu'on a affaire tout de même à une ellipse, plus précisément à celle du type incise[20]. Ces faits admis, la locution adverbiale *à l'avanture* se trouve ainsi dans un

20. Pour ce type de construction elliptique, voir H. Nølke, *Le regard du locuteur 2*, pp. 301-305.

segment elliptique, ce qui l'investit d'effets de polyphonie externe (plutôt qu'interne). Il s'ensuit que la distance marquée par *à l'avanture* entre le locuteur et le point de vue de l'ellipse ne se limite pas à un accord réservé, mais va en fait jusqu'à la réfutation. Selon cette analyse, l'exemple présente une structure polyphonique encore plus complexe que celle proposée dans le paragraphe précédent : ici le locuteur s'associe toujours au point de vue de l'énoncé global, c'est-à-dire au point de vue explicite de la négation, mais au lieu d'accorder celui du segment elliptique il le réfute, ce qui, partant, l'associe au point de vue (positif) sous-jacent. Selon cette interprétation donc, le locuteur accepterait que la double perfidie soit un moyen politique efficace, tout en lui refusant en revanche le statut d'honnêteté ; selon nos analyses de la locution adverbiale *à l'avanture* notamment, le locuteur ne présente un tel argument que pour le critiquer. Voyons si le cotexte de l'exemple fournit des indices susceptibles de confirmer que celui-ci a effectivement une telle structure polyphonique complexe, selon laquelle, on le rappelle, le locuteur s'associe au point de vue de l'énoncé global (au point de vue explicite de la négation), à l'exception de la partie enchâssée, dans laquelle il s'associe au point de vue sous-jacent.

À première vue, l'enchaînement s'oppose à une telle interprétation, car c'est précisément le point de vue (explicite) de l'exemple qui sera développé : « La perfidie peut estre en quelque cas excusable : lors seulement elle l'est, qu'elle s'employe à punir et trahir la perfidie », p. 797, c). On déduira donc de l'enchaînement plutôt un accord qu'une réfutation de la tentative (machiavélienne) d'excuser la double perfidie. Notre hypothèse selon laquelle le locuteur ne présenterait le point de vue « machiavélien » que pour le critiquer (en introduisant une structure de polyphonie externe dans le segment elliptique), se trouve alors réfutée. On remarque cependant que cette première partie de l'enchaînement, qui effectivement semble argumenter en faveur d'un point de vue machiavélien, ne se limite pas seulement à une addition tardive (texte c) ; elle a également l'air d'être incomplète dans l'édition Villey que nous citons ici. Une des éditions les plus récentes des *Essais* rétablit notamment un *si* hypothétique en tête de l'addition (« <Si> la perfidie... »), qui aurait été tronqué dans les annotations manuscrites de l'exemplaire de Bordeaux[21]. On a peu de raison en fait de douter de l'existence de ce *si*, puisqu'il se trouve également dans l'édition de 1595 : « Si la trahison ... »[22]. Conférant un statut d'hypothèse à l'addition, la présence de ce mot nous permet ainsi de réévaluer notre interprétation de la fonction de *à l'avanture* par rapport à un contexte plus large. Celui-ci est constitué par une série de six exemples qui suivent l'addition, et qui testent sur le plan du réel la possibilité d'excuser des cas de double perfidie. La série se compose plus précisément de quatre exemples concrets qui se rapportent directement au contenu de notre exemple, puisqu'ils mettent en scène une situation où l'instigateur de la trahison est celui même qui exécute la punition (Jaropelc, Seyanus etc.), et deux exemples qui ne s'y refèrent qu'indirectement, et que nous mettons pour l'instant de côté. Si l'on rapporte d'abord les quatre exemples qui portent directement sur notre exemple au commentaire qui termine cette série, il transparaît qu'un prince qui exécute celui dont il a lui-même fait un traître, par acquit de conscience, et pour effacer sa propre trahison[23], ou s'en débarrasse parce qu'il craint le dévoile-

21. Voir les notes de la page 33 dans l'édition *Imprimerie Nationale*, éd. A. Tournon, tome III, p. 510.

22. Éd. par J. Céard et collaborateurs, p. 1244.

23. « il est si doux, ayant tiré l'usage d'une action vitieuse, y pouvoir hormais coudre en toute seurté quelque traict de bonté et de justice, comme par compensation et correction conscientieuse » (p. 798, b).

ment de son identité comme l'instigateur de la trahison[24], n'a nullement « quitté sa raison à une plus universelle et puissante raison » (p. 799), mais a uniquement sauvegardé ses propres intérêts. Un tel prince tombe sans ambiguïté dans la catégorie des traîtres qui se trahissent l'un l'autre (« un traître y trahit l'autre, contre l'usage commun », p. 796). C'est précisément cette révélation que la double perfidie est motivée par l'intérêt privé du prince, et non par l'intérêt public comme le prétend la perspective machiavélienne, qui confirme que *à l'avanture* fonctionne effectivement comme provocateur de polyphonie externe : sa présence dans l'exemple permet au locuteur non pas d'hésiter, mais de refuser d'appeler honnête une justice « nationale » qui évacue toute responsabilité de l'instigateur d'une trahison, ou qui supprime une deuxième action déshonnête simplement en tuant l'exécuteur de la première.

Si l'on ne peut donc pas parler d'une argumentation qui brouille la distinction entre l'utile et l'honnête, c'est-à-dire qui excuse la double perfidie tout en la condamnant, on pourra en revanche se demander pourquoi la critique contre de tels types de trahisons est formulée sur le mode implicite. Pourquoi Montaigne ne les déclare-t-il pas tout simplement déshonnêtes ? Permettons-nous à cet égard de passer aux deux exemples de la série que nous n'avons pas encore commentés. Ceux-ci étaient moins intéressants pour notre perspective, dans la mesure où il n'y était pas question d'une deuxième trahison qui s'ajoutait à la première, soit d'un exemple de double perfidie au sens strict. Il s'agissait plus précisément dans l'un d'une trahison qui reste sur le plan virtuel, puisqu'elle ne se réalise jamais (Fabritius), alors que dans l'autre (Sylla), c'est le peuple, et non le prince, qui exécute la punition ; autrement dit, de

24. « Joint qu'ils regardent les ministres de tels horribles malefices comme gents qui les leur reprochent. Et cherchent par leur mort d'estouffer la connoissance et tesmoignage de telles menées » (*ibid.*, c).

cas dans lesquels on ne dégage aucun élément d'intérêt privé. Ne pouvant pas constituer une objection à nos analyses à cet égard, ces cas de double perfidie ratés, ou virtuels, constituent en revanche des trahisons qui sont en quelque sorte excusables. Donc, si Montaigne formule une critique implicite plutôt qu'explicite contre ces types de trahison, ce ne serait pas parce qu'il a du mal à déterminer leur statut moral, mais parce qu'il veut marquer que chaque cas doit être évalué dans son contexte. Tel sera le sens des marqueurs polyphoniques de l'exemple (non seulement de *à l'avanture*) dans une perspective qui dépasse le plan strictement linguistique. Ils fonctionnent à cet égard comme des sortes de mises en garde contre un jugement qui se contente d'appeller deshonnête une action utile, sans le cautionner par une réflexion préalable sur la grande variété de formes qu'une telle action peut prendre sur le plan pratique.

Qu'un tel procédé puisse également porter sur le langage dont on se sert, semble également être indiqué par un autre passage du chapitre, où Montaigne s'empare du « langage commun » pour déterminer la « vraye qualité » d'une action utile :

> Je suy le langage commun, qui faict difference entre les choses utiles et les honnestes ; si que d'aucunes actions naturelles, non seulement utiles, mais necessaires, il les nomme deshonnestes et sales. (*ibid.*)

Il est frappant de voir comment l'argument *a fortiori* de la deuxième moitié de cette citation, qui juxtapose la discussion du statut moral d'une action utile et l'évaluation négative du langage commun des fonctions corporelles, non seulement mine de l'intérieur toute tentative machiavélienne pour identifier l'utile avec l'honnête, mais aussi met en question en quelque sorte le langage commun lui-même. Le changement de perspective qui démontre comment le sens des mots tels que *utile*, *nécessaire*, *honnête* dépend du contexte dans lequel ils s'insèrent, semble plutôt accentuer la fonction discursive du langage (comme outil réalisant les buts discursifs du locuteur), qu'il ne confirme la capacité du langage commun à déterminer le statut moral d'une action utile. Dans la perspective de ce passage, il s'agit moins de déterminer le statut moral d'une action utile que d'expliciter le fondement dont on se sert pour la juger, repérable plus précisément dans différents types de justices, leurs forces et leurs faiblesses.

3. Devoir au pluriel

Le passage dont fait partie le deuxième exemple, qui traite du devoir du prince, considère la relation entre l'utile et l'honnête sur un plan plus général ou théorique que le premier exemple, qui la considérait sous une forme pratique dans la série d'exemples de double perfidie. Il ne s'agit donc plus de Jaropelc ou de Seyanus, exemples concrets de chefs d'état, mais du « prince » en général (comme institution) : « Le prince, quand une urgente circonstance et quelque impetueux et inopiné accident du besoing de son estat luy faict gauchir sa parolle et sa foy ... » (p. 799). Le passage paraît à cet égard comme la partie du chapitre qui tiendra compte le plus explicitement de la nouvelle conception de la morale dans la politique introduite par Machiavel. Cette impression se renforce par le fait que le prince y sera effectivement conseillé, dans certains cas, de « gauchir » sa parole, de sacrifier son honneur, son estime de soi, pour sauver le peuple (« il falloit le faire »). Là s'arrête cependant toute ressemblance avec une perspective machiavélienne[25].

25. Selon laquelle il s'agit de préserver à tout prix le pouvoir du prince. Conception traditionnelle et questionnable peut-être, mais il ne s'agit pas ici de discuter la justesse de l'image traditionnelle de la pensée machiavélienne. Pour une telle discussion, voir Q. Skinner, *Machiavel*, 1981.

Jugée en dehors du « devoir ordinaire » du prince, le parjure n'est nullement honnête ; il est acceptable seulement dans des cas extrêmes et jamais sans porter atteinte à la conscience : « s'il le fit sans regret, s'il ne luy greva de le faire, c'est signe que sa conscience est en mauvais termes ». On n'a donc pas affaire ici à ces princes qui « ne valent rien », qui compensent leur mauvaise conscience par une deuxième trahison, dont il était question dans la série de double perfidie, mais à un prince qui « geiné entre ... deux extrêmes » (le désastre auquel conduirait l'honnête, et le déshonneur qui serait la conséquence du choix de l'utile), choisit avec regret le dernier. L'estime d'un tel prince est donc étroitement liée à l'état de sa conscience, et la conclusion du passage, le rejet absolu de l'intérêt privé, précise exactement ses limites : « aucune utilité privée n'est digne pour laquelle nous façions cet effort à nostre conscience ; la publique, bien, lors qu'elle est et tres-apparente et tres-importante »[26].

Ce thème de la conscience, introduit juste avant le passage qui nous concerne (« Outre la vilité de telles commisions, il y a de la prostitution de conscience. »), et poursuivi ensuite dans l'exemple de Timoleon (« et cela pinça justement sa conscience »), permet de lier thématiquement ce passage, de ton et de nature très différent du texte environnant, à la série d'exemples dans laquelle il s'insère. Plus important pour notre perspective, pourtant, est le développement à partir de cette thématique d'une addition tardive. Insérée au milieu du passage, cette addition met en scène non le prince du premier état du texte, celui qui choisit avec regret la solution utile, mais un deuxième prince qui opte pour la solution contraire, l'honnête : « Quand il s'en trouveroit quelqu'un de si *tendre conscience*, à qui nulle guarison ne semblast digne d'un si poisant remede, je ne l'en estimeroy pas moins »[27]. Le passage oppose ainsi

26. On remarque que cette conclusion ne concerne pas seulement le prince, mais se généralise à tous : « aucune utilité privée n'est digne pour laquelle *nous* ».

27. C'est nous qui soulignons.

deux choix d'actions possibles, répartis en deux strates de texte (b) et (c), dont dispose le prince dans une situation difficile. Ces actions, dont l'une est utile, l'autre honnête, sont en outre présentées comme des extrêmes (« geiné entre deux extrêmes ») ; accrochées à chaque bout d'un axe de choix possibles, elles sont les seules qui restent lorsque tout autre moyen est épuisé. On aurait pu s'imaginer que cette mise en scène des princes dont chacun choisit un extrême, sert à souligner la distance (ou la contradiction) entre des choix d'action mutuellement exclusifs, l'un condamnable, l'autre louable. Le fait que ces deux actions de statut moral complètement différent sont évaluées au même titre par le locuteur (Montaigne), est pourtant un premier indice qu'une telle interprétation n'est pas défendable. La manière dont l'addition s'insère au milieu du passage en est un autre ; coupant l'argument du texte (b) en deux, tout en lui laissant le dernier mot, cette structuration « réduit » pour ainsi dire la distance entre ces deux « extrêmes », l'utile et l'honnête. Nous allons cependant considérer cette « réduction » d'un point de vue purement formel, notamment par une analyse polyphonique de quelques traits formels du passage. Nous commencerons par la locution adverbiale *à l'avanture*.

L'énoncé dont fait partie la locution a la forme d'une question, et occupe le milieu d'une série de trois questions qui termine l'addition (texte c) :

> A quelle plus juste necessité se reserve il? Que luy est il moins possible à faire que ce qu'il ne peut faire qu'aux despens de sa foy et de son honneur, choses qui *à l'aventure* luy doivent estre plus cheres que son propre salut, ouy, et que le salut de son peuple? Quand, les bras croisez, il appellera Dieu simplement à son aide, n'aura il pas à esperer que la divine bonté n'est pour refuser faveur de sa main extraordinaire à une main pure et juste? (p. 799)

On remarque d'abord que l'exemple a la même forme – celle d'une question partielle – que la célèbre formule « Que sçay je? » de l'*Apologie*, et que, tout comme cette dernière, elle ne reçoit pas de réponse. Tel est le cas en fait de toutes les questions de la série ; l'une relaye l'autre jusqu'à ce que se termine l'addition. Pour l'instant nous allons nous restreindre à remarquer que la série de questions confère à l'addition une sorte de forme « ouverte » (« sans fin »), fournissant un excellent cadre à nos analyses. Antéposée dans une relative, la locution adverbiale occupe une position toute différente dans cet exemple que dans les quatre exemples déjà analysés, où elle s'attachait à des constructions elliptiques et concessives. On sait que *à l'avanture* et ses analogues occupent plus souvent la position antéposée que les positions dont il a été question dans les exemples précédents[28], et que dans cette position cette locution entraîne normalement la polyphonie interne (non stricte)[29]. Le fait que, dans le cas qui nous concerne, elle est antéposée dans une relative, c'est-à-dire fait partie d'une construction non pas simple, mais complexe, ne devrait pas modifier les effets polyphoniques dont elle est normalement investie lorsqu'elle introduit une phrase simple[30].

Il s'ensuit que sans être pris en charge définitivement par le locuteur, le point de vue présenté par l'exemple est accordé par celui-ci ; est accordé plus précisément le droit du prince de refuser le parjure (quitte à se perdre lui-même et son peuple). La distance

28. Voir le chapitre théorique, pp. 97-98.

29. Il est intéressant de noter que *à l'avanture* remplace ici le marqueur évidentiel *je pense*, raturé sur la version manuscrite (voir les notes de la page 37 dans l'édition de l'*Imprimerie Nationale*, tome III, p. 511) ; ce marqueur introduit en effet exactement la même structure polyphonique que fait la locution adverbiale lorsque celle-ci occupe une position antéposée dans la phrase.

30. Car la locution adverbiale ne reçoit pas d'accent dans cette position. On sait que lorsqu'elle occupe une position non accentuée – lorsqu'elle est insérée juste après le verbe fini par exemple – elle entraîne normalement la polyphonie interne. Voir H. Nølke, *Le regard du locuteur*, p. 174.

introduite par la locution adverbiale entre le locuteur et le point de vue de l'exemple, ne signale en d'autres termes pas une réfutation de ce point de vue, mais simplement l'éventualité d'un changement d'avis ultérieur à son égard. La fonction de la locution ici n'est donc pas, comme dans les autres cas que nous avons considérés, de réfuter le point de vue qu'elle commente, mais de le marquer (explicitement) comme opinion[31] ; s'il est accordé par le locuteur au moment de l'énonciation, ce n'est qu'une opinion et la situation peut changer[32].

Passons ensuite au cotexte pour vérifier s'il s'agit effectivement de la structure de polyphonie interne « prévue » par la position de la locution adverbiale. Celui-ci nous renvoie d'abord à l'énoncé par lequel l'addition commence (déjà commenté à la page précédente), et dans lequel le prince qui refuse de sacrifier « sa foy et son honneur » ne sera pas moins estimé que celui qui accepte de le faire (« ... je ne l'en estimeroy pas moins »). Puisque cet énoncé introductif argumente dans le même sens que le point de vue de l'exemple, il suggère en fait que toute la partie (c) ajoutée au texte (b) fait de même, ce qui confirme qu'il s'agit effectivement d'une structure de polyphonie interne dans l'exemple. Il s'établit de ce fait une sorte de juxtaposition des textes (b) et (c) du passage ; au texte (b) qui affirme la nécessité du parjure, s'ajoute le texte (c) qui accorde le point de vue contraire, notamment le refus du parjure (réduisant justement la distance entre eux). On remarque cependant que cette mise sur le même plan du contenu des deux strates s'effectue au moyen de modes d'expression entièrement différents. Alors que le texte (b) présente le choix du parjure de manière directe, comme un fait soustrait à la responsabilité du prince (« il

31. Au sens d'Aristote, c'est-à-dire un contenu qui est fondé sur des prémisses incertaines ou sous-entendues.

32. La locution commente à cet égard la totalité du passage dans lequel elle s'insère.

doibt attribuer cette necessité à un coup de la verge divine ») et inévitable, le texte (c) présente le refus du parjure de manière indirecte, sous la forme d'abord d'une hypothèse à peine réalisable (« Quand il s'en troveroit... »)[33], et enfin d'une série de questions sans réponse (dont l'une est justement notre exemple). Susceptible de suggérer que le point de vue exprimé par le texte (c) est moins fort ou moins fiable que celui du texte (b), bien que plus « louable », le mode d'expression indirect peut en fait dans certains cas faire ressortir le point de vue du locuteur de manière plus efficace que l'expression directe. La forme interronégative de la question qui termine la série (et l'addition) en est un exemple, et nous allons terminer l'analyse par un commentaire de cette forme de question indirecte.

Nous avons déjà considéré le grand potentiel d'effets de sens inhérents à l'interronégative[34]. Contentons-nous donc ici de constater ses effets les plus importants : « Quand, les bras croisez, il appellera Dieu simplement à son aide, n'aura il pas à esperer que la divine bonté n'est pour refuser faveur de sa main extraordinaire à une main pure et juste? » À cause de l'inversion (« n'aura il pas ») qui invariablement investit la négation d'une valeur argumentative[35], nous savons que l'énoncé interronégatif oriente dans ce cas précis dans un sens positif, c'est-à-dire qu'il appelle une réponse positive. En termes polyphoniques ceci représente un rapport d'accord entre le locuteur et le point de vue positif (sous-jacent),

33. Mais qui se trouve pourtant réalisée dans l'exemple d'Epaminondas, p. 801.

34. Voir pp. 139-140.

35. Sauf si l'énoncé est introduit par la conjonction *et*, auquel cas, rappelons-le, il ne s'agit pas normalement d'une interrogation (voir pp. 140-141). Puisqu'il n'est pas question ici d'un tel énoncé, l'analyse pragmatique de l'interronégative s'applique sans problème.

soit une structure de polyphonie interne[36]. L'énoncé interronégatif présente ainsi la même structure polyphonique que celle de notre exemple qui le précède. Les effets de sens obtenus au moyen de cette structure polyphonique sont pourtant complètement différents dans les deux cas. Dans le premier (l'exemple), il s'agit simplement de marquer avec la locution adverbiale un rapport d'accord provisoire au point de vue explicite de l'énoncé, donc des effets atténuatifs ; dans le deuxième (l'interronégatif) en revanche, il s'agit de faire ressortir le point de vue sous-jacent auquel s'attache le locuteur de telle manière que l'interlocuteur s'y attache aussi. Avec la négation donc le locuteur anticipe, en la jugeant inacceptable, la réponse non souhaitée, stratégie qui force l'interlocuteur à adopter le point de vue positif sous-jacent (celui même du locuteur), c'est-à-dire à répondre par la positive (s'il ne veut pas paraître ridicule, ou s'exposer aux reproches). La présence de plusieurs points de vue dans l'interronégatif ne sert donc pas à souligner le rapport provisoire entre le locuteur et le point de vue auquel il s'attache, comme dans notre exemple, mais à empêcher son interlocuteur de s'associer au point de vue de la négation, c'est-à-dire de produire la réponse négative. Seront blâmés tous ceux qui le font (tous ceux qui pensent que Dieu ne regarde pas avec faveur le prince honnête). Cette fin qui appelle un oui, qui exige invariablement la réponse positive, démontre comment le locuteur peut faire ressortir son point de vue de manière très forte avec des modes d'expression pourtant indirects. Puisqu'il combine des effets atténuatifs avec des effets polémiques, le texte (c) apparaît à cet égard comme aussi fort (ou même plus fort peut-être) que le mode affirmatif du texte (b).

Excellent exemple de la pratique d'écriture avouée, sinon toujours suivie (« J'adjoute mais je ne corrige pas » III, 9, p. 963), que

36. Pour plus de détails, voir encore notre première discussion du phénomène de l'interronégation pp. 139-140.

veut dire enfin cette mise sur le même plan, ou effacement de distance entre les strates (b) et (c) du passage, de deux actions qui se définissent à chaque extrême d'un axe de choix possibles (l'utile – l'honnête)? Cette juxtaposition se trace en outre non seulement sur le plan du contenu – les deux princes sont estimés au même titre – mais aussi sur un plan formel ; la force d'un discours direct, affirmatif, sera égalée ou équilibrée par celle d'un discours indirect atténuatif. J'argumenterais que le texte (c) représente une radicalisation du droit de l'individu de faire prévaloir ses propres intérêts sur les intérêts publics, même lorsqu'il détient un office public. Dans le texte (b) ce droit est limité au domaine privé : lorsque par exemple Montaigne défend ses intérêts privés dans sa fonction de négociateur (« Tendre negotiateur et novice, qui ayme mieux faillir à l'affaire qu'à moy! », p. 791), il se considère comme une personne privée. Mais comme la structuration du passage le montre, aucun de ses devoirs ne l'emporte sur l'autre, ni celui qu'il doit à lui-même, ni celui qu'il doit à son peuple. L'addition (c), pourtant, n'acquiert pas comme le texte (b) sa fiabilité ou plutôt sa crédibilité par une prétendue équivalence avec les faits ou reformulation objective des faits, mais par une stratégie d'argumentation qui force à adopter le point de vue présenté tout en le marquant comme faillible et comme opinion. À notre avis, cette stratégie d'argumentation (qu'on pourrait appeler « persuasive ») est diamétralement opposée à celle évoquée (et critiquée) par la figure de l'abondance épistémologique dans l'*Apologie*. L'argumentation de l'addition (c) démontre justement que ce n'est pas « tousjours la presente et la derniere [opinion qui est] la certaine et infaillible » (II, 12, p. 563), mais que cette dernière est, comme toute autre opinion, toujours sujette à reformulation ; la locution adverbiale *à l'avanture* en est le meilleur indice.

4. Conclusions

S'il n'a pas été question ici de résoudre toutes les équivoques qui subsistent dans ce chapitre sur le problème classique de l'opposition entre l'utile et l'honnête, toujours est-il que nos analyses ont été en mesure d'en écarter quelques-unes. On a vu par exemple dans le premier exemple que la contradiction d'un enchaînement qui d'une part excuse les cas de « double perfidie » et les réfute d'autre part, se résout par le fait que les seuls cas susceptibles d'être excusés sont ceux dans lequels il ne se décèle aucun intérêt privé (ou « utilité privée »), et qui par conséquent ne sont pas de véritables cas de double perfidie. À cet égard le passage dont fait partie notre deuxième exemple peut bien constituer la conclusion de la série de double perfidie, mais non pas en l'identifiant avec les exemples dangereux et rares auxquels il faut céder, comme le fait H. Friedrich[37] ; le passage serait la conclusion de la série de double perfidie parce qu'il confirme qu'« aucune utilité privée n'est digne pour laquelle nous facions cette effort à nostre conscience » (p. 801). On aurait là le fondement de la réfutation des cas de double perfidie. Cette conclusion ne compte cependant que pour le texte (b), et on pourrait peut-être penser que Montaigne « semble pris d'hésitation »[38] entre l'action utile et celle honnête dans ce passage même, puisque celui-ci, grâce à l'addition tardive, juxtapose ces deux actions de portée morale différente. Comme s'il allait de soi que deux actions jugées comme également acceptables, auraient la même valeur morale. Mais le fait qu'une action utile puisse se justifier, ne l'investit pas de valeur morale.

Il n'y a en fait jamais d'identification (ou d'hésitation) entre l'action utile et l'action honnête dans ce chapitre, ni même dans le passage qui juxtapose ces deux actions en en jugeant au même tit-

37. *Montaigne*, p. 200.
38. Pour employer encore une expression de H. Friedrich, *ibid.*

re. Si l'action utile est acceptée, c'est sous la condition de ne pas y mêler l'utilité privée. Condition qui pourtant ne la rend pas honnête ; si elle n'est pas vicieuse, elle est toujours jugée « hors [du] devoir ordinaire » du prince et, partant, pas honnête. Montaigne n'est donc pas « pris d'hésitation » ni dans le cas de double perfidie, ni dans celui du prince « geiné entre deux extrêmes ». Dans le premier, les seuls cas « excusables » étaient ceux qui s'avèraient dépourvus d'intérêt privé (ou d'« utilité privée »), ce qui exclut de qualifier d'honnête la double perfidie. Dans le dernier, les deux actions sont mises sur le même plan, non pas parce que Montaigne ne sait pas choisir entre elles, mais tout simplement pour faire l'inventaire des choix d'actions possibles dont disposera le prince dans une situation difficile. À cet égard il s'agit bien dans ce chapitre, comme le propose A. Tournon, d'une morale de l'autonomie[39], car le texte ne prescrit pas mais laisse au prince lui-même de faire son choix, selon sa conscience.

39. *La glose et l'essai*, p. 271.

DEUXIÈME SECTION

DE LA GRADATION

1. Introduction

Avec les expressions que nous aborderons dans cette section – *je trouve que* et *je pense que* – nous retournerons à la notion de « source de savoir ». Le cadre théorique de cette notion a déjà été présenté lors de l'introduction de l'analyse de *il semble que* dans la section « Sources de savoir dans l'*Apologie de Raimond Sebond* » du chapitre précédent ; aussi ne reprenons-nous ici que ses traits essentiels. S'y distingue notamment la capacité de ces expressions à expliciter la source ou provenance de l'information transmise par un énoncé, capacité qu'elles partagent donc avec *il semble que*, et raison pour laquelle elles sont appelées « marqueurs évidentiels (du savoir) ». À cet égard on pourrait effectivement se demander pourquoi les analyses de *je trouve que* et *je pense que* ne sont pas rangées avec celles de *il semble que* dans le premier chapitre, ce qui aurait été sans doute un traitement plus logique. Dans ce cas, on aurait pu considérer les marqueurs évidentiels d'un côté, les expressions modales de l'autre. Ce découpage paraîtrait d'autant plus naturel dès qu'on se rappelle à quoi sont réservés les termes de modalité et d'évidentialité : le premier se rapporte à l'expression de l'attitude du locuteur, le second à l'expression du mode de création et/ou de récolte de l'information[1]. Toujours est-il que ces deux phénomènes linguistiques sont étroitement liés, témoin le terme « marquage épistémique » proposé comme hyperonyme métalinguistique pour souligner le lien naturel qui existe entre

1. Voir P. Dendale et L. Tasmowski, *Les sources du savoir et leurs marques linguistiques*, « Présentation. L'évidentialité ou le marquage des sources de savoir », p. 4.

eux[2]. L'agencement de nos analyses n'a donc rien d'aberrant, et s'explique en partie par le fait qu'il ne s'agit pas ici d'une analyse purement linguistique, mais seulement d'appliquer les résultats de quelques théories linguistiques d'orientation pragmatique à une œuvre littéraire particulière. Les analyses s'élaborent en conséquence en fonction de la thématique à laquelle se réfèrent les exemples ; les deux premiers (contenant *il semble que* et *à l'avanture*) au champ de la croyance dans *Des Prières*, les deux suivants au fonctionnement des notions d'inspiration et de hasard dans l'*Apologie*, et ainsi de suite.

Il existe cependant une différence formelle entre les expressions déjà analysées (*à l'avanture*, *il semble que*) et celles dont nous allons nous occuper maintenant (*je trouve que*, *je pense que*, *il me semble que*[3]), qui peut justifier la répartition de nos analyses également sur le plan logique. Tandis que ces expressions sont toutes des traces du locuteur, les premières sont « impersonnelles », et ne renvoient qu'implicitement au locuteur ; les dernières en revanche sont « personnelles », c'est-à-dire qu'elles contiennent une référence explicite à la première personne, sous la forme du sujet *je* ou de l'objet *me*[4]. La référence explicite au locuteur dans ces expressions est en fait un trait significatif des *Essais*. Dans cet ouvrage,

2. *Ibid.*

3. Celle-ci sera analysée dans la section suivante.

4. Il convient de noter pourtant qu'il n'y a pas nécessairement de correspondance entre le marquage syntaxique du locuteur dans l'énoncé et l'introduction d'un jugement personnel. Si *je trouve que* introduit bien un jugement personnel, fondé sur une expérience, directe ou indirecte, de « la chose elle-même » (prédication intrinsèque) (O. Ducrot, *Les mots du discours*, pp. 75-76), tel est aussi le cas de *il semble que*, marqueur « impersonnel » qui introduit un jugement personnel, cependant fondé sur une expérience des circonstances liées mais extérieures à l'objet jugé (prédication extrinsèque). Les marqueurs « personnels » *je pense que* et *je crois que* n'introduisent de leur côté pas un jugement personnel, mais un jugement rapporté. Voir nos remarques sur cette « paire » de marqueurs évidentiels dans le chapitre théorique, pp. 106-108.

qui est sans doute le premier à se structurer de manière systématique à partir d'une perspective personnelle, le groupe d'expressions *je trouve que*, *je pense que* et *il me semble que* constitue l'un des « outils » les plus importants pour créer cette prise en charge personnelle de la parole. Il suffit de rappeler à cet égard la définition de la poésie empruntée à Sénèque dans *De l'institution des enfans*, laquelle ne se distingue du texte d'origine que par la présence d'un *me semble il* et du pronom *me*, marques personnelles de l'auteur. Cette citation que nous avons commentée brièvement dans le premier chapitre (pp. 39-40), sera analysée en détail dans la section suivante. En conséquence, on objectera peut-être que ces expressions sont plutôt à considérer dans la perspective qui conçoit le « moi » de Montaigne comme une étape importante dans le développement du concept d'identité moderne[5], que dans la nôtre qui se limite à leur fonction polyphonique (et épistémique), d'autant plus qu'elles n'introduisent que des structures de polyphonie interne, même souvent interne au sens strict[6]. Ce dernier type en particu-

5. Voir à cet égard également notre premier chapitre.

6. Cela ne veut pas dire, pourtant, que les marqueurs évidentiels vont toujours de pair avec la polyphonie interne, alors que les marqueurs modaux sont réservés à la polyphonie externe. Il est vrai que la polyphonie externe sert le plus souvent à réfuter un point de vue (cf. H. Nølke, *Linguistique modulaire*, p. 150, note 111) et que la locution adverbiale *à l'avanture* se charge souvent de cette fonction dans nos analyses. Mais la locution n'actualise cette fonction que dans certaines positions dans la phrase, comme partie d'une construction elliptique ou d'une structure concessive plus précisément ; dans les autres positions qu'elle occupe (par exemple insérée après le verbe fini, position de loin la plus fréquente), il s'agit de la polyphonie interne. À cela s'ajoute que dans un énoncé introduit par le marqueur évidentiel *il paraît que*, la source du contenu est externe (l'emprunt); l'énoncé est donc l'exemple d'une structure de polyphonie externe (sens strict). Les deux types de marqueurs, évidentiel et modal, peuvent ainsi introduire aussi bien la polyphonie interne qu'externe, fait qui souligne encore le lien naturel qui existe entre eux. On peut ajouter, enfin, mais sans aller dans le détail (voir chapitre théorique), que les différents types de polyphonie se recoupent sur un point précis, notamment celui de « sens non strict », c'est à-dire que les structures de

lier, qui n'implique la présence dans l'énoncé d'aucun autre être discursif que le locuteur[7], soit une distance minime entre locuteur et point de vue présenté, ne laisserait guère de place au doute. Toute structure polyphonique présuppose pourtant la présence de plusieurs points de vue dans un énoncé, fait qui, on le rappelle, est la condition même du doute dans notre perspective. Si un énoncé se stratifie en plusieurs points de vue, que ce soit seulement pour révéler la manière dont le contenu a été créé et/ou récolté, ce type de polyphonie est intéressant dans notre perspective au même titre que d'autres types de polyphonie. Et la raison en est précisément qu'il s'agit, dans ce genre d'énoncés, d'expressions qui explicitent la source de l'information transmise (leurs conditions d'emploi), d'expressions donc qui permettent au locuteur et éventuellement à l'allocutaire de juger le bien-fondé ou la fiabilité des contenus qu'elles introduisent.

Il s'ensuit que cette forme de doute plus implicite, ou plus subtile, que celle qui s'articule comme une réfutation explicite, n'est pas liée uniquement aux expressions qui se laissent ranger dans la catégorie des marqueurs évidentiels, mais peut se réaliser avec toutes les expressions considérées dans ce travail. Nous l'avons en effet mise en rapport avec le pyrrhonisme – philosophie qui se constitue par une constante explicitation de ses conditions d'emploi ou d'énonciation – dans l'introduction à l'analyse de l'*Apologie* du chapitre précédent[8]. Nous rappelons qu'avec ce marqueur le locuteur ne prend pas le contenu à son propre compte, mais l'accepte seulement, puisque ce contenu est inféré à partir d'indices plus ou moins inconscients. Le contenu d'un énoncé in-

polyphonie interne au sens non strict et de polyphonie externe au sens non strict sont identiques.

7. C'est-à-dire les deux images de celui-ci ; voir H. Nølke, « La ScaPoLine 2001 », p. 48.

8. P. 162.

troduit par *il semble que* relève donc d'une source interne de l'ordre de l'inférence, correspondant, en termes polyphoniques, à une variante de la polyphonie interne non stricte. Les marqueurs « personnels » *je trouve que* et *je pense que* que nous allons considérer dans cette section assument également une structure de polyphonie interne ; au premier s'ajoute pourtant la précision « sens strict » alors que le deuxième garde la même précision « sens non strict » que le marqueur « impersonnel » *il semble que*. Cette quasi-identité au niveau polyphonique n'implique cependant pas que les sources explicitées par ces marqueurs sont les mêmes. S'il s'agit bien d'une source interne dans les deux premiers cas, l'inférence (*il semble que*) et la perception (*je trouve que*) respectivement, la source est externe dans le dernier cas (*je pense que*) ; il pourra s'agir d'un emprunt par exemple[9]. Nous allons commencer nos analyses par le marqueur *je trouve que* qui, puisqu'il introduit un contenu créé à partir de l'expérience personnelle du locuteur (perception), semble le moins intéressant dans notre perspective. Rien ne semble en fait plus sûr que ce qu'on peut garantir par sa propre expérience, par ce qu'on a vu ou entendu. La structure polyphonique introduite par le marqueur renforce encore cette impression ; interne au sens strict, elle n'implique que les deux images du locuteur, le locuteur de l'énoncé et le locuteur textuel, c'est-à-dire que la marge de doute est minime. On remarque cependant que ce

9. Selon les analyses de O. Ducrot, ni *je pense que* ni *je crois que* n'introduisent un jugement personnel, fondé soit sur une expérience directe (ou indirecte) de « la chose elle-même » (*je trouve que*) ou sur des circonstances extérieures (ou indices) de cette « chose » (*j'ai l'impression que, il (me) semble que*), mais un jugement rapporté. Le point de vue introduit par ces deux marqueurs (« personnels ») ne relève donc pas d'une source interne, mais externe. Si l'on suit le schéma de Ducrot pourtant (*Les mots du discours*, p. 84), le point de vue introduit par *je pense que* se distingue de celui de *je crois que* du fait qu'il est le produit d'une réflexion, élément « interne » absent de *je crois que*. À cet égard il faut admettre (à mon avis) que le locuteur a dû participer, au moins à un niveau second, à la création du point de vue introduit par *je pense que*. Nous y reviendrons.

trait du marqueur, par lequel le locuteur (et son autorité) sera explicité comme la seule source du contenu, exclut du même coup toute présence d'une garantie doctrinale, même de l'opinion commune, dans l'énoncé. À cet égard *je trouve que* présente en effet un grand intérêt à nos propos ; il contribuera à situer le locuteur (pour citer encore A. Tournon) « dans l'ordre du témoignage, d'un témoignage purement humain et personnel, dénué de garantie comme d'autorité »[10]. Dans cette perspective il est tout à fait possible de considérer le marqueur comme un indicateur de doute ou, si l'on élargit la perspective, comme un indicateur de la sincérité du locuteur plutôt que de sa certitude. Nous argumenterons plus précisément que dans le texte de Montaigne la notion de sincérité, à la différence de celle de certitude, inclut le doute ; vu la faillibilité du « moi », ce qui est garanti par l'expérience propre n'échappe pas au doute : « Moy qui m'espie de plus prez, qui ay les yeux incessamment tendus sur moy, comme celuy qui n'ay pas fort à-faire ailleurs [...] à peine oseroy-je dire la vanité et la foiblesse que je trouve chez moy » (II, 12, p. 565).

2. Argumentation par expérience

Si l'on se réfère encore une fois au passage *Des Boyteux*, où Montaigne affirme sa préférence pour les expressions soumises à nos analyses (« J'ayme ces mots qui moderent et amolissent la temerité de nos propositions : A l'avanture, Quelque, On dict, Je pense et semblables », p. 1030), on constate l'absence du marqueur *je trouve que* parmi les expressions recensées ; au mieux, il est rejeté dans la catégorie des « semblables ». Cette impression d'absence s'évanouit, pourtant, si l'on considère le nombre d'occurrences du marqueur dans le texte ; il est en effet bien plus fréquent que le marqueur apparenté *je pense que* qui se trouve parmi les expres-

10. A. Tournon, « Que c'est que croire », p. 174.

sions explicitement mentionnées dans le passage[11]. La présence du marqueur *je trouve que* dans les *Essais* comporte plusieurs aspects intéressants. On remarque par exemple qu'il se scinde parfois en deux par une référence explicite à sa fonction : « Je trouve par expérience que... »[12]. Si l'on considère des constructions variantes où *trouver* assume le même sens que le marqueur *je trouve que* (« Je le trouve... », « Je trouve cela... »[13]), on peut également argumenter que dans certains cas le verbe réalise formellement le dédoublement du sujet montaignien en une instance analysante et une instance analysée[14]. Enfin, à part quelques expériences indirectes, fondées sur des lectures de César, de Térence, de Bodin etc., le marqueur véhicule dans la plupart des cas des expériences directes, personnelles, de Montaigne. Un cas intéressant se présente où l'auteur examine en détail dans *De l'utile et de l'honneste* le rôle qu'il a joué en tant que négociateur entre les factions dans les guer-

11. 37 occurrences de *je trouve que* vs. 11 de *je pense que* plus précisément. Le taux de fréquence de *je trouve que*, 0,84, dans les *Essais*, est haut par rapport aux livres contemporains consultés (voir schéma dans le chapitre I); ce n'est que Larivey, *Les Jaloux*, 1,50, qui le dépasse. Dans cette pièce très courte, pourtant, il n'y a que 3 occurrences (vs. 37 dans les *Essais*). Le cas est inverse en revanche pour *je pense que* ; à taux de fréquence 0,25 la présence de ce marqueur dans les *Essais* est inférieure à celle de plus de la moitié des textes contemporains consultés, et bien inférieure à celle de *je trouve que*.

12. Dans trois occurrences plus précisément, I, 14, p. 56, II, 29, p. 705, III, 13, p. 1104.

13. Il convient de mentionner ici que le verbe *trouver* réalise deux sens différents: *juger/estimer* et *découvrir/inventer* (O. Ducrot, *Les mots du discours*, pp. 60-70). Le premier, qui nous occupe ici, se réalise justement par le marqueur *je trouve que*. À cela s'ajoute des cas où le sujet du verbe *être* dans la complétive est transformé en objet de *trouver* (je le trouve, je trouve cela). Ducrot fonde précisément sa distinction des deux sens inhérents à *trouver* sur ces critères syntaxiques.

14. On sait que la forme réflexive du verbe apparaît assez souvent dans les *Essais* ; l'expression *(je) me trouve...* n'y fait pas exception. Mais comme il est difficile dans bien des cas d'y distinguer clairement le sens *juger/estimer* et partant de la séparer d'autres cas qui ne sont pas pertinents pour notre étude, elle n'a pas été prise en compte dans nos analyses.

res civiles. Nous retournons ainsi au même chapitre et à la même thématique « politique » – la relation complexe entre l'utile et l'honnête – dont nous nous sommes occupés dans la section précédente. La perspective n'est cependant plus la même ; alors qu'il s'agissait là des expériences des autres, réelles (Jaropelc, Seyanus, etc.) ou virtuelles (les possibilités d'action du prince lorsqu'il se trouve coincé entre deux extrêmes), il s'agit maintenant de celles de Montaigne lui-même. Dans la mesure où il assume un rôle public, cependant, ses expériences sont analogues à celles du prince ; en tant que négociateur, il exerce des offices politiques. Il convient de remarquer également – fait intéressant dans notre perspective – que ce changement de perspective se trace au niveau formel ; il ne s'agit plus du marqueur « impersonnel » *à l'avanture*, mais de *je trouve que*, marqueur « personnel ».

Notre exemple fait donc partie du long examen des expériences de Montaigne en tant que négociateur entre les factions dans les conflits internes du pays (p. 791 : « En ce peu que j'ay eu à negocier ... » à p. 796 : « ... illégitimes »)[15]. Cautionné par la même *epochè* préalable que celle du chapitre en entier : « Je ne pretens autre fruict en agissant, que d'agir, [...] chasque action fait particulierement son jeu : porte s'il peut » (p. 793), l'examen suggère que définir la relation entre l'utile et l'honnête à partir de ses propres expériences est pour le moins aussi difficile qu'à partir de celles des autres. Pour reprendre encore la remarque de A. Tournon, c'est justement cet examen qui « imprime à l'ensemble des propos une sorte d'oscillation entre les options et les règles »[16]. Ici, il s'agit de tracer non pas la même « sorte d'oscillation », mais une oscillation semblable, à l'intérieur de l'examen même, et plus précisément dans le passage qui constitue notre exemple. Susceptible de faire

15. Voir A. Tournon, *La glose et l'essai*, chapitre VI, note 16, p. 399, selon qui cette réflexion est une interpolation, ajoutée au chapitre plus tard.

16. *La glose et l'essai*, p. 271.

partie d'une stratégie de négociation (d'un « procéder ») efficace mais peu conventionnelle[17], le contenu de l'exemple argumente en faveur de la justesse (ou de l'honnêteté) d'une « règle » générale de conduite dans les conflits internes[18]. L'argumentation, que nous citons dans sa totalité, s'agence de manière non suivie sur la moitié d'une page et comporte trois occurrences du verbe *trouver* :

> (b) Aux hommes, comme [Atticus], privez, il est plus aisé : et en telle sorte de besongne, *je trouve qu*'on peut justement n'estre pas ambitieux à s'ingerer et convier soymesmes. De se tenir chancelant et mestis, de tenir son affection immobile et sans inclination aus troubles de son pays et en une division publique, *je ne le trouve* ny beau ny honneste. (c) Ea non media, sed nulla via est, velut eventum expectantium quo fortunæ consilia sua applicent[19]. Cela peut estre permis envers les affaires des voisins ; et Gelon, tyran de Syracuse, suspendit ainsi son inclination en la guerre des Barbares contre les Grecs, tenant un'ambasse à Delphes, à tout des presents, pour estre en eschauguette à veoir de quel costé tomberoit la fortune, et prendre l'occasion à poinct pour le concilier au victorieux. Ce seroit une espece de trahison de le faire aux propres et domestiques affaires, ausquels necessairement (b) il faut prendre party par application de dessein. Mais de ne s'embesongner point, à homme qui n'a ny charge ny commandement exprés qui le presse, *je le trouve* plus excusable (et si ne practique pour moy cette excuse) qu'aux guerres estrangeres, desquelles pourtant, selon nos loix, ne s'empesche qui ne veut. (p. 793)

17. Dont les autres éléments se résument en la capacité d'être indépendant « des grands » et de défendre ses droits privés (c'est-à-dire ceux de Montaigne comme châtelain).

18. Abstraction faite de l'addition tardive qui concerne l'engagement dans les conflits externes.

19. « Cela, ce n'est pas prendre un chemin mitoyen, c'est n'en prendre aucun ; c'est attendre l'événement pour passer du côté de la fortune. » (Tite-Live, XXXII, xxi.)

La « règle » en question est formulée dès le début (« je trouve qu'on peut justement n'estre pas ambitieux à s'ingerer et convier soymesmes »), mais, comme le montre le développement du passage, il ne s'ensuit pas pour autant que le locuteur s'en serve lui-même. En effet, il semble bien s'agir, de la part du locuteur, d'une « oscillation » entre règle et option, qu'on pourrait sans doute attribuer à son statut social mixte, c'est-à-dire ni tout à fait public ni tout à fait privé. Dans un premier temps, pourtant, nous allons chercher l'articulation de ce phénomène dans la structure même du passage, plus précisément dans la relation entre les énoncés. Nous situerons en particulier les informations fournies par la structure polyphonique – déterminée par les trois occurrences de *je trouve que* – par rapport à celles qu'on peut tirer de la structure argumentative du passage, qui consiste en une concessive, *p mais q*, particulièrement complexe. Cette complexité est due d'une part à l'interpolation d'une addition dans *p*, d'autre part au fait que *q* constitue un argument scalaire, ce qui nous permet d'introduire la notion de gradation argumentative dans nos analyses. Ce n'est que vers la fin de l'analyse que nous retournerons à la notion d'une oscillation entre option et règle, notamment en mettant la conception linguistique de la gradation en rapport avec une perspective rhétorique sur ce phénomène.

Commentons d'abord le passage dans son premier état (b), constitué de trois énoncés qui tous contiennent le marqueur *je trouve que*. À première vue, il est tentant de s'imaginer un *mais* sous-entendu entre les deux premiers énoncés, puisqu'ils présentent des points de vue qui orientent en sens opposés : « je trouve qu'on peut justement n'estre pas ambitieux à s'ingerer et convier soymesmes. [Mais d]e se tenir chancelant … je ne le trouve ny beau ny honneste... il faut prendre party »[20]. Le passage serait ainsi structuré selon le schéma concessif suivant, tenant en compte le *mais* du dernier énoncé : *p (mais)* q_1 *mais* q_2. Pourtant, on s'aperçoit rapidement que ce schéma ne marche pas, car ce dernier énoncé (« Mais de ne s'embesongner point... ») présente un point de vue qui est quasiment identique à celui du premier. Selon un tel schéma donc, deux points de vue qui sont quasiment identiques (*p* et le second *q*) s'opposent, ce qui ne paraît guère possible. Aussi ce schéma ne peut-il pas rendre compte de la structuration du passage. Nous pouvons, en revanche, en nous fondant justement sur le fait qu'il y a quasi identité entre le premier et le dernier point de vue, suggérer un schéma concessif bien plus simple. Le dernier point de vue constitue notamment *q* dans une structure concessive *p mais q* (là où *p* et *q* sont respectivement les deuxième et troisième points de vue) ; il oriente donc vers la conclusion du discours total[21]. Puisqu'il est quasi identique au premier, celui-ci se présenterait aussi comme la conclusion, ce qui donne : *Q* (*p mais q*). Il s'agit donc toujours selon ce schéma, plus vraisemblable et plus économique que le premier, d'un raisonnement concessif ; nous suggérerons plus précisément que plutôt que de signaler une opposition stricte au premier (la conclusion), les deuxième et troisième points de vue ont comme fonction de nuancer celui-ci. Autrement dit, la règle de neutralité dans les conflits internes, affirmée sans réserve par le premier point de vue, puisqu'elle est fondée sur l'expérience propre de Montaigne, sera approfondie par les deux points de vue suivants[22].

20. C'est ce que font plusieurs traducteurs des *Essais* (M. Screech, J. Stolpe et E. Henneberg-Pedersen).

21. Selon la description de ces constructions par O. Ducrot ; voir plus haut, p. 174.

22. Je tiens à exprimer ma reconnaissance à André Tournon, qui m'a proposé cette lecture du passage.

En quoi consiste donc cet approfondissement ? Constatons en premier lieu que le développement du raisonnement n'est pas lié à la structuration polyphonique, puisque le locuteur argumente toujours sans réserve, au moyen de *je trouve que*, en faveur de la neutralité dans les conflits internes. Il se lie en revanche à la structuration argumentative du passage. Le dernier point de vue, qui occupe la position *q* dans la construction concessive, constitue notamment ce qu'on appelle un prédicat scalaire. Ces sortes d'énoncés représentent un cas particulier de l'orientation argumentative dans la mesure où ils renvoient à une échelle (être beau, juste, excusable, etc.) composée de points de vue qui forment une classe argumentative, c'est-à-dire qui sont considérés par le locuteur comme arguments pour une même conclusion[23]. La notion d'échelle concerne donc la relation d'ordre entre les points de vue, la nature de cette échelle étant déterminée par la conclusion vers laquelle ils orientent. Le prédicat scalaire (*q*) dans notre cas comporte les points de vue suivants : « ne s'embesongner point dans les conflits internes » ; « ne s'embesongner point dans les conflits externes » ; appelons-les *q'* et *q''*. On remarque ensuite que la relation entre *q'* et *q''* est déterminée par le comparatif *plus excusable que* qui marque *q'* comme plus fort que *q''*. Situés donc à des niveaux différents d'une échelle, ces deux points de vue orientent dans le même sens, notamment vers la conclusion selon laquelle il est juste (ou excusable) de préserver sa propre neutralité dans un conflit. Dans la mesure où le point de vue supérieur de ce prédicat scalaire argumente en faveur de la neutralité dans les conflits internes, point de vue auquel s'associe précisément le locuteur[24], on peut dire que le troisième point de vue du passage présente le même contenu que le premier. Il en diffère pourtant dans la mesure où *q'* ne constitue pas à lui seul le contenu propositionnel ; s'ajoute également *q''*. La

23. Voir O. Ducrot, *Les échelles argumentatives*, Paris, Minuit, 1980.
24. Voir *ibid.*

justesse (ou l'excusabilité) de *q'*, est plus précisément graduée par rapport à *q''*, qui dénote d'autres situations où *q'* peut s'appliquer, notamment en conflits externes. Donc, au lieu de tout simplement affirmer la justesse d'une règle qui recommande la neutralité dans les conflits internes, comme a fait le premier point de vue du passage, le troisième ne fait qu'orienter vers une telle conclusion. Nous pouvons ainsi suggérer que l'approfondissement qu'opère la construction concessive à la règle de neutralité dans les conflits internes, consiste en une sorte de relativisation de sa justesse. Il s'agit d'une règle dont la justesse, loin d'être universelle, est graduée ou relativisée par rapport à son application dans d'autres situations.

Ce n'est là pourtant qu'une des nuances qu'apporte la construction concessive (les deuxième et troisième points de vue) à la règle de neutralité dans les conflits internes formulée par le premier point de vue. Il fait retourner encore une fois à *p*, c'est-à-dire au deuxième point de vue du passage : « De se tenir chancelant et mestis, de tenir son affection immobile et sans inclination aus troubles de son pays ... je ne le trouve ny beau ny honneste ... il faut prendre party ». Nous avons remarqué (p. 248) à l'égard de ce point de vue qu'il oriente dans un sens opposé à *Q*. Précisons maintenant en quoi consiste cette opposition. À première vue, il semble que la conclusion de *p* soit contestée par *Q* (≈ *q*)[25]. Car alors que ce dernier semble argumenter en faveur d'une conclusion selon laquelle il est juste de ne pas prendre parti dans des conflits internes (« on peut justement ne ... s'ingerer et convier soymesmes »), *p*, de son côté, non seulement argumente vers la conclusion contraire, mais l'affirme explicitement : « il faut prendre party ». L'addition qui est insérée dans *p* ne laisse aucun doute sur l'opinion du locuteur à l'égard de ceux qui choisissent la seconde

25. Ce qui correspond donc au cas 1 dans la description de Ducrot ; voir plus haut, p. 201.

solution : « Ce serait une espece de trahison... ». Dans cette perspective, il conviendrait de conclure que *Q* refute *p* ; autrement dit que le locuteur prend à son compte un point de vue selon lequel il ne faut pas s'engager dans les conflits internes.

Si l'on considère ces deux points de vue de manière plus détaillée, pourtant, il devient moins évident qu'il s'agisse d'une opposition qui est de l'ordre de la réfutation. On peut argumenter en effet que l'engagement dont il s'agit dans *Q* n'aurait pas nécessairement comme conséquence qu'on ne prendrait pas parti du tout, mais simplement qu'on ne s'engageait pas *activement* de l'un côté ou de l'autre. En remontant au texte précédent, notamment à l'exemple d'Atticus, on trouve un argument en faveur de cette interprétation. En tant que personne privée, Atticus prend « party » mais ne s'engage pas activement dans les conflits (« lequel se tenant au juste party ... se sauva par sa moderation »). L'engagment dont il s'agit dans *p*, en revanche, implique soit qu'on fasse la navette entre différents partis (« chancelant et mestis »), soit qu'on suspende son choix de parti jusqu'à ce qu'on ait vu l'issu du conflit, pour se mettre alors du côté des gagnants. Cette dernière stratégie est justement explicitée et détaillée dans l'addition, qui la permet dans les conflits externes. Pour emprunter les termes de la citation latine du passage (« Ea non media, sed nulla via est... »), il s'agit dans l'un (*Q* et à fortiori *q*) d'une sorte de voie moyenne, alors que dans l'autre (*p*), il ne s'agit d'aucune voie du tout. Aussi *Q* (et à fortiori *q*) ne représentent-ils pas une réfutation directe de *p*, mais simplement une précision de son impertinence à l'égard de la conclusion du discours total. Nous pouvons donc suggérer, en résumant les nuances qu'apporte la structure concessive (*p mais q*) à *Q*, que celui-ci présente d'une part une règle d'engagement dans les conflits internes qui a une valeur morale « graduée » relative à d'autres engagements (c'est ce qu'a montré *q*) ; d'autre part, qu'une telle règle considérerait comme juste plutôt un engagement modéré qu'une pusillanimité lâche (c'est ce qu'a montré *p*).

Permettons-nous en dernier lieu de considérer ces informations dans le contexte du chapitre en entier. Il s'ensuit de nos analyses que le type d'engagement susceptible d'être qualifié comme juste ou « excusable », ne compte pas comme une action honnête « pure ». Il s'agit plutôt d'une excusabilité relative, qui se mesure par rapport à d'autres formes d'engagement, ou bien qui comporte un élément d'utilité. Si l'on se réfère à la règle générale d'engagement modéré, la conduite honnête (ou « excusable ») d'un Atticus (ou d'un Montaigne) n'exclut pas le droit de préserver, dans la mesure du possible, ses intérêts privés, soit la présence d'une certaine utilité. Ce renversement de l'utile dans l'honnête se fait également, comme l'indique bien notre passage, en sens inverse. Pour reprendre encore une fois l'addition tardive, insérée dans le deuxième point de vue (*p*), elle n'exclut pas que l'engagement opportuniste (« chancelant et mestis ») soit sinon honnête, au moins permis dans certains cas : « Cela peut être permis envers les affaires des voisins... ». Cette idée que l'honnête puisse rejoindre l'utile par delà une gradation de la morale de différents types d'engagements, rappelle en fait exactement la description rhétorique par A. Compagnon du thème de la gradation dans les *Essais*[26]. Selon Compagnon, l'allégorie revient dans les *Essais* « sous la forme d'une ébauche de la gradation pascalienne »[27], c'est-à-dire sous la forme d'une problématique des « extrêmités qui se touchent » et de l'« entre deux »[28], et il trace sa forme la plus accomplie dans la « gradation socratique », qui réunit sagesse et ignorance, excellence et simplicité par delà une « vaine

26. A. Compagnon, *Chat en poche. Montaigne et l'allégorie*, Paris, Seuil, 1993, chapitre 4.

27. *Ibid.*, p. 101.

28. *Ibid.*

science »[29]. Cette ébauche qui pressentit donc la distinction pascalienne entre « les habiles » et « les demi-habiles » – Pascal s'en sert notamment pour reprocher à Montaigne qu'il se place parmi les « demi-habiles » – constitue pour Compagnon (qui trace le même effet) moins un défaut qu'une sorte d'autocritique[30]. Ce qui est intéressant pour notre perspective, pourtant, c'est que Compagnon découvre à chaque étape de ses analyses une oscillation entre les niveaux. Il en ressort notamment que Montaigne se place, explicitement ou implicitement, à la fois dans la position haute et dans la position moyenne, comme si la gradation dans les *Essais* représentait non seulement une critique du phénomène, mais aussi une capacité à le maîtriser, c'est-à-dire à « repérer les différences derrière les ressemblances ».[31]

Rappelons à cet égard le début de nos analyses où nous avions proposé qu'il n'était pas évident que le locuteur se servît lui-même de la règle d'engagement modérée dans les conflits internes (*Q*), règle qui devrait en principe s'appliquer à lui-même, ne fût-ce que parce qu'elle était garantie par sa propre expérience. Si enfin on met en rapport avec notre exemple le thème de la gradation rhétorique dans les *Essais*, résumé ci-dessus, on peut concrétiser la gradation argumentative du passage sous forme d'une sorte d'oscillation entre option et règle. On se souvient, d'après l'exemple précédent, que les extrêmes étaient réservés au prince, dans la mesure où il était forcé de choisir entre deux solutions extrêmes, dont l'une conduisait à l'utile, l'autre à l'honnête. On pourrait donc supposer que le locuteur (Montaigne) se place dans une position moyenne sur une échelle déterminée par ces deux catégories morales. Qu'on puisse effectivement rapprocher une telle position à l'engagement modéré en conflits internes se confirme par

29. *Ibid.*, p. 92 sqq.
30. *Ibid.*, p. 113.
31. *Ibid.*, p. 102.

q. Comme on l'a vu, le locuteur s'associe à l'argument supérieur de la classe argumentative constituée par ce prédicat scalaire ; autrement dit, il s'associe à un argument qui constitue une moyenne position par rapport à une échelle. Il s'ensuit que le locuteur (Montaigne) pratique pour lui-même cette règle d'engagement modéré dans les conflits internes, règle qu'il garantit par sa propre expérience ; en d'autres termes il y aura conformité entre expérience formelle et expérience réelle. Et si autocritique il y a, ce ne serait que dans la mesure où la règle est investie, comme on a vu, d'une valeur morale relative seulement. Si l'on revient cependant encore une fois à l'exemple d'Atticus, et plus précisément au commentaire de cet exemple (« Aux hommes comme luy, privez, il est plus aisé »), cet exemple suggère en fait que l'application d'une telle règle est « plus aisé[e] » pour un homme privé (tel qu'Atticus) que pour un homme qui occupe également des fonctions publiques tel que Montaigne. Renvoyant également à une échelle (être « aisé »), ce commentaire infirme l'analyse selon laquelle Montaigne adopte, et pratique pour lui-même, la règle d'engagement modéré dans les conflits internes, c'est-à-dire qu'il se met dans la moyenne position sur l'échelle déterminée par l'honnête et l'utile. La parenthèse de *q* (« et pourtant ne pratique pas cette excuse pour moy mesme ») ajoute un argument en faveur de cette analyse, car elle suggère en fait que le locuteur ne se sert pas de la règle de *Q*, en dépit du fait qu'elle est garantie par sa propre expérience. Aussi ces deux indices, le commentaire de la première partie de l'exemple et la parenthèse de la dernière, permettent en fait d'« évacuer » le locuteur (Montaigne) d'une position moyenne de l'échelle.

On pourrait se demander enfin où placer Montaigne s'il ne se place pas dans la position moyenne. Il est tentant en effet de l'associer à une conduite qui se situe en dehors de l'échelle ; mais dans le cotexte qui suit immédiatement notre passage : « ceux encore qui s'y engagent tout à faict, le peuvent avec tel ordre et attrempance que l'orage devra couler par dessus leur teste sans offense » (p. 793). Cette conduite correspondrait à bien des égards à la position extrême (l'honnête) sur notre échelle. Le propos de nos analyses n'a pourtant pas été de placer Montaigne à la fois dans l'échelle, position moyenne, et en dehors (ou de préciser la conduite de quelqu'un ayant un statut social « mixte », public/privé[32]), mais plutôt de démontrer comment le phénomène de gradation, d'un point de vue et linguistique et rhétorique, fournit une parfaite illustration, sur micro-plan, de cette oscillation entre option et règle, entre position moyenne et position haute, caractéristique de la structure globale *De l'utile et de l'honneste*. Permettons-nous à cet égard de revenir une dernière fois à l'analyse de A. Compagnon. Selon ce critique, le phénomène de la gradation, vestige de l'allégorie dans les *Essais*, ne dépend pas comme celle-ci d'un sens à chercher dans le texte, mais « de l'interprétation d'une intentionnalité »[33], soit d'un « raisonnement qui déplace le lieu de la vérité de l'énoncé à l'énonciation »[34]. Dans *De l'utile et de l'honneste* ce déplacement consiste plus précisément à trouver « ce qui distingue sa propre sincérité [celle de Montaigne] d'une sincérité feinte »[35]. Si Compagnon a raison, on peut suggérer que Montaigne trouve cette distinction non seulement dans le préalable (« montre apparente de simplesse et nonchalance ») destiné à enlever le sérieux de ses propos, comme le propose Compagnon, mais autant (ou encore) dans son emploi du verbe *trouver*, qui fait dé-

32. L'introduction du chapitre *De la conscience* (II, 5), sur la difficulté de distinguer les participants des « partys » opposés dans les conflits civils, illustrée par une anecdote de l'expérience propre de Montaigne (la perte du page italien), offre peut-être un exemple concret du balancement difficile entre les différentes positions sociales, privée/publique.

33. A. Compagnon, *Chat en poche*, p. 104.

34. *Ibid.*, p. 103.

35. *Ibid.*, p. 104.

couvrir les intentions du locuteur comme sincères, puisque fondées sur sa propre expérience. Cet emploi, qui déplace le lieu de la vérité de l'énoncé à l'énonciation, investissant celle-ci d'une intentionnalité, n'enlève pas l'élément de doute, si nettement agencé par la structure de gradation (ou bien d'« oscillation ») de l'exemple, mais garantit formellement la sincérité de tout ce qui est dit.

3. Argumentation par gradation

Avec le prochain exemple nous quitterons enfin *De l'utile et de l'honneste*, mais sans pour autant passer à l'analyse d'un nouveau chapitre. L'exemple nous ramène en revanche à l'*Apologie*, qui constituait la thématique de la deuxième section du chapitre précédent. Ce « retour » n'implique pourtant pas que nous nous intéressions à nouveau aux rapports entre les sources de savoir (du contenu), l'inspiration divine et le hasard d'une part, et les marqueurs linguistiques *il semble que* et *à l'avanture* d'autre part. Cette fois, l'intérêt se limitera uniquement aux représentations linguistiques de la notion de source de savoir, plus précisément aux trois marqueurs suivants, *je trouve que*, *je pense que*, *je croy que*[36]. À cet égard, l'optique est la même que dans les analyses précédentes de l'*Apologie* ; il s'agit des attestations d'une pensée qui se déploie en dehors d'un cadre cautionné par les garanties de l'Eglise. Mais avec le présent exemple nous allons limiter l'intérêt à la préface de l'*Apologie*, plus précisément la partie du préambule qui précède la présentation des deux objections au livre de Sebond. La présente analyse se distingue donc des précédentes en ce qu'elle ne concerne pas la défense du livre de Sebond proprement dite, mais

36. Pour des raisons de place surtout, ce dernier ne compte pas parmi les expressions analysées dans ce travail. Puisqu'il est présent dans l'exemple, pourtant, et en raison de sa parenté avec les autres marqueurs, il convient de le considérer par rapport à elles.

le discours qui l'introduit. On se demandera peut-être pourquoi s'intéresser à cette préface (ou discours paratextuel) de deux pages à peine, à laquelle les critiques n'ont accordé qu'un intérêt accessoire[37]. La « véritable » préface est en outre réputée se trouver plutôt ailleurs, notamment au milieu du chapitre, sous forme d'apostrophe à la princesse anonyme[38]. Si ces deux « préfaces » doivent entrer en concurrence, on comprend bien pourquoi la préface « correctement » placée cède le terrain à l'autre ; celle-ci dévoile de manière exemplaire l'aspect paradoxal de l'argumentation (pyrrhonienne) qui caractérise la défense.

Il s'avère cependant que la *captatio benevolentiae* initiale possède à sa propre manière des traits susceptibles de la rendre intéressante pour notre perspective. On observera en premier lieu la parenté entre cette préface et les introductions des traductions des ouvrages de Sextus Empiricus de l'époque[39], qui toutes racontent la genèse du texte qui suit comme une sorte de fiction autobiographique[40]. Selon l'analyse de T. Cave, c'est justement dans le récit de genèse de ces introductions où transparaît l'aspect déconcertant du pyrrhonisme, par ailleurs très bien circonscrit par les traducteurs[41]. Dans le récit de genèse de la préface de l'*Apologie* (« Entre autres

37. S. Farquhar consacre cependant la première partie de l'article « Les tactiques du scepticisme dans l'*Apologie de Raimond Sebond* », *BSAM*, 23-24 (janv-juin 1991), pp. 19-43, à l'introduction de l'*Apologie*.

38. Voir T. Cave qui notamment traite l'apostrophe comme une sorte de préface ou « préface qui n'en est pas une », *Pré-histoires*, p. 39 sqq.

39. Celles de Jean-François Pic (traduction partielle, dans l'*Examen vanitatis doctrinae gentium, et veritatis Christianae disciplinae*, de 1520), d'Henri Estienne (1562) et de Gentian Hervet (1569).

40. Voir S. Farquhar, « Les tactiques du scepticisme dans l'*Apologie de Raimond Sebond* », p. 23, qui démontre la présence des mêmes topoï littéraires – « retrouvail » par hasard d'un livre abandonné et désœvrement – dans les préfaces de l'*Apologie* et de la traduction d'Estienne ; celui du désœvrement se trouve également chez d'autres humanistes de l'époque : Erasme (*Encomium Moriae*), Rabelais (*Gargantua*), etc.

41. *Pré-histoires*, pp. 28-35.

... apres sa mort », pp. 439-440), on ne dégage cependant aucun élément perturbant, ni d'imprévisibilité des événements politiques et militaires (comme chez Pic), ni de complicité entre la fièvre quarte et le pyrrhonisme (comme chez Estienne). Ce qui perturbe en revanche, c'est que le récit autobiographique ne raconte pas la genèse du texte qui suit (l'*Apologie*), mais celle d'un texte antérieur, notamment la traduction de la *Théologie naturelle*. Mais comme ces deux textes sont étroitement liés (par l'identité de l'auteur, par le fait que l'un sert d'objet à l'autre), on objectera peut-être que les deux activités – traduire le livre de Sebond et le défendre – n'en font qu'une, et qu'il n'y a donc rien d'aberrant à raconter la genèse d'un autre texte que l'*Apologie* proprement dite. Et cela d'autant plus que cet « autre » texte est sa condition même ; sans lui la défense (l'*Apologie*) n'aurait sans doute jamais eu lieu. Cela est vrai, mais justement parce que ces deux textes, traduction et défense, sont si étroitement liés, il s'opère une sorte d'effacement entre eux ; on « oublierait » pour ainsi dire qu'il s'agit de deux textes différents. À cause de cette « identité » des deux textes, le récit de genèse laisse entendre que non seulement la *Théologie naturelle* peut servir de remède contre « les nouvelletez de Luther » (p. 439), mais aussi sa défense paradoxale, celle-ci à travers celle-là pour ainsi dire. À la parenté entre ce récit et ceux qui servent de préface aux traductions des ouvrages de Sextus Empiricus, premier indice d'un projet pyrrhonien, s'ajoute ainsi un autre, notamment une évocation de ses effets thérapeutiques.

Conforme – ou plutôt similaire – à l'effort d'appropriation du pyrrhonisme par l'apologétique chrétienne qui s'opère dans la partie « sérieuse » (ou non fictionnelle) des autres préfaces, cet aspect s'exprime de manière plus nette dans l'apostrophe à la princesse anonyme, laquelle, après lui avoir déconseillé les arguments pyrrhoniens, finit par les recommander comme « preservatif » dans des cas extrêmes contre les « nouveaux docteurs ». Dans la préface proprement dite, cet aspect qui, contrairement à celles des traductions de Sextus, fait partie du récit de genèse, n'est donc insolite que dans la mesure où la « cure » sceptique se masque derrière une œuvre théologique (ou ne transparaît qu'à travers elle). C'est pourtant un autre aspect de ce récit, moins subtil peut-être, mais plus ouvertement insolite, qui va nous retenir ici. On remarque d'abord que le récit décharge la responsabilité de la traduction de la *Théologie naturelle* sur le père de Montaigne (« mon pere... me commanda de le luy mettre en François. », p. 439). Cette dilution de responsabilité ne s'opère en fait pas seulement à l'égard de la traduction, mais aussi de la défense proprement dite. Car raconter la genèse d'un autre texte que celui qui suit (bien que ce soit celui qui lui sert de base), est bien une manière d'en décliner la responsabilité. Il se produit donc le même effet de dilution de responsabilités à l'égard de la défense du livre de Sebond que de sa traduction, sauf que dans celle-ci l'effet de dilution est apparent dans le contenu, dans la mise des responsabilités sur le compte paternel, alors que dans celle-là il doit être reconstruit à partir d'un non dit, à partir du fait que la préface ne raconte pas la genèse du texte qu'elle introduit, mais d'un autre texte[42]. Si cet effet (de dilution) sert sans doute à masquer l'intérêt de Montaigne pour le livre de Sebond[43], il invite également à évaluer quelle autorité ou source est susceptible de tenir lieu de garantie de ces textes. La mise en doute de l'autorité du père dans la partie de la préface qui précède

42. On peut constater un effet similaire dans cette autre préface qu'est l'apostrophe à la princesse anonyme. Ici, en effet, la dilution de responsabilité par rapport à la défense se trace également dans le contenu (non seulement à travers un non dit). Car en s'adressant à la princesse, Montaigne précise que c'est à sa demande qu'il a défendu Sebond: « Vous, pour qui j'ay pris la peine d'estendre un si long corps contre ma coustume » (II, 12, p. 557).

43. La traduction aurait notamment été entreprise beaucoup plus tôt que quelques jours avant la mort de Pierre Eyquem, voir S. Farquhar, « Les tactiques du scepticisme dans l'*Apologie de Raimond Sebond* », pp. 22-23.

le récit de genèse (« il n'avoit aucune connoissance des lettres », *ibid.*), est un rappel à cet égard.

C'est l'effet que nous appelons dilution de responsabilité – à savoir la traduction mise sur le compte paternel, et la défense sur le compte de la traduction – qui permet de mettre les marqueurs évidentiels de l'exemple en rapport avec le récit de genèse. Car en établissant une distance entre le locuteur et le point de vue qu'il présente, ces marqueurs diluent aussi sa responsabilité, c'est-à-dire qu'ils produisent linguistiquement le même effet que le récit de genèse. À la lumière de ces remarques, venons enfin à l'exemple, qui se situe dans la partie de la préface qui suit le récit de genèse (« Je trouvay belles les imaginations de cet autheur... »), soit la partie « sérieuse », et dont le contenu présente une évaluation de l'ouvrage de Sebond :

> Sa fin est hardie et courageuse, car il entreprend, par raisons humaines et naturelles, establir et verifier contre les atheistes tous les articles de la religion Chrestienne : en quoy, à dire la verité, *je le trouve* si ferme et si heureux que *je ne pense point qu'*il soit possible de mieux faire en cet argument là, et *croy que* nul ne l'a esgalé. (p. 440)

L'exemple consiste en une présentation du projet de l'ouvrage (« il entreprend... »), flanquée de deux jugements, dont l'un porte sur son but (« fin ... hardie et courageuse »), l'autre sur son projet (« en quoy ... je le trouve si ferme... »). C'est de ce dernier jugement, qui se rapporte au projet qui vient d'être présenté, qu'il sera question dans nos analyses. Enoncé complexe, ce jugement organise en une principale suivie de deux subordonnées (compléments circonstanciels de conséquence) trois arguments (ou points de vue) introduits par les marqueurs évidentiels *je le trouve, je ne pense point que, (je) croy que* respectivement[44]. Selon la structuration syntaxique de l'énoncé, le premier argument apparaît donc comme le plus important, puisque l'argument de la principale, alors que les deux autres s'y subordonnent, constituant ses conséquences seulement (et étant en conséquence entièrement dépendants de lui). On remarque en outre qu'on a affaire ici, comme dans l'exemple précédent, à des prédicats scalaires, donc à des arguments qui renvoient aux échelles « ferme et heureux », « mieux » et « esgalé » respectivement. La première de celle-ci, « ferme et heureux », se singularise, toujours selon la structuration syntaxique, comme l'échelle la plus importante ; puisqu'elle est le noyau même de l'énoncé, tous les autres arguments scalaires s'y rapportent.

Il s'ensuit qu'on peut dégager dans cet exemple, comme dans le précédent, l'ébauche d'une gradation (argumentative). À la différence de ce dernier, pourtant, il ne s'agit plus du rapport des arguments à la moyenne position de l'échelle, mais à la position extrême de l'échelle. Car en subordonnant au premier argument les arguments scalaires suivants, la structuration de l'énoncé aura comme effet de placer le livre de Sebond, auquel se réfère le premier argument, à l'extrême bout d'une échelle déterminée par « ferme et heureux ». Cela est encore confirmé par les arguments suivants qui, justement parce qu'ils renversent les échelles auxquelles ils renvoient[45], excluent la possibilité de dépasser (« faire

44. On aura remarqué que je considère le dernier segment (« et croy que nul ne l'a escale ») comme subordonné à la principale, bien que l'élément subordonnant « que » ne soit pas répété, obligatoire en français contemporain. La sémantique de l'énoncé suggère cependant que le dernier élément est subordonné à la principale au même titre que le deuxième segment (« je ne pense point que... »); l'absence du pronom « je » suggère également qu'il s'agit d'une relation de subordination, et non de parataxe, entre les arguments de l'énoncé.

45. Il s'agit plus précisément d'une négation syntaxique *ne...pas* dans le premier cas, et « semi-négation » *ne...nul* dans le deuxième, donc des négations polémique et descriptive respectivement. Voir la note 15, p. 222. Pour une descrip-

mieux » de) ou d'égaler le livre de Sebond. Ils orientent donc vers une conclusion qui confirme la fermeté de celui-ci, notamment en lui subordonnant tout autre livre du même genre ; aucun ne se place au-dessus, aucun à côté[46]. Nous constatons ainsi un parallèle entre structure syntaxique et gradation : en se subordonnant au premier argument, les arguments qui le suivent « subordonnent » pour ainsi dire tout autre livre sur le même sujet à celui de Sebond. Ce parallèle suggère en conséquence que les arguments de notre exemple sont liés par une mutuelle dépendance. Si les deux derniers dépendent du premier dans la mesure où ils en sont les conséquences, le premier dépend inversement de ceux-ci pour placer le livre de Sebond à l'extrême position sur l'échelle, de fermeté ni dépassée ni égalée. Nous déduirons de ce premier aperçu de notre exemple que pour établir l'excellence du livre de Sebond, il ne suffit pas d'affirmer simplement qu'il est « ferme et heureux », il faut également le situer par rapport à d'autres livres, notamment comme le meilleur de son genre. Nulle raison à ce point de douter que l'auteur dans cette partie « sérieuse » de la préface est sincère, ou bien « [dit] la verité » ; s'il n'adopte pas « la forme ordinaire d'argumenter » ailleurs dans l'*Apologie*, il le fait définitivement ici. Il n'y aurait donc aucun aspect de l'évaluation qui avertisse du renversement qui suit, c'est-à-dire de la transformation du plaidoyer en réquisitoire.

Rien n'est cependant tout à fait « ordinaire » dans cette apologie paradoxale, et à en juger par le récit de genèse, la préface n'en serait pas une exception. « Nos » marqueurs qui introduisent l'évaluation du livre de Sebond seraient un autre indice qu'il s'agit,

tion du fonctionnement de la négation lorsqu'elle s'applique à des prédicats scalaires, voir O. Ducrot, *Les échelles argumentatives*.

46. On remarque la force persuasive de ce raisonnement ; j'ai pu le retrouver dans des publicités contemporaines, notamment celle du « melkesjokolade », le chocolat norvégien le plus connu.

dans la préface aussi, d'une forme peu ordinaire d'argumenter. Justement parce qu'ils expriment une réserve de la part du locuteur envers ce qu'il dit, une dilution de ses responsabilités, ils sont susceptibles de signaler sa méfiance secrète envers le livre de Sebond, méfiance qui ne transparaît pas dans le contenu de l'évaluation. Marquage formel donc d'un sens caché que seul le diligent lecteur (celui qui sait « esplucher un peu ingénieusement »[47]) serait susceptible de déchiffrer, « nos » marqueurs conforteront ceux qui comprennent mal comment Montaigne aurait pu prendre à son compte le contenu d'un livre si étranger à sa propre façon de penser[48]. On sait cependant que les effets polyphoniques des marqueurs (introduisant une distance entre locuteur et point de vue présenté) ne signalent pas une réfutation, mais simplement une réserve sur le contenu de l'évaluation. Aussi une analyse qui présente ces marqueurs comme des indices d'une opposition secrète compromettant la valorisation du livre de Sebond n'aura-t-elle pas de fondement dans notre perspective. Ce qu'on peut constater en revanche, c'est qu'à chaque étape de l'évaluation, à chaque introduction d'un nouveau point de vue, la distance entre locuteur et point de vue présenté augmente ; en termes polyphoniques, on dira que le lien entre ces deux composants de l'énoncé va de l'association à l'accord. Nous argumenterons plus précisément que ce mouvement ou changement de lien (d'association à l'accord) entre le locuteur et les points de vue de l'exemple, indique dans ce cas précis qu'ils seront investis d'un degré de fiabilité diminuant, c'est-à-dire que le locuteur considère le premier comme le plus fiable, alors qu'il accorde aux suivants une fiabilité qui diminue

47. I, 40, p. 251.

48. Et, à en juger par le résumé de la *Théologie naturelle* dans A. Tournon, *La glose et l'essai*, pp. 230-241, on se place volontiers parmi eux.

progressivement[49]. Il convient de considérer d'abord la source ou le fondement épistémique explicité par chacun des marqueurs, pour ensuite rapporter ces informations à celles du cotexte de l'exemple.

De l'exemple précédent nous connaissons déjà bien le premier, *je le trouve*, variante syntaxique du marqueur *je trouve que*[50], lequel introduit notamment un point de vue créé à partir d'une expérience directe ou indirecte (perception visuelle ou auditive)[51] de l'objet considéré (dans notre cas, le livre de Sebond)[52]. On sait donc qu'il est marqueur de structure polyphonique interne au sens strict, c'est-à-dire qu'aucun autre être discursif que le locuteur – les deux images du locuteur plus précisément[53] – ne participe à la création du point de vue. Le deuxième marqueur *je pense que* introduit également une structure de polyphonie interne. Celle-ci étant pourtant de nature non stricte, d'autres êtres discursifs que le locuteur assument la responsabilité (ou participent à la création) du point de vue[54] ; ce dernier l'a simplement récolté[55]. On remarque toutefois que l'information récoltée se présente comme le produit d'une réflexion[56]. C'est là en fait le seul élément qui distingue *je*

49. Nous précisons cependant que l'existence des deux types de liens entre locuteur et point de vue – lien d'association et lien d'accord – ne signifie pas que le locuteur considère toujours le point de vue du premier type comme plus fiable que le deuxième, c'est-à-dire qu'un point de vue de source interne est plus fiable qu'un point de vue de source externe. Voir notre discussion de cette problématique dans le chapitre théorique.

50. La transformation du sujet de la complétive en objet de *trouver* est, on le rappelle, un critère syntaxique qui confirme que *trouver* assume effectivement le sens de *juger, estimer* (O. Ducrot, *Les mots du discours*, p. 61).

51. Une expérience indirecte peut donc être constituée par des représentations qu'on se fait à partir de ce qu'on a entendu (le récit d'un film par exemple), *Les mots du discours*, p. 73.

52. O. Ducrot se sert de l'expression « la chose elle-même » pour décrire l'objet du jugement, le contenu du point de vue (*Les mots du discours*, pp. 75-76).

53. Le locuteur de l'énoncé et le locuteur textuel.

54. Représentés (normalement) par le concept d'opinion commune.

55. D'après des sources externes donc, emprunt ou ouï-dire.

56. O. Ducrot, *Les mots du discours*, p. 84.

pense que du dernier marqueur *je crois que*. Puisque celui-ci n'indique qu'une simple récolte d'information, le locuteur ne participe sur aucun niveau à la création du point de vue introduit par ce marqueur, mais fonde son accord sur une source externe, prise comme autorité. Pour résumer, avec *je trouve que* le locuteur s'associe à, ou fait sien, le point de vue ; avec *je pense que* et *je crois que*, en revanche, il rapporte un point de vue qui ne lui appartient pas en propre, mais qu'il accepte. Dans le premier il est plus précisément responsable tout seul de la création du point de vue, il est son seul garant ; dans les deux derniers – lesquels ne se distinguent que par rapport à un élément de réflexion, présent dans l'un, absent dans l'autre – il se contente de récolter l'information à partir d'une source externe, laquelle fonctionne, partant, comme garantie du point de vue[57]. Les différentes sources épistémiques explicitées par les marqueurs, interne dans le premier, externes dans les suivants, renseignent ainsi sur le degré de participation du locuteur dans la création des points de vue : pleine dans le premier, car toute autorité externe est exclue de l'énoncé ; « partielle » dans le deuxième, car l'information récoltée de source externe se présente comme le produit d'une réflexion ; enfin absente dans le dernier, car l'autorité du locuteur est remplacée par une autorité externe.

Il s'ensuit que dans la perspective de notre hypothèse, selon laquelle il y a une parenté entre le degré de participation du locuteur dans la création des points de vue et le degré de fiabilité qui leur est accordé, la source interne du premier point de vue, constituée par l'expérience propre du locuteur, est considérée comme plus fiable que celle(s), externe(s), des points de vue suivants, bien qu'elles soient prise(s) comme une autorité. Permettons-nous donc, pour vérifier si l'hypothèse tient, de la considérer par rapport au

57. Voir également notre chapitre théorique pp. 106-108.

cotexte. On remontera d'abord au récit de genèse qui précède l'exemple, lequel confirme en effet que le premier point de vue (sur la « fermeté » du livre de Sebond) relève d'une expérience directe de « la chose elle-même » ; en tant que traducteur de la *Théologie naturelle*, Montaigne possède une connaissance directe et même intime du livre. L'information du cotexte est donc conforme à celle du premier marqueur (*je le trouve*). En ce qui concerne les marqueurs suivants, *je ne pense point que, (je) croy*, qui, on le sait, marquent comme externe la source (épistémique) des points de vue, on trouvera des indices susceptibles de compléter cette information dans l'enchaînement de l'exemple. Celui-ci offre en effet la possibilité d'identifier la source de ces points de vue (selon lesquels, rappelons-le, personne ne dépasse, ni ne s'égale à Sebond dans son sujet), notamment comme l'humaniste Adrien Turnèbe, auquel Montaigne accorde une autorité incontestable : « Adrien Tournebu qui sçavoit toutes choses ». On remarque cependant que lorsqu'il s'agit de considérer l'étude des lettres en général, tout au début de la préface, l'auteur des *Essais* est beaucoup plus réservé : « je les ayme bien, mais je ne les adore pas » (p. 439)[58].

Si l'on se permet effectivement de résumer la source des deux derniers points de vue de l'exemple dans la figure de Turnèbe, il s'ensuit que les sources dont il s'agit sont toutes des sources « laïques » ou mieux peut-être humanistes, du simple fait que ni Montaigne ni Turnèbe n'étaient des théologiens. L'analyse de l'exemple confirme ainsi, tout comme les analyses des autres exemples dans l'*Apologie*, qu'à la différence de l'ouvrage théologique qu'elle est censée défendre, il s'agit dans la défense propre-

58. Si ce n'est pour marquer une opposition à son père qui les concevait « comme des oracles ». On remarque également, pourtant, que l'opinion sur le livre de Sebond attribuée par Montaigne à Turnèbe est erronée (H. Friedrich, *Montaigne*, p. 112).

ment dite d'une pensée qui se déploie en dehors d'un cadre cautionné par les garanties de l'Eglise. Mais le cotexte ne permet pas seulement de tirer de l'information contenue dans les marqueurs de l'exemple cette conclusion très générale ; il confirmera également notre hypothèse selon laquelle la source du premier point de vue est considérée comme plus fiable que celle des deux autres points de vue. Justement parce que le premier point de vue a pour base une connaissance directe de la chose elle-même (la traduction du livre de Sebond), ce fondement suggère effectivement que le locuteur considère ce jugement comme plus solide que ceux qui relèvent d'une source externe. Car celle-ci, bien qu'elle constitue une autorité (« Tournebu qui sçavoit toutes choses »), appartient à une catégorie d'autorité qui est mise en doute[59]. À cela s'ajoute que l'enchaînement dans une perspective plus large semble également vérifier que le degré de fiabilité accordé par le locuteur au deuxième et au troisième point de vue diminue progressivement. Des deux négations, on notera par exemple que l'être discursif susceptible de prendre la responsabilité du point de vue (positif sous-jacent) auquel s'oppose le deuxième point de vue négatif (« je ne pense point qu'il soit possible de faire mieux en cet argument là »)[60] sera identifié vers la fin du préambule dans le deuxième groupe d'adversaires de Sebond, responsable précisément d'une objection selon laquelle il est possible de faire mieux que Sebond sur son sujet (ses « argumens sont foibles et ineptes à verifier ce

59. On peut certainement pousser l'analyse plus loin et considérer la source constituée par l'expérience propre de Montaigne comme aussi douteuse que celle constituée par l'autorité de Turnèbe ; la traduction était bien l'une des activités les plus « humanistes » de l'époque. L'important est pourtant que le cotexte ne fournit pas des indices en faveur d'une telle interprétation.

60. On remarque à cet égard que l'effet polyphonique de *je pense que* se superpose à la structure polyphonique externe stricte marquée par la négation (et par le subjonctif) ; le marqueur modifie plus précisément la qualification « sens strict » (lecture par défaut) en « sens non strict », c'est-à-dire modifie le lien d'association entre le locuteur et le point de vue (négatif) en un lien d'accord.

qu'il veut », p. 448). Dans la mesure où la deuxième partie de l'*Apologie* réfute ce point de vue positif sous-jacent (pris en charge donc par le deuxième groupe d'adversaires), la quasi-totalité du texte s'enchaîne sur le deuxième point de vue négatif de notre exemple. Négation polémique donc, ce deuxième point de vue se distingue du troisième, dont la négation ou « semi-négation » (*ne...nul*) est de nature plutôt descriptive que polémique, dans lequel, partant, cet effet d'opposition à un point de vue positif sous-jacent est absent[61]. Le deuxième point de vue suggère ainsi que le locuteur se lie plus fortement à ce point de vue qu'au troisième point de vue dont la négation est simplement descriptive. On conclura que le rapport au cotexte de ces négations de fonction différente confirme les informations contenues dans les marqueurs.

Il s'ensuit enfin que ce n'est pas la fonction de chaque marqueur particulier qui nous intéresse dans cet exemple, mais leur effet global, lequel consiste en une augmentation de la distance entre le locuteur et le point de vue présenté, distance qui dans ce cas dilue de plus en plus ses responsabilités. À cet égard l'effet global des marqueurs instaure un mouvement inverse à celui de la gradation argumentative qui, rappelons-le, plaçait l'ouvrage de Sebond au sommet de l'échelle déterminée par « ferme et heureux », comme le meilleur de son genre. Démontrant notamment que ce

61. On remarque toutefois que ce dernier point de vue sera réfuté effectivement vers la fin du préambule, lors notamment de l'enlèvement de la garantie divine aux arguments de Sebond: « Et, quand on les despouillera de cet ornement et du secours et approbation de la foy, et qu'on les prendra pour fantasies pures humaines, pour en combatre ceux qui sont precipitez aux espouvantables et horribles tenebres de l'irreligion, ils se trouveront encores lors *aussi solides et autant fermes* que nuls autres de mesme condition qu'on leur puisse opposer » (p, 448, c'est nous qui soulignons). Cette réfutation qui effectivement suggère que d'autres arguments « de mesme condition » pourraient s'égaler à ceux de Sebond, démontre également que les traces polémiques dans cette négation descriptive sont très présentes. Dans notre perspective, cela confirme encore que le dernier point de vue est celui auquel le locuteur accorde le moins de fiabilité.

sont les points de vue les moins fiables, le deuxième et troisième, et non le plus fiable, le premier, qui assurent la place de l'ouvrage de Sebond au sommet de l'échelle, ce mouvement ou effet global des marqueurs comporte en fait la possibilité de renverser ou contrebalancer le mouvement de la gradation. On pourrait aller jusqu'à affirmer que cette structure de deux mouvements inverses, celui des trois marqueurs et celui de la gradation, anticipe sur le renversement qui caractérise la suite de l'*Apologie* ; quoi qu'il en soit, elle indique qu'il s'agit dans la préface, comme dans la défense proprement dite, d'une « forme [peu] ordinaire d'argumenter »[62]. Elle serait proche en fait de cette forme « balancée » – de cet idéal d'équilibre parfait auquel aspirent les pyrrhoniens : « et la plus seure assiete de nostre entendement, et la plus heureuse, ce seroit celle là où il se maintiendroit rassis, droit, inflexible, sans bransle et sans agitation. » (p. 562).

4. Conclusions

On a vu dans cette section, qui a été entièrement consacrée à des marqueurs évidentiels, un étroit rapport entre les effets polyphoniques et le contenu épistémique de ces expressions. Le locuteur s'en sert pour marquer la manière dont il a créé et/ou récolté l'information qu'il transmet par son énoncé. Et, comme on l'a vu, cette capacité à expliciter la source de l'information transmise, inhérente aux marqueurs, correspond à des effets de polyphonie interne : au sens strict si le point de vue a été créé par le locuteur lui-même, au sens non strict s'il l'a simplement récolté, c'est-à-dire si d'autres êtres discursifs ont participé également à la création du point de vue. On pourrait ainsi présumer que le doute qui s'inscrit dans les énoncés grâce à ces marqueurs, consistant simplement à préciser le fondement du point de vue, est bien plus faible que celui

62. II, 12, p. 557.

suscité par les marqueurs de polyphonie externe, qui est souvent de l'ordre de la réfutation. Les analyses de cette section ont pourtant démontré que, si le type de doute produit par les marqueurs évidentiels n'a pas la force d'une réfutation, il peut en revanche faire ressortir des effets très subtils et très variés.

Dans nos analyses, nous avons considéré ces effets surtout à la lumière d'autres phénomènes de structuration de l'énoncé, comme la structure argumentative et la structure de gradation argumentative. Dans le premier passage analysé, par exemple, les trois occurrences du marqueur *je trouve que* forment des relations complexes avec une construction concessive et un prédicat scalaire. Cette structuration complexe nous a permis de voir que le passage, où il s'agit de l'engagement dans les conflits internes, s'agence en une échelle déterminée par l'opposition entre l'utile et l'honnête, situant le locuteur en principe dans une moyenne position sur cette échelle. Le locuteur endosserait alors la règle qui recommande l'engagement modéré dans les conflits internes, tout en se permettant une certaine oscillation entre option et règle. Loin de marquer une pusillanimité lâche, cette position moyenne montrerait que la valeur morale de l'engagement dans les conflits internes se mesure surtout par rapport à d'autres formes d'engagement. Cette analyse est encore renforcée par le fait qu'on a pu démontrer des rapports entre une analyse linguistique et une analyse littéraire ou rhétorique du phénomène de la gradation.

Il s'agit dans le deuxième exemple, qui porte sur l'évaluation du livre de Sebond défendu par Montaigne, non pas de trois occurrences d'un même marqueur, mais d'occurrences de trois marqueurs différents. On constate en revanche une certaine analogie entre les deux exemples dans la mesure où il s'agit ici aussi d'une relation complexe entre structure de polyphonie et structure de gradation argumentative. Cette relation s'articule pourtant de manière tout à fait différente dans cet exemple que dans le précédent.

Alors qu'il s'agissait là d'une structure de gradation qui situait l'objet de l'évaluation (l'engagement modéré) dans la position moyenne, celle du deuxième exemple le met dans la position la plus haute ; le livre de Sebond est effectivement considéré comme le meilleur de son genre. On constate également que les effets polyphoniques des marqueurs n'instaurent pas une oscillation entre les arguments, mais leur investissent d'un degré de certitude diminuant. On déduit plus précisément, à partir de l'effet polyphonique global des marqueurs, un mouvement qui est exactement inverse de celui de la gradation, ce qui effectue une sorte de neutralisation de l'orientation positive de l'évaluation.

Les exemples de cette section sont ainsi de nature assez différente des précédents, que ce soit par le nombre de marqueurs présents dans l'exemple ou par sa forme. Ils nous ont intéressés surtout dans la mesure où ils font voir un rapport entre le phénomène de la polyphonie et d'autres phénomènes de structuration de l'énoncé. Nous allons dans la prochaine et dernière section quitter ce niveau d'analyse sémantique détaillée pour situer le concept de polyphonie linguistique par rapport à celui de polyphonie littéraire (ou textuelle).

TROISIÈME SECTION

POLYPONIE LINGUISTIQUE, POLYPHONIE TEXTUELLE

1. Introduction

Cette dernière section consiste en quatre analyses. Nous retournons dans les trois premières à la locution adverbiale *à l'avanture*, plus précisément à cinq des neuf occurrences de cette locution dans le chapitre *Sur des vers de Virgile* (III, 5)[1]. La première de celle-ci prend d'ailleurs la forme plus « moderne » de l'adverbe d'énoncé *peut-être*, qui sera donc analysé ici pour la première fois[2]. Cela est également le cas du marqueur évidentiel *il me semble que* que nous relevons du chapitre *De l'institution des enfans* (I, 26), et qui constitue notre dernière analyse.

Il y a lieu de remarquer que les deux chapitres en question, dont l'un concerne l'éducation des enfants bien nés, l'autre la relation entre les sexes, semblent avoir peu de rapport sur le plan thématique. Ils ont pourtant en commun un discours quasi théorique, d'ailleurs assez fréquent dans les *Essais*, sur le statut des matériaux empruntés. On y dégage plus précisément une double attitude de l'auteur face à la part des « emprunts » dans son texte, qui se traduit jusque dans la formulation de ses propres commentaires, posiflui de Plutarque, par exemple, prend dans les deux chapitres la

1. Ces analyses sont déjà présentées dans l'article « *Sur des vers de Virgile* : une polyphonie licencieuse », in *Nous t'affirmons méthode !, Revue de littératures*, Agrégations de Lettres 2003, Billère, Editions de Vallongues, 2002, pp. 73-81.

2. Pour la différence entre ces deux variantes du même marqueur modal, voir le premier chapitre pp. 51-60.

forme d'une concession, comme si elle n'était là que pour déjouer l'impression qu'il ne lit rien du tout : « Je n'ay dressé commerce avec aucun livre solide, sinon Plutarque ... » (p. 146), ou qu'il a peur d'être envahi par les livres : « je me passe bien de la compagnie, et souvenance des livres, de peur qu'ils n'interrompent ma forme. [...] Mais je me puis plus malaisément me deffaire de Plutarque » (pp. 874-875).

Les analyses de cette section sont apparentées, enfin, dans la mesure où elles établissent un rapport entre polyphonie textuelle et polyphonie linguistique, rapport qui va au cœur de notre tentative, dans cette étude, pour concilier une analyse linguistique avec une perspective « littéraire ».

2. Des liaisons (peut-être) dangereuses

La présence d'un discours quasi théorique sur l'interaction entre le texte des *Essais* et les citations qu'il renferme, laisse entendre qu'on a affaire dans ces deux chapitres à un cas particulièrement complexe de l'imitation. En effet, les emprunts, loin d'appauvrir l'écriture de Montaigne, contribuent à créer au fur et à mesure un texte plus profond et plus riche, et qui, partant, entre dans des relations plus complexes avec ses sources. Dans *Sur des vers de Virgile*, sur lequel portent nos trois premières analyses, les citations participent activement, pour ainsi dire, à la création d'un double discours sur la sexualité qui oscille entre dévoilement et dissimulation[3]. Nous croyons pouvoir montrer que certains des aspects de la polyphonie linguistique du chapitre, plus précisément l'effet du marqueur modal *peut-être/à l'aventure*, contribuent également à la structuration de ce double langage de dévoilement et de dissimulation.

3. Pour une analyse de celui-ci, voir T. Cave, *Cornucopia*, pp. 289-302.

Dans le premier cas, Montaigne emploie contre son habitude l'adverbe d'énoncé *peut-être* pour exprimer la modalité adverbiale[4]. Remarquons d'abord que l'énoncé dans lequel cette première occurrence apparaît est déjà polyphonique au niveau textuel, dans la mesure où il incorpore la citation suivante :

fatum est in partibus illis
Quas sinus abscondit : nam, si tibi sidera cessent,
Nil faciet longi mensura incognita nerui[5]

Ces vers permettent à Montaigne de faire une référence explicite au domaine sexuel par l'intermédiaire d'un auteur latin, soit de combiner un discours « dévoilé » avec la dissimulation de ses propres responsabilités ; c'est là, en fait, une des fonctions principales des citations dans ce chapitre. La citation en elle-même nous intéresse pourtant moins que le dialogue entre Montaigne et Virgile au sujet de l'adultère dans le mariage, ou plutôt, le rapport entre celui-ci et le type de polyphonie que marque l'adverbe. Commençant par « Notre poete » (à la page précédente), Montaigne pose plus précisément à Virgile la question de savoir si l'adultère peut coexister avec le mariage (« A-t-il voulu dire... ? »). Le contenu de notre exemple envisage précisément une telle possibilité :

> La beauté, l'opportunité, la destinée (car la destinée y met aussi la main) [s'ensuit la citation *fatum est* ...], l'ont attachée à un étranger, non pas si entière *peut-être*, qu'il ne lui puisse rester quelque liaison par où elle tient encore à son mari. (p. 853).

4. Nous rappellons que des 137 occurrences de ce marqueur de polyphonie linguistique dans les *Essais*, 127 revêtent la forme *à l'avanture* (au sens modal), 10 la forme *peut-être*.

5. « Le destin s'attache à ces parties que dissimulent les plis du vêtement: car, si les astres t'abandonnent, la longueur extraordinaire de ton membre ne servira à rien » (Juvenal, IX, 32-34).

Si l'on considère d'abord l'énoncé sans l'adverbe, on remarque qu'il a la structure d'une comparaison de gradation négative *non pas si ... que ... ne...*. On sait que la négation (descriptive) souvent inverse l'orientation argumentative (des échelles)[6] ; on peut donc reformuler l'énoncé de la manière suivante : la femme est assez peu attachée à son amant pour pouvoir toujours tenir à son mari. D'après cet énoncé, il sera clair que la déloyauté ne rompt pas le mariage, ou du moins ne porte pas atteinte à la bonne entente de celui-ci. Aussi Montaigne ne s'opposerait-il pas au fait qu'il peut exister de tels mariages. Pourtant, la liaison dont il s'agit dans l'exemple ne peut représenter, comme elle le fait chez Virgile, l'amour (ou le sexe). L'enchaînement distingue en fait nettement entre l'amour sexuel et le mariage ; celui-là « se fonde au seul plaisir », est « un plaisir attisé par la difficulté » et ne se réalise, partant, que sous forme d'infidélité. On pourrait donc se demander pourquoi on a l'impression qu'il s'agit tout de même dans l'exemple d'une distinction moins rigoureuse entre l'amour et le mariage que celle qui est véhiculée par l'enchaînement. Nous suggérons qu'une possible réponse à cette question est fournie par la structure polyphonique marquée par l'adverbe *peut-être*.

On se souvient que dans certaines positions, lorsqu'il est attaché à une construction elliptique par exemple, l'adverbe peut mettre en jeu une structure de polyphonie externe, signifiant en général que le locuteur n'est pas d'accord avec le point de vue. Tel semble en fait être le cas ici. Car l'élément auquel s'attache l'adverbe semble à bien des égards avoir la forme d'une ellipse. Puisque l'adjectif « entière » fonctionne adverbialement (« non pas si entière[ment] peut-être »), cela n'est peut-être pas vrai d'un point de vue rigoureusement syntaxique ; il existe, en revanche, des arguments prag-

6. Voir O. Ducrot, *Les échelles argumentatives*, p. 27 sqq.

matiques en faveur d'une telle hypothèse. Par exemple, la pause entre « étranger » et « non pas », marquée par la virgule[7], crée une forte focalisation sur l'élément en question. À cela s'ajoute le fait que l'adverbe s'attache souvent à l'élément focalisé d'un énoncé. On pourrait donc soutenir qu'il s'agit d'une structure de polyphonie externe dans l'exemple, c'est-à-dire que l'adverbe marque une dissociation entre le locuteur et le point de vue, impliquant qu'il n'en prend pas la responsabilité.

Comment interpréter enfin cette structure de polyphonie externe ? À notre avis, elle implique une suspension qui porte sur le domaine moral, c'est-à-dire sur les responsabilités *morales* du locuteur. En suspendant ses responsabilités morales envers le point de vue, le locuteur peut en fait se permettre – à titre d'*essai* – de s'imaginer une société qui ne distingue pas nettement entre amour et mariage. S'appuyant sur les citations de Virgile, il peut s'imaginer plus précisément une société dans laquelle l'amour se réalise aussi bien à l'intérieur du mariage qu'en dehors, sans que cela crée des problèmes, et dans laquelle la femme occupe une position plus libre, plus égale à l'homme ; chez Virgile c'est bien la femme qui est la personne dominante. Au XVIe siècle, une telle société n'existe pourtant que dans l'imagination ou, comme chez Virgile, dans « l'autre monde », le monde des dieux. En réalité, il ne s'agit pas d'une chose que Montaigne recommande, comme le démontre bien l'enchaînement de l'exemple[8], où il reprend une voix morale et les responsabilités de celle-ci. Dans la vie réelle, on a tout intérêt à considérer l'amour et le mariage comme « deux desseins qui ont des routes distinguées et non confondues », et non

7. Dans l'édition de l'Imprimerie Nationale (par A. Tournon), cette pause est soulignée par un trait d'union, dans l'édition de 1595 (par J. Céard et collaborateurs) par deux points.

8. Qui laisse entendre que même dans « l'autre monde » un mariage fondé sur l'amour n'est pas sans problème.

pas comme ayant, selon l'exemple de Virgile, des « fins différentes et pourtant compatibles ». Autrement dit, on a intérêt à considérer le mariage comme un contrat social, fondé non sur l'amour mais sur l'amitié.

Retournons, avant de terminer, une dernière fois à la citation de l'exemple qui, rappelons-le, permettait à Montaigne de proférer sous le nom d'un autre un discours plus libre ou licencieux sur la sexualité que celui qu'il tenait en son propre nom. Selon nous, l'adverbe occupe une position analogue dans l'exemple, dans la mesure où il délègue la responsabilité du point de vue de l'exemple à quelqu'un d'autre (sans doute à son interlocuteur Virgile) qu'au locuteur. Cette suspension des responsabilités qui, comme le démontre l'enchaînement, n'est que provisoire, crée la possibilité d'une réflexion plus libre sur le mariage selon laquelle celle-ci serait libérée plus précisément des contraintes morales habituelles. À cet égard, les deux marqueurs de polyphonie différents, citation et adverbe, auraient des fonctions similaires dans l'exemple.

3. Argumentation pour le cabinet

Notre deuxième exemple fait partie d'une réflexion complexe sur la chasteté. Cette vertu, singulièrement féminine, se rapporte à un champ de bataille entre les sexes sur lequel seule la femme peut remporter la gloire. S'y tenir la met en position de revendiquer son égalité avec les hommes, d'autant plus qu'il s'agit d'une victoire des plus difficiles (« Il n'y a poinct de faire plus espineux qu'est ce non faire, ny plus actif », p. 861). La réflexion s'ouvre donc sur une valorisation de la chasteté : celle-ci serait égale, même supérieure, aux vertus masculines. Cette vertu constitue pourtant un devoir dont les règles sont imposées et circonscrites par les hommes. De manière générale, ces règles sont destinées à empêcher le libre cours de la jalousie. Dans le passage de notre exemple, pourtant, Montaigne quitte provisoirement cette justification pour s'interroger sur des causes plus profondes ; il se demande plus précisément si ce n'est pas plutôt la volonté (p. 865) ou – si cela n'est pas possible – les actions de la femme (p. 867), qu'il s'agit de brider par le devoir de la chasteté. De ces deux causes, c'est la volonté qui constitue la véritable pierre de touche : « Or, confessons que le neud du jugement de ce devoir gist principallement en la volonté » (p. 868). Le problème qui est mis au jour dans l'exemple, pourtant, est la difficulté, voire l'impossibilité de brider par la chasteté la volonté de la femme :

> Il n'est pas en elles, ni *à l'aventure* en la chasteté même, puis qu'elle est femelle, de se défendre des concupiscences et du désirer. (pp. 865-866).

On remarquera d'abord que la locution adverbiale *à l'avanture* fait partie d'une négation[9]. *À l'avanture* s'insère donc dans un énoncé qui, déjà, contient plusieurs points de vue. Rappelons qu'un énoncé négatif introduit deux points de vue, dont l'un est positif et l'autre négatif, associant le locuteur au dernier. Appliquée à notre exemple, cette analyse attribue au locuteur la responsabilité d'un point de vue selon lequel la femme n'est capable de maîtriser son désir ni par sa volonté, ni par les règles de la chasteté, alors qu'elle le dissocie du point de vue positif sous-jacent qui accorde à la femme une telle capacité.

Cette lecture de l'exemple semble confirmée par l'enchaînement. Dans celui-ci, justement, le lecteur est invité à s'imaginer l'intense activité qui aurait lieu si la femme donnait libre cours à son désir (« Imaginez la grande presse… »). On remar-

9. Plus précisément d'une négation polémique. Voir à cet égard la note 15, p. 222.

que pourtant que cette liberté se réalise sous une forme cachée (« sans yeux et sans langue »), comme si le désir féminin était d'autant plus libre qu'il est secret. Il ne porte donc pas atteinte aux règles de conduite normales, mais semble au contraire légitimer chez l'homme plus de hardiesse (« Il y faut en ce siècle plus de temerité » *ibid.*), pourvu, toutefois, qu'elle soit accompagnée de respect (« [je] respecte volontiers, ce que j'ayme » *ibid.*). Tout ce passage prépare en fait un argument contre toute règle de chasteté qui exige de la femme de nier son désir : « C'est donc folie d'essayer à brider aux femmes un desir qui leur est (c) si cuisant et (b) si naturel » (p. 866), critique qui d'ailleurs n'atteint pas seulement les hommes, en tant que législateurs, mais aussi les femmes : « Et, quand je les oy se vanter d'avoir leur volonté si vierge et si froide, je me moque d'elles. » (*ibid.*). Rapportée à notre exemple, cette critique suggère une conception de la chasteté selon laquelle la femme ne doit pas nier son désir pour être chaste et, partant, que le locuteur se lie en fait difficilement au point de vue négatif de l'exemple. Nous allons soutenir qu'une telle lecture est favorisée par la position dans l'énoncé de la locution adverbiale *à l'avanture*.

Commençons par constater que cet exemple a exactement la même structure syntaxique (*ne...pas... ni*) que le premier exemple que nous avons analysé dans le chapitre *De l'utile et de l'honneste* (« Et ne sera pas nouveau, ny à l'avanture... »). Le segment contenant *ni* prend donc ici, comme il le fait dans cet exemple-là, la forme d'une incise, créant une focalisation sur ce segment. Cette focalisation, qui se prolonge à travers l'élément introduit par *puisque* (« puisqu'elle est femelle »), permet ainsi de suggérer que le segment focalisé auquel s'attache *à l'avanture* a, ici aussi, la forme d'une ellipse du type incise. La locution adverbiale assume donc, encore une fois, la fonction de provocateur de polyphonie externe. Autrement dit, le locuteur se sert de *à l'avanture* pour nier le point de vue négatif (ni la femme, ni la chasteté n'est capable de se défendre contre le désir) tout en adoptant, en revanche, le point de vue positif (sous-jacent) qui leur accorde cette capacité. Le contexte offre en fait des arguments en faveur d'une telle interprétation. Si Montaigne peut se moquer des femmes qui « se vantent d'avoir leur volonté si vierge et si froide », c'est parce que la vertu de chasteté se mesure proportionnellement par la capacité de lutter contre la tentation : « Car il n'y a ni contenance ni vertu, s'il n'y a de l'effort au contraire » (p. 867). Cette même opinion est déjà formulée dans le contexte qui précède l'exemple : par quelqu'un d'autre, il est vrai, mais il est clair qu'elle plaît à Montaigne : « Une Royne de nostre temps disoit *ingenieusement* [...] qu'une dame non tentée ne se pouvoit vanter de sa chasteté » (p. 862)[10]. On rappelle enfin que ce point de vue, qui serait donc celui du locuteur Montaigne, implique que la femme ne doit pas nier son désir pour être chaste ; au contraire, elle doit le reconnaître : « Il est vrai, faut-il dire, mais je ne suis pas prête à me rendre » (p. 867). Ce n'est là pourtant qu'un conseil, ou bien, une « loi [conçue] sous paroles générales et incertaines » (p. 868). On pourrait ajouter que c'est l'exemple d'une démarche destinée à parvenir au but ironiquement avoué du chapitre, notamment de faire entrer les *Essais* au cabinet des dames[11].

4. Une dissimulation respectueuse

Ce même type d'argumentation qui accorde à la femme le droit de vivre selon sa nature et, partant, le statut d'individu au même titre que l'homme, se poursuit de manière encore plus claire dans le passage qui est le sujet de notre dernière analyse dans *Sur des vers de Virgile*. Ce passage contient, à lui seul, trois occurrences de *à*

10. C'est nous qui soulignons.

11. «Je m'ennuie que mes essais servent les dames de meuble commun seulement, et de meuble de salle. Ce chapitre me fera du cabinet», p. 847.

l'avanture qui tous se trouvent dans des énoncés défendant le droit des femmes au plaisir sexuel, et cela même dans le mariage. On notera, en effet, que dans la dernière partie du chapitre Montaigne parle beaucoup plus directement sur le sexe qu'il ne faisait au début, non seulement dans les citations mais encore dans le texte lui-même. C'est comme s'il n'avait plus besoin de suspendre implicitement ses responsabilités morales pour oser des propos licencieux, ou comme s'il se laissait entraîner par le train même de l'écriture à s'exprimer plus librement.

Les trois énoncés contenant la locution adverbiale font partie d'un raisonnement qui porte d'abord sur l'inconstance dans l'amour, ensuite sur un autre type « d'inconstance », notamment la défaillance sexuelle. Les deux premiers font partie d'une première étape du raisonnement qui – contrairement à l'opinion commune (« ceux qui s'en escrient ») – refuse de considérer l'inconstance dans l'amour comme une maladie uniquement féminine, « desnaturée et incroyable » : « Il serait, *à l'adventure*, plus étrange d'y voir de l'arrêt » (p. 885). Ce refus a pour conséquence qu'il faut en excuser davantage le sexe féminin : « l'inconstance leur est *à l'adventure* aucunement plus pardonnable qu'à nous » (*ibid.*). Cette excuse est ensuite justifiée par la seconde étape du raisonnement qui porte sur l'inconstance du membre masculin. Les hommes ne peuvent pas, au même titre que les femmes, toujours pourvoir « à la nécessité » ; aussi ces dernières s'exposent-elles plus au risque de l'insatisfaction, comme le note le dernier énoncé, que les hommes : « En nous essayant, elles ne nous trouvent, *à l'adventure*, pas digne de leur chois » (p. 886).

On aurait pu croire que ce petit groupe de locutions adverbiales dans des énoncés qui tous argumentent en faveur des droits féminins dans le rapport entre les sexes, constituait ici encore, comme dans les deux exemples précédents, un moyen dont le locuteur se sert pour marquer la non-responsabilité vis à vis le point de vue, soit une structure de polyphonie externe. S'il a parlé en faveur des femmes, ce ne serait alors que pour cacher une pensée contraire, ou pour désamorcer des propos provocants, « féministes » avant la lettre – comme s'il ne pouvait, même dans cette partie imprégnée d'une extrême liberté d'expression, aller jusqu'au bout, se porter garant lui-même de ce qu'il dit. Il est bien vrai, en effet, que *à l'avanture* dénote un rapport de non-responsabilité entre le locuteur et le point de vue des énoncés. On remarque pourtant qu'à la différence des deux premiers exemples de cette section, la locution adverbiale ne s'attache pas ici à une construction elliptique, mais s'insère, dans tous les trois énoncés en fait, juste après le verbe fini. On sait que dans cette position (position « d'intégration complète »), le marqueur signale un rapport d'accord entre locuteur et point de vue, soit une structure de polyphonie interne (non stricte). Autrement dit, le locuteur accepte provisoirement tous les points de vue qui argumentent en faveur des droits de la femme. Une telle interprétation est corroborée par l'enchaînement, qui donne droit aux femmes de réclamer « [l]a faiblesse et l'incapacité » comme raison légitime pour rompre non seulement « un mariage », mais encore « une intelligence amoureuse plus licencieuse et plus active » (*ibid.*). Il serait donc difficile de justifier un argument selon lequel les propos en faveur des femmes cacheraient une pensée contraire.

Comment interpréter enfin la présence des trois locutions adverbiales dans le passage qui effectivement introduisent un rapport de non-responsabilité entre le locuteur et les points de vue? Nous suggérons que cette réserve connotée par les locutions adverbiales repose sur une reconnaissance des différences entre les sexes. Surprenant un jour une conversation entre des femmes, Montaigne s'aperçoit à quel point leurs connaissances de l'amour relèvent d'« une discipline qui naist dans leur veines » (p. 857). Se prononcer sur leur part dans le rapport entre les sexes exige donc une certaine prudence. Tant qu'on n'a pas, en tant qu'homme, accès à la pensée de la femme, on ne peut pas savoir ce qui incite celle-ci à l'infidélité. Les locutions adverbiales représenteraient donc une manière anti-dogmatique de parler sur un sujet auquel le locuteur n'a accès qu'indirectement, une manière de parler qui reconnaît que « Nous sommes, quasi en tout, iniques juges de leurs actions, comme elles sont des nostres » (p. 885).

5. *Il me semble*, ou comment combiner l'« ignorance » avec « la plus certaine science »

Nous passons enfin à l'analyse du dernier des marqueurs évidentiels considérés dans ce travail, *il me semble que*. Bien qu'il n'en ait pas été question jusqu'ici, ce marqueur est familier à cause de sa parenté avec le marqueur *il semble que*, dont il ne se distingue que par rapport à la présence du pronom datif *me*. Avant de relever en quoi consiste cette différence, pourtant, il convient de remarquer le commentaire de Montaigne lui-même à l'égard de ce marqueur. Il s'agit en fait d'un passage dans *Des Boyteux* auquel nous avons renvoyé à plusieurs reprises déjà, celui où Montaigne exprime son affection pour les expressions soumises à l'analyse dans ce travail (« J'ayme ces mots ... : A l'avanture, Aucunement ... », p. 1030 b). L'occurrence de *il me semble* survient juste avant l'énoncé cité, très important pour notre propos, et notre commentaire du marqueur est en fait censé compléter en quelque sorte le commentaire de Montaigne. Nous n'en tirerons pas simplement la preuve que Montaigne s'intéresse effectivement à ces expressions, mais aussi la raison même de cet intérêt : « Le stile à Romme portait que cela mesme qu'un tesmoin deposoit pour l'avoir veu de ses yeux, et ce qu'un juge ordonnoit de sa plus certaine science, estoit conceu en cette forme de parler : Il me semble » (*ibid*). Dans cette optique, le marqueur se présente comme un moyen linguistique qui permet au locuteur de « faire profession » de ce dont il est sûr et, simultanément, de sa « propre ignorance ». Il en devient une illustration de la capacité du langage lui-même d'extirper les « abus du monde », lesquels « s'engendrent de ce qu'on nous apprend à craindre de faire profession de nostre ignorance » (*ibid*). En nous référant au commentaire de *il me semble* dans ce passage, nous pouvons ainsi suggérer que, si Montaigne s'intéresse à ce marqueur (et à toutes les expressions considérées dans ce travail), c'est qu'elles créent, ou contribuent à créer, un « parler » qui s'oppose à un langage « par precepte et resolution », bref à un langage trop affirmatif ; l'emplacement de ce langage dans un contexte juridique ne fait qu'en accentuer l'importance.

Considéré dans cette perspective, le commentaire rappelle la quête pyrrhonienne d'un « nouveau langage » destiné à remplacer le nôtre, « tout formé de propositions affirmatives » (p. 527). Ce qui nous intéresse ici, pourtant, c'est la proximité de ce commentaire – selon lequel *il me semble que* permet donc au locuteur de combiner l'« ignorance » avec « la plus certaine science », l'incertitude avec la certitude – à la fonction attribuée au marqueur dans notre cadre théorique. Pour le démontrer, permettons-nous de revenir à la distinction entre *il semble que* et *il me semble que*. Nous rappelons que, selon nos analyses du premier, ce marqueur introduit un point de vue constitué par la conclusion d'un raisonnement interne à base d'indices plus ou moins inconscients ; relevant d'une inférence, la source qui valide le point de vue est donc interne. En termes polyphoniques, il s'agit d'une structure complexe de polyphonie interne ; la seule responsabilité que le locuteur assume en fait quant au point de vue introduit par *il semble que*, c'est qu'il s'agit d'une conclusion déductible à partir des indices, même inconscients. Si l'on dégage en conséquence un élément d'hésitation ou de doute dans l'attitude du locuteur à l'égard du point de vue introduit par *il semble que*, cette hésitation est en revanche moins présente dans le cas de *il me semble que*. On aura effectivement l'impression que le locuteur fera preuve de plus de confiance dans la vérité d'un énoncé introduit par *il me semble que* que par *il semble que*[12]. Cela est dû en conséquence à la présence du pronom datif, dont la fonction est d'expliciter, qui prend la responsabilité du point de vue. *Il me semble que* se distingue donc de *il semble que* du fait que ce n'est pas la source de l'information qui confère validité au point de vue, mais la source du point de vue, explicitement marquée par le pronom datif *me*. À cet égard *il me semble que* se distingue également de *je trouve que*, qui serait en fait plus approprié que le premier dans le contexte juridique auquel Montaigne fait allusion en le commentant[13]. *Je trouve que* ne peut cependant pas, comme le fait *il me semble que*, inscrire le doute, le risque de se tromper, dans la sentence du juge. C'est en fait seulement au moyen du marqueur *il me semble que* que le juge peut prendre sa responsabilité tout en doutant de sa décision, c'est-à-dire préciser l'enjeu de sa décision, laquelle n'échappe pas aux contingences auxquelles est soumis tout jugement. Le placement inattendu du marqueur dans un contexte juridique fait donc très bien ressortir les effets auxquels il est attribué dans notre perspective, le fait qu'en s'en servant, le locuteur investit sa propre autorité dans un point de vue dont il sait qu'il relève d'une source incertaine.

12. Voir H. Nølke, « La dilution linguistique des responsabilités », p. 90, ainsi que notre chapitre théorique.

13. Car ce marqueur précise que la source de l'information est une perception (visuelle ou auditive) ayant, pourrait-on dire, le statut d'un témoignage « irrécusable ». *Je trouve que* couvre ainsi à bien des égards les deux instances de garantie auxquelles renvoie le commentaire de Montaigne : le témoignage direct (« cela mesme qu'un tesmoin deposoit pour l'avoir veu de ses yeux ») et la « plus certaine science » du juge, fondée justement sur des « témoignages irrécusables ». Cf. A. Tournon, « Que c'est que croire », p. 172 : « des témoignages irrécusables déterminaient la décision officielle du juge ».

Dans l'exemple présent nous allons considérer ces effets « combinatoires » de *il me semble que* – ce mélange de la certitude avec l'incertitude – dans un contexte qui, si l'enjeu du doute n'est pas aussi frappant que dans le contexte juridique, est pour le moins aussi surprenant. Le marqueur s'insère, en effet, dans une citation de Sénèque, qui fait partie du début du chapitre *De l'institution des enfans* (I, 26) :

> Car, comme disoit Cleantes, tout ainsi que la voix, contrainte dans l'étroit canal d'une trompette, sort plus aiguë et plus forte, ainsi *me semble il que* la sentence, pressée aux pieds nombreux de la poësie, s'eslance bien plus brusquement et *me* fiert d'une plus vive secousse. (p. 146)

Sans reprendre le rôle de la citation dans les *Essais*[14], il convient de commenter la forme de citation dont il s'agit dans l'exemple. Nos analyses se limitent en fait dans ce cas à une précision, à base du concept de polyphonie, du rapport entre marqueur et citation. Celle-ci s'avère proche de l'allégation, « forme immédiatement antérieure à la citation »[15], plus précisément de la forme qu'elle prend dans les *Essais*, décrite par A. Compagnon « comme une paraphrase en français du texte grec ou latin » qui « s'accompagne toujours du nom propre de l'auteur cité »[16]. À ce double déplacement s'ajoute en fait encore un troisième déplacement dans notre

14. Thème déjà abondamment commenté ; nous ne rappelons que deux titres : A. Compagnon, *La seconde main, ou le travail de la citation*, Paris, Seuil, 1979 ; T. Cave, « Problems of reading in the *Essais* », in *Montaigne. Essays in memory of Richard Sayce*, éd. I. D. McFarlane et I. Maclean, Clarendon Press Oxford, 1982, pp. 133-167.

15. A. Compagnon, *La seconde main*, p. 292. Voir également T. Cave qui, à côté de la citation au sens strict (« quotation »), opère avec les notions de paraphrase, d'imitation et de traduction (« Problems of reading in the *Essais* », p. 144).

16. A. Compagnon, *La seconde main*, p. 292.

exemple, car ce n'est pas le nom de l'auteur qui est cité (Sénèque), mais une source encore antérieure à celui-ci (« comme disoit Cleantes »). Il va sans dire que toutes ces précisions du caractère « ambulant » de la citation (pour reprendre l'expression de Compagnon) – paraphrase, traduction, marquage de source antérieure à l'auteur cité – confirment la démonstration de Compagnon du statut ambigu de l'allégation dans les *Essais* : si Montaigne a recours à cette forme, c'est pour dénoncer sa fonction, c'est-à-dire pour contester sa valeur traditionnelle d'*auctoritas*. On aura deviné, pourtant, que c'est un quatrième déplacement, notamment la trace explicite du locuteur sous forme du marqueur *il me semble que* et de l'objet direct *me*, soit la modification que ceux-ci effectuent sur la valeur traditionnelle de l'allégation, qui va nous retenir ici.

Ayant déjà considéré cet exemple dans notre premier chapitre (pp. 39-40.), nous savons que, alors que la paraphrase en français du texte latin rend compte de son sens, la présence du marqueur *il me semble que* et de l'objet direct *me* sont des éléments ajoutés, absents du texte latin. Ces intrusions du texte empruntant dans le texte emprunté représentent ainsi un plus grand écart par rapport au texte d'origine que celui opéré par les autres déplacements (paraphrase, traduction etc.). Cela ne veut pas dire pour autant qu'elles ne se laissent pas interpréter selon la même perspective que ces derniers ; elles manifestent, en effet, soit l'effort pour maîtriser la menace d'envahissement ou de contrôle du texte étranger (perspective psychologique), soit des indices de la pluralité de fonctions ou de valeurs qu'assume la citation au XVIe siècle (perspective historique)[17]. Nos analyses de ces intrusions formelles (*il me semble que*, *me*) dans le texte emprunté, qui ne cherchent qu'à préciser, rappelons-le, le rapport entre marqueur et citation, s'inscrivent en fait dans cette dernière perspective. Car une analyse de la fonction

17. Voir T. Cave et A. Compagnon respectivement.

polyphonique du marqueur de l'exemple démontre précisément la présence de plusieurs valeurs ou fonctions dans la citation, notamment celles d'indice et d'icône, selon la typologie de Peirce que Compagnon emprunte ici[18]. À cet égard notre exemple est en fait emblématique pour la coexistence ou la coïncidence de deux instances de contrôle, externe et interne, caractéristique, selon Compagnon, pour la pratique de la citation au XVIe siècle, et dont Montaigne est le représentant éminent[19].

Situées en conséquence dans la même perspective que celle de Compagnon, nos analyses ne proposent que certaines précisions à la question, pourtant capitale, posée par cette perspective, notamment celle de la présence du sujet de l'énonciation, du locuteur Montaigne, dans ses citations. S'il ne fait aucun doute dans la perspective de Compagnon qu'un texte qui glose l'émergence du sujet, au point d'en faire sa singularité même, met en cause ce sujet aussi dans ses citations, Compagnon ne peut démontrer cette mise en cause du sujet qu'en renvoyant à l'insistance de Montaigne sur sa consubstantialité avec son livre : « L'intrusion du sujet de l'énonciation en tant que responsable du texte passe par la confusion imaginaire du sujet et de l'objet, de l'auteur et du livre »[20]. À cela s'ajoute encore le problème des déclarations méthodologiques tardives au moyen desquelles Montaigne « refuse de reconnaître la paternité de ses citations »[21]. Si Compagnon résout le problème de démontrer la présence du sujet dans les citations, en insistant sur

18. La valeur indicielle correspond à l'*auctoritas*, l'argument d'autorité, c'est-à-dire renvoie à un auteur classique, dans notre cas Cléanthe (mis en scène par Sénèque) ; la valeur iconique en revanche correspond à la présence du sujet de l'énonciation dans la citation, c'est-à-dire renvoie au sujet citant, représenté dans notre cas par le pronom datif *me*, élément du marqueur *il me semble que*, ainsi que l'objet direct *me*.

19. A. Compagnon, *La seconde main*, p. 283.

20. *Ibid.*, p. 295.

21. *Ibid.*, p. 296.

une contradiction entre la pratique de la citation par Montaigne et son discours sur elle[22] – celui-ci aurait pratiqué la citation iconique (qui met en cause le sujet) sans l'admettre ou le reconnaître – toujours est-il que cette perspective ne réussit pas à démontrer la présence effective du sujet dans les citations montaigniennes. Si l'on analyse en revanche une de ces citations, celle précisément de notre exemple, dans une perspective polyphonique, une telle démonstration deviendra possible.

Considérons d'abord la citation proprement dite, abstraction faite des ajouts du texte empruntant, marqueur et pronom personnel. Puisqu'il s'agit, rappelons-le, d'une allégation, d'une citation qui s'accompagne donc du nom de l'auteur cité (ou plus précisément d'une source citée par celui-ci), elle présente dans notre perspective une structure de polyphonie externe, soit un point de vue pris en charge par un être discursif différent du locuteur. À cette structure polyphonique externe s'ajoute ainsi le marqueur qui, on le sait, introduit une structure de polyphonie interne. En insérant ce marqueur dans la citation, le locuteur combine ou plutôt juxtapose deux structures polyphoniques différentes, interne et externe. Cas particulier donc d'une structure polyphonique mixte[23], qui présente un point de vue pris en charge à la fois par un être discursif différent du locuteur (Cléante mis en scène par Sénèque) et par le locuteur (l'auteur de l'énonciation, soit Montaigne lui-même), l'exemple démontre la présence dans une même citation de deux instances de contrôle imposé au discours, interne et externe, c'est-

22. Contradiction qui cependant n'est que partielle (fait bien reconnu par Compagnon), car à côté des déclarations qui démentent la présence du sujet dans les citations, il existe également celles qui la mettent en cause.

23. Qui diffère cependant de celles que nous avons déjà considérées (du deuxième exemple dans le chapitre 3 et du premier dans le présent chapitre). Dans le cas présent la structure polyphonique mixte est déclenchée par des facteurs formels de niveau différent, marqueur évidentiel et forme de citation ; dans les cas considérés précédemment, la structure polyphonique mixte a été introduite par des facteurs formels du même niveau, négation, locution adverbiale, etc.

à-dire la présence des valeurs indicielle et iconique. Une telle démonstration de la manière dont Montaigne « tor[d] bien plus volontiers une bonne sentence pour la coudre sur [s]oy, qu['il] ne tor[d s]on fil pour l'aller quérir » (p. 171), n'est pas possible sans l'analyse polyphonique du marqueur, qui confirme la présence du locuteur dans la citation, co-responsable avec Cléanthe du point de vue présenté.

Précisons qu'il ne s'agit pas là d'un trait général des citations dans les *Essais*, si séduisante que fût l'idée que nos analyses pourraient inaugurer un nouveau champ de recherche sur les traces explicites du locuteur dans les *Essais*, plus précisément sur les signes formels d'une pratique de la citation iconique qui mettrait en cause le sujet de l'énonciation[24]. La présence dans notre exemple de ces intrusions formelles, de ces traces du locuteur que nous venons d'analyser, s'explique parfaitement dans le cadre du chapitre dont elle fait partie. Le thème global de ce chapitre, en effet, est la formation du jugement : il s'agit d'une méthode d'apprentissage qui passe par l'expérience personnelle ou subjective des connaissances, qui ne sont acquises que si elles sont digérées, appropriées ou « faites siennes » par l'enfant. Or, la fonction du marqueur est d'indiquer la manière dont le locuteur se charge du contenu de la citation, « fait sienne » la parole des Anciens, ce qui en fait une sorte d'illustration sur micro-plan de ce thème. Permettons-nous enfin de limiter la perspective, de retourner plus précisément aux implications épistémiques apportées par le marqueur à l'exemple. Cette citation réunit, d'une part, les raisons pour lesquelles le locuteur Montaigne aime « la poësie ... d'une particuliere inclina-

24. Il serait en fait extrêmement intéressant d'entamer une enquête sur la présence des expressions analysées ici, traces explicites du locuteur, dans les citations de Montaigne. Cette enquête tombe en dehors du cadre de ce travail ; nous avons pourtant commenté deux cas (dont l'un constitue l'exemple présent) dans le premier chapitre, p. 39 sqq.

tion »[25] avec, d'autre part, une expression qu'il aime aussi, puisqu'elle fait partie de ces « mots qui moderent et amolissent la temerité de nos propositions »[26].

Il va sans dire qu'à cause du contexte particulier dans lequel il s'insère, on ne peut pas argumenter en faveur d'une oscillation, inhérente au marqueur, entre certitude et incertitude, dans un cadre strictement théorique, c'est-à-dire en le comparant avec sa contrepartie impersonnelle *il semble que*. Ayant la forme d'une allégation, accompagnée du nom de sa source, la citation ne peut évidemment pas constituer la conclusion d'un raisonnement interne à partir d'indices plus ou moins inconscients. Reste donc, semble-t-il, seulement le lien de responsabilité que le marqueur établit entre locuteur et contenu de la citation, c'est-à-dire cette forme de certitude qui résulte de la volonté du locuteur de garantir la vérité de celle-ci. En dépit de ce fait, on peut néanmoins argumenter de la présence d'un élément de doute dans le marqueur, et cela grâce justement à la forme de la citation, au contexte particulier dans lequel il s'insère. Car ce renvoi, effectué par le marqueur, de la responsabilité du contenu de la citation sur le compte du locuteur, transforme la garantie externe, objective, de l'argument d'autorité (l'*auctoritas*), en une garantie interne, subjective. S'il est vrai que les effets de la poésie sont comparables au son de la trompette, ce n'est pas parce que Cléanthe (ou Sénèque) l'a dit, mais parce que le locuteur en a fait l'expérience lui-même, expérience bien confirmée d'ailleurs par l'objet direct *me* (« me fiert d'une plus forte secousse »). Il s'agit donc d'une vérité entièrement subjective, qui ne compte que pour le locuteur ; simple coïncidence si elle est aussi celle de l'*auctoritas*. Puisqu'il remplace l'autorité externe

25. I, 26, p. 146
26. III, 11, p. 1030.

par l'autorité interne, le marqueur *il me semble que* signale, dans ce cas précis, plutôt un effet d'incertitude que de certitude[27].

Une dernière remarque s'impose, pourtant. Comme on a eu l'occasion de le constater à plusieurs reprises déjà, si le locuteur prend la responsabilité du contenu de la citation, cela n'exclut pas la garantie externe ; les deux autorités, indicielle et iconique, y sont effectivement juxtaposées. Le marqueur préserve donc ici aussi, de manière inversée, la fonction qui lui est attribuée dans notre cadre théorique, ainsi que dans le commentaire de Montaigne, celle selon laquelle l'auteur combine certitude avec incertitude. Dans cette perspective, plus qu'un effet d'incertitude, le marqueur signale la liberté de manipuler le déjà-dit, d'en faire ce qu'on veut. Liberté plus précisément de s'approprier le déjà-dit, dont l'effet est très bien démontré par la pré-existence de la citation de notre exemple : chez Sénèque elle assume la valeur (indicielle) propre de l'allégation, d'argument d'autorité (« Ut dicebat Cleantes ») ; passée à Montaigne, en revanche, il s'y ajoute une deuxième valeur, iconique, qui bouscule la première. Cet effet est pourtant encore mieux démontré, peut-être, par sa fortune ultérieure. Dans la réformulation dense de Baudelaire : « Parce que la forme est contraignante, l'idée jaillit plus intense »[28], on note que sa portée s'est restreinte de la poésie en générale au sonnet ; en d'autres termes, lorsque la conception de la poésie change, le déjà-dit change avec lui.

27. Au moins dans la perspective dessinée par A. Tournon selon laquelle (le locuteur) Montaigne se situe « dans l'ordre du témoignage, d'un témoignage purement humain et personnel, dénué de garantie comme d'autorité » (« Que c'est que croire », p. 174).

28. Cité dans A. Gendre, *Evolution du sonnet français*, Paris, PUF, 1996, p. 5.

6. Conclusions

Au terme de nos analyses, nous pouvons constater que les trois premiers exemples de cette section forment une certaine unité dans la mesure où les expressions en question contribuent, sur le plan formel, à la structuration d'un double langage de dissimulation et de dévoilement, c'est-à-dire à un aspect fondamental du chapitre *Sur des vers de Virgile.* Nous avons également pu dégager un certain rapport entre polyphonie textuelle et polyphonie linguistique dans ce chapitre, permettant de lier ces trois exemples au dernier, qui porte sur *De l'institution des enfans.* Ce rapport entre polyphonie textuelle et linguistique se manifeste de manière explicite dans le premier exemple, où la fonction de *peut-être* fait écho à celle de la citation latine, dans la mesure où l'adverbe, comme la citation, permet de suspendre les responsabilités morales du locuteur. Si les propos que l'adverbe commente n'approfondissent pas les différents mobiles de l'adultère, comme le fait la citation, ils envisagent l'adultère, en revanche, comme un fait quasi normal, susceptible de coexister avec le mariage. Le marqueur et la citation constituent ainsi, tous les deux, des moyens de mettre en place le double discours de dissimulation et de dévoilement qui caractérise le chapitre. La locution adverbiale *à l'avanture* fournit d'autres exemples de ce double discours. Dans le deuxième cas analysé, par exemple, le marqueur suggère subrepticement qu'il faut procéder par un chemin d'interprétation complètement contraire à celle qui est indiquée par le contenu de l'énoncé, procédé qui invite les femmes à se considérer soumises aux mêmes contraintes et libertés que les hommes. Dans le troisième exemple, la dissimulation ou la suspension des responsabilités que marque la locution adverbiale, représente une manière de parler qui respecte l'intégrité de la femme : on ne peut pas tout simplement se mettre dans sa tête et constater ce qu'elle pense, surtout pas en matière amoureuse. Nos analyses suggèrent en fait que le chapitre plaide, encore plus qu'on a pensé peut-être, la cause des femmes. L'argument de la fin qui met hommes et femmes au même pied d'égalité (« je dis que les masles et femelles sont jettez en mesme moule : sauf l'institution et l'usage, la différence n'y est pas grande », p. 897), n'est donc pas simplement un argument accroché à la fin, au contraire : il constitue un discours qui se développe dans une grande partie du chapitre.

Le dernier exemple, enfin, qui se situe dans la partie « théorique » du début du chapitre I, 26, a cela en commun avec le premier qu'il invite à une analyse où la polyphonie linguistique se réunit à la polyphonie textuelle. Nous avons montré que tous les deux comportent des citations qui marquent la polyphonie au niveau textuel, et qui remplissent ainsi une fonction analogue à celle de nos expressions au niveau de l'énoncé. Pourtant, là où la citation dans le premier exemple ne forme qu'une partie de l'énoncé, dans le dernier elle constitue l'énoncé même. Là donc, la citation fait irruption dans le texte, alors qu'ici c'est le texte montaignien qui fait irruption dans la citation. Etant justement constitué par notre marqueur *il me semble que*, ainsi que par le pronom *me* dans « me fiert », ce texte a comme fonction d'examiner la pluralité des valeurs ou fonctions de la citation, plus précisément en situant la valeur iconique, qui renvoie au sujet, formellement à l'intérieur de celle-ci. L'analyse démontre à cet égard qu'il s'opère une juxtaposition de l'autorité de la source citée, Cléanthe, avec celle du sujet citant, ce qui introduit un type de structure polyphonique mixte, qui met en jeu aussi bien le concept littéraire de polyphonie, par l'incipit « Ut dicebat Cleanthes », que le concept linguistique de polyphonie, par le marqueur *me semble il que*.

Les analyses de cette section se distinguent ainsi des précédentes dans la mesure où elles réunissent une perspective linguistique à une perspective littéraire. À cet égard, elles permettent d'illustrer notre approche interdisciplinaire au moyen du concept qui est au cœur de l'étude – la polyphonie –, tout en confirmant qu'une analyse fondée sur la version linguistique de ce concept, est également valable pour le texte des *Essais* dans son entier.

CONCLUSION

Dans ce travail nous avons proposé une analyse linguistique d'une sélection d'expressions modalisantes dans les *Essais*, notamment de quatre marqueurs évidentiels et d'un marqueur modal. Ces expressions ont connu une fortune assez modeste dans la tradition critique des *Essais* : soit elles sont passées inaperçues, soit elles n'ont soulevé d'intérêt que dans la mesure où elles se rapportent à un vocabulaire sceptique. Ce manque d'intérêt pour nos expressions s'explique sans doute par le fait que ce n'est qu'assez récemment que se sont développés, grâce à la linguistique d'orientation pragmatique, des outils pour les analyser. À cela s'ajoute qu'on ne voit pas très souvent des études interdisciplinaires de ce type, c'est-à-dire des études qui se servent d'un cadre rigoureusement pragmatico-linguistique pour expliquer un texte littéraire[1].

Nos analyses se distinguent en fait d'autres analyses des *Essais* non seulement parce qu'elles se construisent à partir des aspects formels du texte, plutôt qu'à partir de ses contenus, mais aussi parce qu'elles proposent un type particulier d'interprétation pragmatique, particulier dans la mesure où il combine deux théories pragmatiques différentes. Comme on l'a vu, il s'agit d'un type d'interprétation qui considère d'abord des informations, véhiculées par nos expressions, qui font partie de la signification, pour ensuite compléter celles-ci par les informations du contexte. Ce procédé d'interprétation constitue sans doute une manière peu habituelle de lire ou d'interpréter les *Essais*. Si peu familier que ce procédé puisse être, pourtant, la facilité avec laquelle nos analyses se laissent combiner avec des études d'ordre littéraire – elles peuvent même à certains égards compléter celles-ci, comme en témoignent quelques-uns des exemples – peut être un indice de leur pertinence.

1. Voir pourtant l'introduction, note 16.

Nos analyses ont porté avant tout sur l'argumentation des *Essais*, sur sa structure et sur son fonctionnement. Notre source principale d'information a été les expressions soumises à l'analyse qui, puisqu'elles manifestent la présence du locuteur dans l'énoncé, informent sur ses hésitations, ses croyances et ses expériences. Marqueurs de polyphonie et d'évidentialité, elles ont mis à nu d'importants mécanismes d'une argumentation stratifiée et très complexe. Une partie de notre travail a été consacrée à révéler le rapport entre celle-ci et l'argumentation pyrrhonienne. Nos analyses de la locution adverbiale *à l'avanture*, par exemple, ont pu dégager dans celle-ci des effets qui correspondent à deux types différents de suspension de jugement. Le premier type survient lorsque *à l'avanture* fait partie du premier argument d'une construction concessive. Dans cette position, la locution permet au locuteur de se distancer d'un argument qu'il ne considère pas nécessairement comme faux – le contenu de l'argument peut même relever de sa propre expérience – mais qu'il peut juger dénué de pertinence pour la conclusion globale de l'argumentation. Ce type de stratégie argumentative semble bien représenter une forme d'isosthénie qui entraîne la suspension du jugement sans pour autant réduire au silence. Le second type survient dans un cas où *à l'avanture* s'attache à une construction elliptique dont le contenu consiste à imposer le silence au locuteur. Comme la locution est investie d'effets de polyphonie externe dans cette position, elle opère une levée de la censure, c'est-à-dire un déblocage de la parole. Aussi ce double mouvement, d'imposition de silence par le contenu et d'enlèvement de la censure par la locution adverbiale, représente-t-il un exemple de suspension du jugement qui sert de point de départ à l'argumentation.

Mais il ne s'agissait pas seulement de rapprocher l'argumentation des *Essais* de celle du pyrrhonisme. Selon nos analyses, l'un des aspects qui contribue à créer la structure stratifiée si caractéristique des *Essais* relève du phénomène de la gradation. Ce phénomène consiste à distribuer les arguments sur une échelle, et représente une autre manière que celle de la polyphonie de représenter le degré d'adhésion entre le locuteur et les arguments qu'il présente. Nos analyses ont démontré également que le phénomène de la gradation est un domaine où se produisent d'intéressants rapports entre les données de la linguistique et celles de la critique littéraire. Il en est de même de la pratique de la citation montaignienne qui, comme nous l'avons vu, peut déclencher une forme de suspension analogue à celle de nos expressions. Lorsque notre approche porte sur un exemple constitué d'une citation, elle peut également aller de pair avec une méthodologie littéraire, de caractère historique, destinée à examiner la pluralité des fonctions assumée par la citation chez Montaigne. Il s'avère qu'une interprétation fondée sur le concept linguistique de polyphonie peut effectivement porter sur n'importe quel aspect du texte des *Essais*, même sur la citation.

Nos analyses permettent donc de confirmer que le type d'interprétation pragmatique mis en œuvre dans ce travail peut mettre au jour des aspects essentiels du texte entier des *Essais*, tout hétérogène qu'est celui-ci. On pourrait en revanche reprocher à nos analyses, d'une part d'être trop détaillées, d'autre part d'inclure un nombre d'exemples trop restreint. Nous croyons pourtant que ces défauts éventuels sont à bien des égards compensés par le type d'interprétation utilisé. Puisqu'il s'agit d'une démarche d'analyse qui se construit à partir des informations véhiculées par nos expressions, elle pourra, en principe, s'appliquer à tous les énoncés des *Essais* dans lesquels celles-ci sont présentes. Pour que cet effet virtuel ait toute sa valeur, il fallait donc bien que les exemples particuliers que nous avons choisis soient analysés de façon quasi exhaustive. Cela dit, nous n'avons pas établi les structures polyphoniques des exemples uniquement à partir des informations contenues dans nos expressions ; le plus souvent nos analyses ont visé à vérifier ces structures en contexte. En d'autres termes, nos analyses ont porté moins sur la forme de la langue que sur la relation entre les énoncés, choix qui s'explique par la nature du texte qui constitue notre champ de recherche. Ainsi, le but de nos analyses n'a pas été la recherche d'une cohérence textuelle polyphonique[2] ; nous avons plutôt cherche à dégager, au moyen du concept linguistique de polyphonie, des nuances permettant de comprendre le fonctionnement de l'argumentation stratifiée des *Essais*.

Permettons-nous, pour terminer, de revenir à un de nos exemples, dont la complexité était telle que notre système explicatif n'a pas réussi à en rendre compte. Il s'agit de la construction concessive tirée du chapitre *Du repentir* : « Tant y a que je me contredits bien à l'adventure, mais la verité ... je ne la contredy point » (p. 805). Selon nos analyses, cet exemple présente une espèce de contradiction qu'on peut mettre au jour à la fois sur le plan sémantique et sur le plan formel. D'abord on est en présence d'un locuteur qui se contredit lui-même tout en ne contredisant pas la vérité, ensuite, selon la forme de la construction, la locution adverbiale *à l'avanture* est investie d'effets de polyphonie externe, alors que, selon le cotexte, il est investi d'effets de polyphonie interne. On peut, semble-t-il, résoudre la contradiction sur le plan sémantique, en considérant le concept de vérité comme un concept qui inclut les contradictions, ou qui met ce concept au-dessus d'une telle problématique. Mais la contradiction sur le plan formel subsiste, car cette interprétation opère une sorte de juxtaposition des points de vue *p* et *q*, ce qui rend difficile de déterminer lequel, de *p* ou de *q*, est supérieur à l'autre. Pour obtenir une interprétation cohérente,

2. Voir K. Fløttum, « Les liens énonciatifs : tentative d'une nouvelle typologie », *PLL*, III (mai 2001), pp. 67-87.

on doit donc adopter un cadre plus souple que celui dont il a été question ici.

Toujours est-il que notre interprétation a été en mesure de faire ressortir tout une gamme de nuances qui aident à mieux comprendre le texte des *Essais*, et dont certaines n'ont jamais été mises en lumière jusqu'ici. Ce cadre semble même pouvoir confirmer – et justement parce qu'il ne peut épuiser la complexité de ce texte, comme dans l'exemple qu'on vient de mentionner – que certains des énoncés de Montaigne ne se laissent pas interpréter uniquement à partir des aspects formels des énoncés. C'est là sans doute l'une des raisons pour lesquelles on continue à s'intéresser à cette œuvre très complexe que sont les *Essais* ; mais c'est aussi une raison pour souhaiter, dans le contexte d'études littéraires, une exploration plus approfondie de la théorie linguistique de la polyphonie.

BIBLIOGRAPHIE

I. ÉDITIONS ET TRADUCTIONS DE MONTAIGNE

Montaigne, Michel de, *Les Essais*. Édition conforme au texte de l'Exemplaire de Bordeaux, éd. Pierre Villey, sous la direction et avec une préface de V.-L. Saulnier, 3 vols., Paris, PUF/Quadrige, 1988

Montaigne, Michel de, *Essais*, présentation, établissement du texte, apparat critique et notes par André Tournon, 3 vols., s.l., Imprimerie Nationale, 1998

Montaigne, Michel de, *Les Essais*, édition réalisée par Denis Bjaï, Bénédicte Boudou, Jean Céard et Isabelle Pantin, sous la direction de Jean Céard, Paris, Le Livre de Poche, 2001

Pedersen, Else Henneberg, Michel de Montaigne. *Essays*, 3 vols., trad. danoise, København, Gyldendal, 1993

Screech, Michael, Michel de Montaigne. *The Complete Essays*, trad. anglaise, Harmondsworth, Penguin Books, 1991

Stolpe, Jan, Montaigne. *Essayer*, trad. suédoise, 3 vols., Stockholm, Atlantis, 1986

II. OUVRAGES DE RÉFÉRENCE ET INSTRUMENTS DE TRAVAIL

Furetière, Antoine, *Dictionnaire universel*, 3 vols., Genève, Slatkine, 1970

Godefroy, Frédéric, *Dictionnaire de l'ancienne langue française et de tous ses dialectes du IXe au XVe siècle*, 10 vols., Paris, 1880; Vaduz, Kraus reprint ltd., 1965

Greimas, A. J., *Dictionnaire de l'ancien français*, Paris, Larousse, 1968

Huchon, Mireille, *Le français de la Renaissance*, Paris, PUF, 1988, Que sais-je?

Huguet, Edmond, *Dictionnaire de la langue française du XVIe siècle*, 7 vols., Paris, Librairie Ancienne Édouard Champion, 1925

Marchello-Nizia, Christiane, *Histoire de la langue française aux XIVe et XVe siècles*, Paris, Dunod, 1992

Ménard, Philippe, *Syntaxe de l'ancien français*, Bordeaux, Editions Bière, 1994

Rey, Alain, *Dictionnaire historique de la langue française*, 2 vols., Paris, Dictionnaires le Robert, 1992

Sextus Empiricus, *Esquisses pyrrhoniennes*, trad. Pierre Pellegrin, Paris, Seuil, 1997

III. ÉTUDES LINGUISTIQUES

Anscombre, Jean-Claude, « Grammaire traditionnelle et grammaire argumentative de la concession », *Revue internationale de philosophie*, 39.4 (1985), pp. 333-349

Berrendonner, Alain, *Éléments d'analyse linguistique*, Paris, Minuit, 1981

Bourdin, Philippe, « Sembler et paraître, ou les deux visages de l'apparence », *Semantikos*, 10.1-2 (1988), pp. 45-67

Callebaut, Bruno, *La négation en français contemporain. Une analyse pragmatique et discursive*, Bruxelles, AwlsK, 1991

Carston, Robyn, *Thoughts and Utterances : The Pragmatics of Explicit*

Communication, Oxford, Blackwell Publishing, 2002
Ducrot, Oswald, *Les mots du discours* (en collaboration), Paris, Minuit, 1980
- *Les échelles argumentatives*, Paris, Minuit, 1980
- *Le dire et le dit*, Paris, Minuit, 1984
- « Sémantique linguistique et analyse de textes », *Littérature*, 115 (sept. 1999), pp. 104-125
- « Quelques raisons de distinguer "locuteurs" et "énonciateurs" », *PLL*, III (mai 2001), pp. 19-43
Fløttum, Kjersti, « Les liens énonciatifs : tentative d'une nouvelle typologie », *PLL*, III (mai 2001), pp. 67-87
Fuchs, Catherine, « L'opérateur pouvoir: valeurs, interprétations, reformulations », in *Modalité et interprétation : l'exemple de* pouvoir (q.v.), pp. 83-93
Hoff, B. J., « Evidentiality in the Carib : particles, affixes and a variant of Wackernagel's Law », *Lingua*, 69 (1986), pp. 49-103
Kerbrat-Orecchioni, Catherine, *L'implicite*, Paris, Armand Colin, 1986
Kronning, Hans, *Modalité, cognition et polysémie : sémantique du verbe modal* devoir, Uppsala, Acta Universitatis Upsaliensis, 1996
- « Modalité et réorganisation de la phrase », in *Actes du congrès international de linguistique et philologie romanes*, éd. Gerold Hilty, Tübingen, Francke, 1993, pp. 355-67
Les sources du savoir et leurs marques linguistiques, *LF*, 102 (mai 1994), éd. P. Dendale et L. Tasmowski
Levinson, Stephen C., *Pragmatics*, Cambridge, Cambridge University Press, 1983
Modalité et interprétation : l'exemple de pouvoir, *LF*, 84 (décembre 1989), éd. C. Fuchs
Moeschler, Jacques, « Pragmatique. État de l'art et perspectives », *Marges linguistiques*, 1 (mai 2001), , 16 p.
Nordahl, Helge, *Les systèmes du subjonctif corrélatif. Etude sur l'emploi des modes dans la subordonnée complétive en français moderne*, Bergen-Oslo, Universitetsforlaget, 1969
Nølke, Henning, *Le regard du locuteur. Pour une linguistique des traces énonciatives*, Paris, Kimé, 1993
- *Linguistique modulaire : de la forme au sens*, Paris, Peeters, 1994
- « La dilution linguistique des responsabilités. Essai de description polyphonique des marqueurs évidentiels *il semble que* et *il paraît que* », in *Les sources du savoir et leurs marques linguistiques* (q.v.), pp. 84-95
- « La ScaPoLine 2001. Version révisée de la théorie Scandinave de la Polyphonie Linguistique », *PLL*, III (mai 2001), pp. 43-67
- *Le regard du locuteur 2. Pour une linguistique des traces énonciatives*, Paris, Kimé, 2001
Nølke, Henning et Olsen, Michel, « Noter om lingvistisk og litterær polyfoni og MAIS hos Flaubert », *PLL*, 1 (avril 2000), pp. 71-109
Reboul, Anne et Moeschler, Jacques, *Pragmatique du discours. De l'interprétation de l'énoncé à l'interprétation du discours*, Paris, Armand

Colin, 1998
Recanati, François, *La transparence et l'énonciation*, Paris, Seuil, 1979
Sperber, Dan, « Understanding verbal understanding », in Khalfa, Jean (ed.), *What is intelligence ?*, Cambridge, Cambridge UP, 1994, pp. 179-198
Wilson, Deirdre et Sperber, Dan, *La pertinence. Communication et cognition*, trad. A. Gerschenfeld et D. Sperber, Paris, Minuit, 1989 (version originale: Oxford, Blackwell, 1986)
– « Outline of Relevance Theory », *Hermes*, 5 (1990), pp. 35-56.

IV. ÉTUDES LITTÉRAIRES

Berriot, François, *Athéismes et athéistes au XVIe siècle en France*, Lille, Atelier national de reproduction de thèses, 1977
Brahami, Frédéric, *Le scepticisme de Montaigne*, Paris, PUF, 1997
– « Figures sceptiques de la subjectivité : Montaigne et Pascal », *BSAM*, 11-12 (juillet-décembre 1998), pp. 27-37
Børtnes, Jostein, « Retorikk og lingvistisk polyfoni », *Tribune*, skriftserie for Romansk institutt, Universitetet i Bergen, 9 (vår 1999), 6 p.
Castor, Grahame, *Pléiade Poetics : A Study in Sixteenth-Century Thought and Terminology*, Cambridge, Cambridge University Press, 1964 ; trad. française par Y. Bellenger, Paris, Champion, 1997
Cave, Terence, *Cornucopia : Figures de l'abondance au XVIe siècle*, trad. G. Morel, Paris, Macula, 1997 (version originale : Oxford, Clarendon Press, 1979)
– « Problems of reading in the *Essais* », in *Montaigne. Essays in memory of Richard Sayce*, éd. I. D. McFarlane et I. Maclean, Oxford, Clarendon Press, 1982, pp. 133-167
– « Imagining scepticism in the sixteenth century », *Journal of the Institute of Romance Studies*, I (1992), pp. 193-205
– *Pré-histoires : textes troublés au seuil de la modernité*, Genève, Droz, 1999
Close, Anthony J., « Don Quixote and the "Intentionalist Fallacy" », in *On literary intention*, éd. D. Newton-De Molina, Edinburgh, Edinburgh University Press, 1976, pp. 174-194
Compagnon, Antoine, *La seconde main, ou le travail de la citation*, Paris, Seuil, 1979
– *Chat en poche. Montaigne et l'allégorie*, Paris, Seuil, 1993
Conche, Marcel, *Pyrrhon ou l'apparence*, Villers sur Mer, éditions de Mégare, 1973
Cossuta, Frédéric, *Le scepticisme*, Paris, PUF, 1994, Que sais-je?
Demonet, Marie-Luce, *Michel de Montaigne. Les Essais*, Paris, PUF, 1985
– « La logique de la métaphore (Essais, III, 1) », *BSAM*, 1-2 (juillet-décembre 1985), pp. 141-155
– « "Si mon mulet transalpin volait", ou de la vérité en matière de langues », in *Langage et vérité: études offertes à Jean-Claude Margolin*, Genève, Droz, 1993, pp. 223-235
– « "Si les signes vous fâchent" : inférence naturelle et sciences des signes à la

Renaissance », *RHR*, 38 (juin 1994), pp. 7-44

– « Les propres de l'homme chez Montaigne et Charron », in *Montaigne et la question de l'homme*, éd. M.-L. Demonet, Paris, PUF, 1999, pp. 47-84

Dumont, Jean-Paul, *Le scepticisme et le phénomène. Essai sur la signification et les origines du pyrrhonisme*, Paris, J. Vrin, 1986, 2e éd.

Farquhar, Sue, « Les tactiques du scepticisme dans l'Apologie de Raimond Sebond », *BSAM*, 23-24 (janvier-juin 1991), pp. 19-43

Febvre, Lucien, *Au cœur religieux du XVIe siècle*, Paris, S.E.V.P.E.N, 1968, 2e éd.

Frame, Donald, « Did Montaigne betray Sebond ? », *The Romanic Review*, 38 (Dec. 1947), pp. 297-329

Friedrich, Hugo, *Montaigne*, trad. Robert Rovini, Paris, Gallimard, 1968 (version originale: A. Franke Verlag AG, 1949)

Garavini, Fausta, « Quel malheur de douter qu'on croit », *BSAM*, 33-34 (juillet-décembre, 1993), pp. 109-131

Gendre, André, *Evolution du sonnet français*, Paris, PUF, 1996

Giocanti, Sylvia, *Penser l'incertitude*, Paris, Champion, 2001

Gounelle, André (éd.), *L'entretien de Pascal avec M. de Sacy*, Paris, PUF, 1966

Goyet, Francis (éd.), *Traités de poétique et de rhétorique de la Renaissance*, Paris, Le Livre de poche classique, 1990

Hirsch, Edmund D., Jr., « Objective Interpretation », in *On literary intention*, éd. D. Newton-De Molina, Edinburgh University Press, 1976, pp. 26-55

– « In Defense of the Author », in ibid., pp. 87-104

– « Three Dimensions of Hermeneutics », in ibid., pp. 194-210

Hoffmann, George, *Montaigne's Career*, Oxford, Clarendon Press, 1998

Kibedi Varga, A., *Rhétorique et littérature. Etudes de structures classiques*, Paris, Didier, 1970

Leake, Roy E., Jr., « Jean-Baptiste Chassignet and Montaigne », *BHR*, 23 (1961), pp. 282-295

Limbrick, Elaine, « La relation du scepticisme avec la subjectivité », in *La problématique du sujet chez Montaigne*, éd Eva Kushner, Paris, Champion, 1995, pp. 73-85

Lyons, John D., Exemplum. *The Rhetoric of Example in Early Modern France and Italy*, Princeton, Princeton University Press, 1989

Maclean, Ian, « Le païs au delà : Montaigne on philosophical speculation », in *Essays in memory of Richard Sayce*, éd. I. D. McFarlane et I. Maclean, Oxford, Oxford Clarendon Press, 1982, pp. 101-133

Melberg, Arne, *Michel de Montaigne*, Oslo, Gyldendal, 2000

Nakam, Géralde, *Les Essais de Montaigne : miroir et procès de leur temps*, Paris, Nizet, 1984

– *Montaigne et son temps. Les événements et les Essais*, Paris, Gallimard, 1993, 2e éd.

– *Montaigne. La manière et la matière*, Paris, Klincksieck, 1991

Naya, Emmanuel, « "Ne sceptique ne dogmatique, et tous les deux ensemble" : Rabelais "on phrontistere et escholle des pyrrhoniens" », *Etudes*

rabelaisiennes, XXXV (1995), pp. 81-129
– « Traduire les Hypotyposes pyrrhoniennes : Henri Estienne entre la fièvre quarte et la folie chrétienne », in *Le scepticisme au XVI*e *et au XVII*e *siècles*, éd. P.-F. Moreau, Paris, Albin Michel, 2001, pp. 48-94
– *Le phénomène pyrrhonien : lire le scepticisme au XVI*e *siècle*, 2 vols., thèse doctorale de l'Université de Grenoble III, soutenue le 15 décembre 2000
– *Le vocabulaire des sceptiques*, Paris, Ellipses, 2002

Olsen, Jon Arild, *Œuvre, fiction et récit. Pour une nouvelle théorie du roman*, Oslo, Unipub, 2002

Popkin, Richard H., *The History of Scepticism from Erasmus to Spinoza*, Berkeley and Los Angeles, University of California Press, 1979

Pouilloux, Jean-Yves, *Montaigne. L'éveil de la pensée*, Paris, Champion, 1995
– « La forme maîtresse », in *Montaigne et la question de l'homme*, éd. M.-L. Demonet, Paris, PUF, 1999, pp. 33-47
– « Dire à demi », in *BSAM*, 15-16 (juillet-décembre 1999), pp. 13-23

Samaras, Zoë, « La fonction de la négation dans le "Troisième Livre" », *RHLF*, 88.5 (1988), pp. 849-857

Sellevold, Kirsti, « Sur des vers de Virgile : une polyphonie licencieuse », in *Nous t'affirmons méthode !, Revue de littératures*, Agrégations de Lettres 2003, Billère, Editions de Vallongues, 2002, pp. 73-81
– « *Phônai skeptikai* et expressions modalisantes. Ressemblances et différences », in *L'écriture du scepticisme chez Montaigne*, 2001, éd. M.-L. Demonet et A. Legros, Genève, Droz, à paraître
– « Il semble à la vérité que: expressions linguistiques de suspension dans les Essais de Montaigne ». [Online], XV Skandinaviske Romanistkongress/Romansk forum 16 2002/2, pp. 743-752. URL: http://www.digbib.uio.no/roman/Art/Rf-16-02-2/fra/Sellevold.pdf

Skinner, Quentin, *Machiavelli*, Oxford, Oxford University Press, 1981, Past Masters
– « Meaning and understanding in the history of ideas », in *Meaning and Context. Quentin Skinner and his Critics*, éd. J. Tully, Princeton, Princeton University Press, 1988, pp. 29-68
– « Motives, intentions and the interpretation of texts », in ibid., pp. 68-79

Tansey, Joel, « Que sçay je? sentence sans fin », in *BSAM*, 39-40 (janvier-juin 1995), pp. 33-42

Tournon, André, *Montaigne en toutes lettres*, Paris, Bordas, 1989
– « L'argumentation pyrrhonienne : structures d'*essai* dans le chapitre Des boiteux », *Cahiers Textuel*, 2 (1986), pp. 73-85
– « Images du pyrrhonisme selon quelques écrivains de la Renaissance », in *Les humanistes et l'antiquité grecque*, éd. Mitchiko Ishigami-Iagolnitzer, Paris, CNRS, 1991, pp. 27-37
– « Que c'est que croire », *BSAM*, 33-34 (juillet-décembre 1993), pp. 163-181
– « Le maniement logique de l'illogisme : de Montaigne à Verville », in *Logique et littérature à la Renaissance*, éd. M.-L. Demonet et A. Tournon, Paris, Champion, 1994

– « La plasticité des Essais », *BSAM*, 13-14 (janvier-juin 1999), pp. 45-53
– Montaigne : *la glose et l'*essai. *Edition révue et corrigée, précédée d'un* Réexamen, Paris, Champion, 2000, 2e éd.
Velcic-Canivez, Mirna, « La polyphonie : Bakhtine et Ducrot », *Poétique*, 131 (sept. 2002), pp. 369-383.

INDEX

INDEX DES CHAPITRES DES *ESSAIS* CITÉS

INDEX DES NOMS

INDEX DES IDÉES, DES CONCEPTS ET DES TERMES TECHNIQUES

Sont inclus ici seulement les cas où le mot en question est utilisé dans un sens théorique ou conceptuel, et non dans son sens ordinaire (par exemple: citation, contexte, peut-être).

TABLE DES MATIÈRES